中国基本单位
统计年鉴 2022

国家统计局普查中心 编

CHINA
BASIC STATISTICAL UNITS YEARBOOK

中国统计出版社
China Statistics Press

图书在版编目（CIP）数据

中国基本单位统计年鉴. 2022 / 国家统计局普查中心编. -- 北京 : 中国统计出版社, 2022.11
ISBN 978-7-5037-9971-6

Ⅰ. ①中… Ⅱ. ①国… Ⅲ. ①统计资料－中国－2022－年鉴 Ⅳ. ①C832-54

中国版本图书馆 CIP 数据核字(2022)第 167323 号

中国基本单位统计年鉴 2022

作　　者/国家统计局普查中心
责任编辑/冯诗萌
封面设计/杨　超　李雪燕
出版发行/中国统计出版社有限公司
通信地址/北京市丰台区西三环南路甲 6 号　邮政编码/100073
发行电话/邮购（010）63376909　书店（010）68783171
网　　址/ http://www.zgtjcbs.com
印　　刷/河北鑫兆源印刷有限公司
经　　销/新华书店
开　　本/890mm×1240mm　1/16
字　　数/584 千字
印　　张/18.25
版　　别/2022 年 11 月第 1 版
版　　次/2022 年 11 月第 1 次印刷
定　　价/250.00 元（附光盘）

《中国基本单位统计年鉴 2022》编辑委员会

编 者 说 明

一、《中国基本单位统计年鉴2022》是一部反映中华人民共和国各类基本单位情况的资料性工具书。本书分为两部分：第一部分是全国各类法人单位按地区、国民经济行业等进行各种分组汇总而成的综合资料；第二部分是全国各类企业法人单位按地区、国民经济行业、登记注册类型等进行各种分组汇总而成的综合资料。

二、1996年数据来源于第一次全国基本单位普查资料，2001年数据来源于第二次全国基本单位普查资料，2004年数据来源于第一次全国经济普查资料，2008年数据来源于第二次全国经济普查资料，2013年数据来源于第三次全国经济普查资料，2018年数据来源于第四次全国经济普查资料，其他年份的数据来源于基本单位年度统计资料。

三、资料的汇总范围为我国境内从事经济社会活动的法人单位，未包括香港、澳门特别行政区和台湾省。

《中国基本单位统计年鉴2022》内容系统、翔实，具有较强的实用性，可作为各级政府和经济管理部门进行宏观管理、制定政策的参考，也是企业生产经营及投资决策和科研机构、大专院校进行科研及教学活动的辅助资料。

恳请广大读者对本书提出宝贵意见。

目　　录

第一部分　全部法人单位综合资料

第二部分　企业法人单位综合资料

第一部分

全部法人单位综合资料

1–1　按行业(门类)分组的法人单位数

单位：个

行业门类	代码	法人单位数						
		1996年	1997年	1998年	1999年	2000年	2001年	2002年
总　计	--	**4402276**	**4344278**	**4417508**	**4221995**	**4366141**	**5107015**	**5170849**
农、林、牧、渔业	A	148029	148269	147656	142055	142140	171526	170953
采矿业	B	100362	99578	102265	91026	90484	71409	70851
制造业	C	1256323	1221878	1290304	1192280	1243607	1220587	1239549
电力、热力、燃气及水生产和供应业	D	30543	29864	30299	30031	30841	36982	37136
建筑业	E	126710	125476	125541	112973	118240	123187	129062
批发和零售业	F	681853	678488	668847	654887	693108	807454	829029
交通运输、仓储和邮政业	G	63808	62871	62941	57772	59711	82162	83489
住宿和餐饮业	H	81444	71835	79270	78804	83014	100768	102244
信息传输、软件和信息技术服务业	I	20381	18545	22141	22826	25425	57420	59368
金融业	J	73824	74054	73941	69029	70228	63996	64806
房地产业	K	39693	40903	44606	44051	48363	92417	96795
租赁和商务服务业	L	96609	109537	100411	97410	107229	234265	242109
科学研究和技术服务业	M	42048	41299	43264	42608	45003	75666	78356
水利、环境和公共设施管理业	N	29508	28661	30273	29315	30189	51007	51426
居民服务、修理和其他服务业	O	52677	45707	51786	48898	54366	94655	96244
教育	P	215358	219281	215530	214042	218304	307817	308320
卫生和社会工作	Q	112326	112810	112695	112375	114388	200360	200761
文化、体育和娱乐业	R	41064	36522	41388	40094	41060	57410	57891
公共管理、社会保障和社会组织	S	1185790	1174810	1170475	1137752	1146645	1254546	1250166
国际组织	T	3926	3890	3875	3767	3796	3381	2294

注：2004年、2008年、2013年、2018年主要行业法人单位数为经济普查数据，根据相关统计资料对以上年份的农、林、牧、渔业法人单位数及合计数进行了修正。2013年法人单位数不包括金融业、铁路运输业和无分组标识的部分数据。2018年法人单位数不包括无分组标识的数据。

1-1 续表 1

单位：个

行业门类	代码	2003年	2004年	2005年	2006年	2007年	2008年	2009年
总　　计	——	**5214144**	**5315287**	**5647823**	**6068912**	**6495064**	**7214683**	**8003868**
农、林、牧、渔业	A	156033	148819	68800	78205	98546	117941	184764
采矿业	B	72538	82353	89430	93967	97678	97315	103403
制造业	C	1298870	1328964	1451556	1579406	1702455	1818370	1959254
电力、热力、燃气及水生产和供应业	D	33570	39830	43148	45922	49052	57923	62038
建筑业	E	132059	128193	149471	170180	190517	226768	261694
批发和零售业	F	840241	883653	994953	1122489	1246042	1403141	1670315
交通运输、仓储和邮政业	G	85991	80375	91565	104635	117228	157589	175914
住宿和餐饮业	H	103537	92869	101853	109892	118173	145297	154895
信息传输、软件和信息技术服务业	I	58307	72913	85499	100614	115101	153290	176326
金融业	J	64802	23793	26828	29201	31815	28668	36907
房地产业	K	98943	129197	148059	165865	187444	214391	244043
租赁和商务服务业	L	219567	249192	291498	331904	368763	427001	511666
科学研究和技术服务业	M	110685	136555	153076	166240	176677	201689	233221
水利、环境和公共设施管理业	N	47847	44352	46847	48811	50953	57553	61740
居民服务、修理和其他服务业	O	64391	83606	93947	102228	110525	120467	141936
教育	P	304056	299418	305446	308760	312339	335065	342003
卫生和社会工作	Q	198879	181877	183760	185014	187376	206480	209016
文化、体育和娱乐业	R	77717	64741	69490	72873	76430	81878	90891
公共管理、社会保障和社会组织	S	1243967	1244587	1252597	1252706	1257950	1363857	1383842
国际组织	T	2144	—	—	—	—	—	—

1-1 续表 2

单位：个

行业门类	代码	2010年	2011年	2012年	2013年	2014年	2015年
总 计	--	**8754588**	**9593729**	**10616530**	**11258282**	**13701440**	**15729199**
农、林、牧、渔业	A	242429	321086	440853	594495	951045	1204724
采矿业	B	104065	105490	107596	89112	101673	103426
制造业	C	2098370	2240315	2380759	2252225	2616671	2801143
电力、热力、燃气及水生产和供应业	D	64151	66652	69947	70409	79679	87486
建筑业	E	302232	346026	391392	347519	464975	574128
批发和零售业	F	1965118	2276295	2630690	2810531	3513338	4199026
交通运输、仓储和邮政业	G	195829	219630	249832	262048	323044	378705
住宿和餐饮业	H	164762	172070	186837	199592	235337	274283
信息传输、软件和信息技术服务业	I	191182	208867	245669	226107	289162	387842
金融业	J	45512	55513	67554	—	91583	109711
房地产业	K	284726	323985	356717	343924	419618	466100
租赁和商务服务业	L	590478	687575	813851	916953	1161947	1440572
科学研究和技术服务业	M	256865	283777	324932	455778	544309	661022
水利、环境和公共设施管理业	N	64794	69186	75981	84803	97522	108069
居民服务、修理和其他服务业	O	158152	175813	196880	190692	242251	298958
教育	P	342408	346390	355072	413908	444038	461451
卫生和社会工作	Q	205778	205173	206885	249567	265537	271571
文化、体育和娱乐业	R	95633	102775	121126	230544	263384	297274
公共管理、社会保障和社会组织	S	1382104	1387111	1393957	1520075	1596327	1603708
国际组织	T	—	—	—	—	—	—

1-1 续表 3 单位：个

行业门类	代码	2016年	2017年	2018年	2019年	2020年	2021年
总　计	--	**18191382**	**22009092**	**23481046**	**25280211**	**29389255**	**32866972**
农、林、牧、渔业	A	1481473	1926771	1926591	1879887	2090924	2189201
采矿业	B	104074	108900	70191	70983	80683	82830
制造业	C	3019269	3483617	3269606	3463346	3846747	4167767
电力、热力、燃气及水生产和供应业	D	99469	120736	110714	113649	123729	133875
建筑业	E	754512	1045232	1218463	1458539	1901819	2367010
批发和零售业	F	5041698	6252424	6499161	7155907	8415106	9575504
交通运输、仓储和邮政业	G	443325	540994	577233	629631	748046	858447
住宿和餐饮业	H	317619	378974	431323	449277	514980	583028
信息传输、软件和信息技术服务业	I	507674	719150	919879	1047408	1285534	1488072
金融业	J	122516	135068	137934	131744	142488	149813
房地产业	K	533557	642893	744924	811663	933969	1038260
租赁和商务服务业	L	1768005	2242096	2551306	2825375	3394995	3876456
科学研究和技术服务业	M	813251	1035170	1275579	1390741	1738335	2053759
水利、环境和公共设施管理业	N	122367	146295	148860	172856	216714	250799
居民服务、修理和其他服务业	O	359932	420667	497292	522903	598808	667130
教育	P	486026	517739	665883	698893	769578	793247
卫生和社会工作	Q	275554	286858	272504	279155	299142	296031
文化、体育和娱乐业	R	341182	414973	566593	585224	686805	766821
公共管理、社会保障和社会组织	S	1599879	1590535	1597010	1593030	1600853	1528922
国际组织	T	—	—	—	—	—	—

1-2　按三次产业、地区分组的法人单位数

(2021年)　　单位：个

地　区	法人单位数			
		第一产业	第二产业	第三产业
全　国	**32866972**	**1915236**	**6697618**	**24254118**
北　京	1300941	7036	81434	1212471
天　津	405767	10390	74922	320455
河　北	1569370	95296	422404	1051670
山　西	890153	101813	134299	654041
内蒙古	502117	64053	82031	356033
辽　宁	778066	48248	158932	570886
吉　林	300703	28796	48813	223094
黑龙江	360309	53091	54520	252698
上　海	539969	5128	76320	458521
江　苏	3082538	44477	891480	2146581
浙　江	2493082	48320	645388	1799374
安　徽	1314062	98829	295077	920156
福　建	1385496	60339	254822	1070335
江　西	879842	81454	184226	614162
山　东	3261394	141976	760058	2359360
河　南	1953717	159565	346209	1447943
湖　北	1348824	78645	265878	1004301
湖　南	935750	67656	167982	700112
广　东	3634156	41389	824091	2768676
广　西	846687	83339	113700	649648
海　南	188997	12041	22570	154386
重　庆	728589	84170	97240	547179
四　川	971006	95172	156759	719075
贵　州	634533	114693	109338	410502
云　南	782491	95201	119185	568105
西　藏	54923	3055	14449	37419
陕　西	732758	57482	151142	524134
甘　肃	343393	66768	45735	230890
青　海	124164	19656	17120	87388
宁　夏	158156	20902	24095	113159
新　疆	365019	26256	57399	281364

1-3 按地区、成立时间分组的法人单位数

单位：个

地 区	法人单位数	1949年及以前	1950—1977年	1978—1991年	1992—1995年	1996年	1997年
全 国	**32866972**	**66269**	**251402**	**518906**	**232288**	**72814**	**76986**
北 京	1300941	614	3182	13245	12768	3568	4017
天 津	405767	673	1335	4837	3683	1078	1123
河 北	1569370	14118	19981	36130	7463	3104	2767
山 西	890153	3457	12406	22118	3678	1250	1392
内蒙古	502117	1514	8064	8151	1864	876	1173
辽 宁	778066	1724	7301	17117	8413	2297	2508
吉 林	300703	1418	6513	10707	2811	853	747
黑龙江	360309	1709	7845	11669	3338	1045	980
上 海	539969	443	1560	7683	14332	3744	4113
江 苏	3082538	1655	6185	21989	16109	6228	6400
浙 江	2493082	2461	5007	20772	20270	7089	7287
安 徽	1314062	1392	6294	11105	5886	1914	2113
福 建	1385496	1904	6208	20605	9657	3158	3613
江 西	879842	1897	9296	19356	4239	1310	1312
山 东	3261394	4736	11486	54346	13924	4152	4382
河 南	1953717	4954	21135	42849	9265	3202	4043
湖 北	1348824	1480	9047	20536	6742	2854	2398
湖 南	935750	1965	9265	16321	7285	1954	1839
广 东	3634156	3854	15652	36732	33800	8699	9871
广 西	846687	1996	10200	15455	6754	2530	2187
海 南	188997	276	2186	2393	2149	386	381
重 庆	728589	877	2615	4526	4132	1193	1766
四 川	971006	2107	19255	22974	10861	2804	3014
贵 州	634533	1091	4366	7365	6675	763	959
云 南	782491	1060	7636	12651	4265	1858	2021
西 藏	54923	355	1667	4066	513	421	229
陕 西	732758	2063	10323	15749	4857	2042	2116
甘 肃	343393	2273	9939	17391	2664	942	862
青 海	124164	627	3427	4510	673	182	225
宁 夏	158156	266	1719	3846	779	455	304
新 疆	365019	1310	10307	11712	2439	863	844

1-3　续表 1

单位：个

地 区	1998年	1999年	2000年	2001年	2002年	2003年
全 国	**113591**	**132714**	**178597**	**209104**	**249836**	**290751**
北 京	6269	7455	11603	14551	16376	19994
天 津	1587	1542	2576	3237	3081	3836
河 北	3905	4196	6080	8051	10660	10686
山 西	2671	2292	3377	4301	5595	5542
内蒙古	1448	1403	2280	2466	3324	3255
辽 宁	4220	4841	6267	7307	8374	9783
吉 林	1179	1340	1981	2487	2757	2926
黑龙江	1648	1727	2926	3944	3509	4153
上 海	5413	5507	7792	9942	12975	15591
江 苏	10337	17779	19604	26167	29455	34294
浙 江	10111	11908	17097	21315	25001	28292
安 徽	2682	2713	4898	4905	6518	7539
福 建	4101	4945	8454	6532	8984	10670
江 西	1771	1753	3444	3815	5153	6049
山 东	7308	7619	11824	14364	16191	20312
河 南	5260	4615	6505	7344	9250	11936
湖 北	3868	3532	5601	7182	8681	9484
湖 南	3355	2322	4191	4791	5548	6186
广 东	15924	26524	18431	22722	27493	34432
广 西	2107	1885	2381	3194	5530	5185
海 南	507	464	623	865	969	1226
重 庆	2360	1821	2919	4143	4794	5288
四 川	4634	4074	6399	8140	8266	10989
贵 州	1386	1393	1940	2312	2937	3350
云 南	2568	2641	9629	4033	4531	5664
西 藏	184	353	321	239	654	288
陕 西	2906	2740	4350	4522	5491	5592
甘 肃	1485	1113	1701	2176	2650	2771
青 海	399	344	620	843	885	876
宁 夏	561	530	782	712	905	1332
新 疆	1437	1343	2001	2502	3299	3230

1-3 续表 2

单位：个

地 区	2004年	2005年	2006年	2007年	2008年	2009年
全 国	**303151**	**336360**	**379102**	**383357**	**441296**	**553941**
北 京	23114	24822	25316	28890	33335	40699
天 津	3941	4330	5124	5061	5984	7087
河 北	12472	13120	15784	15335	17946	23795
山 西	5874	6698	7928	9806	12444	14797
内蒙古	3581	4534	5740	5591	6946	9792
辽 宁	10551	10821	11445	12094	14147	17375
吉 林	2972	4002	4544	4338	5004	7022
黑龙江	4076	4472	5340	4811	6260	8070
上 海	16431	16970	15408	14263	15590	19731
江 苏	33397	34101	41373	40693	42634	51579
浙 江	25016	26144	33990	32581	31539	41382
安 徽	8887	10182	12595	14100	16292	18098
福 建	10622	11070	12866	14484	14090	17217
江 西	5172	6522	7413	6670	8234	11433
山 东	21224	28197	27655	25564	31047	39645
河 南	11575	17778	16702	15417	20190	25177
湖 北	11056	12174	14977	12256	15411	20275
湖 南	6638	8378	10043	8222	10447	12605
广 东	38996	41830	48782	50062	57721	76842
广 西	4852	5618	5501	7307	8382	11820
海 南	1318	1482	1729	1905	2521	2885
重 庆	5981	5370	6226	7382	9573	10605
四 川	11554	12387	12997	13847	16011	18285
贵 州	3289	3281	3576	4238	4893	5521
云 南	5634	5771	7323	6715	8889	11471
西 藏	341	432	489	578	699	695
陕 西	6015	6907	7717	9115	10835	14236
甘 肃	2919	3105	3434	4634	4487	5317
青 海	732	866	1053	1137	1359	1565
宁 夏	1261	1180	1447	1521	1973	2579
新 疆	3660	3816	4585	4740	6413	6341

1-3　续表 3

单位：个

地　区	2010年	2011年	2012年	2013年	2014年	2015年
全　国	**697204**	**802040**	**929321**	**1172990**	**1667855**	**2025144**
北　京	46981	49582	50111	57853	92410	108034
天　津	8375	10270	10146	12923	19369	24986
河　北	27802	33202	37242	56120	85708	104950
山　西	15848	18552	21097	24622	34422	40819
内蒙古	12394	13088	14699	21061	32972	34819
辽　宁	23163	24245	23137	26538	40606	46192
吉　林	8571	9399	10417	13895	17632	20636
黑龙江	9732	9984	11576	17055	21751	23902
上　海	23483	24643	25590	27602	38093	42772
江　苏	68727	71549	75981	93420	134796	159901
浙　江	52025	56046	55653	93173	109593	110826
安　徽	25078	27400	32443	42014	61819	76601
福　建	23999	27787	30175	35654	57072	71727
江　西	14545	14356	18365	23917	35152	44350
山　东	50079	53716	58689	83159	125787	158431
河　南	31930	36235	43455	64677	97655	123405
湖　北	25540	29269	42910	46390	60704	69843
湖　南	16783	19230	23215	29548	45089	60563
广　东	94898	127396	160486	188266	250578	313383
广　西	13532	18893	23815	27020	36043	46849
海　南	4129	4418	4598	5694	7778	9403
重　庆	18545	28116	30429	34423	43755	53524
四　川	21845	24416	28682	34984	49636	61327
贵　州	7658	10476	24758	24268	34551	41587
云　南	13663	16225	18264	20881	35831	50831
西　藏	1460	1476	2059	2538	3463	5083
陕　西	16827	19091	21195	24154	39838	49810
甘　肃	7013	7822	11312	17290	22803	32277
青　海	2220	2728	3263	3979	6637	7819
宁　夏	3096	3299	4285	5605	7506	9493
新　疆	7263	9131	11274	14267	18806	21001

1-3 续表 4

单位：个

地区	2016年	2017年	2018年	2019年	2020年	2021年
全国	**2721206**	**3243343**	**3588601**	**3515733**	**3823710**	**3889360**
北京	118326	110058	111705	98888	95946	71229
天津	33786	39610	44203	61294	47670	33020
河北	158700	183851	202587	155447	166539	131629
山西	56777	70181	81791	113150	137617	149651
内蒙古	41790	50477	50059	60507	62594	35655
辽宁	60857	72128	94848	84254	86981	38532
吉林	26216	28848	26953	25205	23817	25513
黑龙江	32201	37723	42472	26831	27484	22076
上海	49034	54109	49522	11726	3513	2394
江苏	236696	276034	297155	350200	399337	478763
浙江	151957	200067	230278	311697	355620	398885
安徽	108410	129463	153133	162338	171179	186071
福建	86601	103956	117615	191904	212786	257040
江西	63655	83408	98714	105956	123982	148603
山东	210609	251717	275663	474460	574409	600699
河南	166260	203680	240723	230736	245128	232636
湖北	96407	114178	144100	153197	166782	231950
湖南	88130	106099	99886	110865	105140	109847
广东	416134	503619	580320	191485	159413	79811
广西	57910	72500	88237	99902	127451	131651
海南	13091	15816	17620	18334	26878	36973
重庆	63948	63412	68476	63781	70037	108572
四川	87519	108950	105536	87386	115424	56703
贵州	62905	80247	75461	71043	70677	71567
云南	63609	73594	74379	81683	101560	127611
西藏	7720	7270	6956	2373	1443	558
陕西	63596	93538	105481	89450	48796	43406
甘肃	41668	41143	44304	17475	21384	9039
青海	11229	12599	11865	14248	17925	9329
宁夏	12975	15478	10312	12495	23030	28430
新疆	32490	39590	38247	37423	33168	31517

1-4 按地区、机构类型分组的法人单位数

(2021年) 单位：个

地 区	法 人 单位数	企业法人	事业法人	机关法人	社会团体	其他
全 国	**32866972**	**28665212**	**741801**	**223498**	**336197**	**2900264**
北 京	1300941	1252742	11127	1837	6651	28584
天 津	405767	376523	6582	1966	2677	18019
河 北	1569370	1376514	32112	11195	9603	139946
山 西	890153	729478	20926	7753	9629	122367
内蒙古	502117	381862	18810	7742	9975	83728
辽 宁	778066	670131	19032	7673	6389	74841
吉 林	300703	229570	16258	4876	2963	47036
黑龙江	360309	256859	18411	8200	4509	72330
上 海	539969	505468	7732	1342	3125	22302
江 苏	3082538	2892203	34895	8183	32546	114711
浙 江	2493082	2310258	27272	7586	22857	125109
安 徽	1314062	1150433	20050	8083	16224	119272
福 建	1385496	1265024	23910	6841	18331	71390
江 西	879842	741284	25563	7896	8956	96143
山 东	3261394	2928918	39744	10836	14014	267882
河 南	1953717	1631330	64553	12231	11274	234329
湖 北	1348824	1139615	38169	9285	15944	145811
湖 南	935750	738648	36541	9160	17076	134325
广 东	3634156	3319738	44940	12598	28465	228415
广 西	846687	684474	42605	8334	11247	100027
海 南	188997	166723	4153	1607	1868	14646
重 庆	728589	652158	16172	3439	7338	49482
四 川	971006	762856	51367	14647	14746	127390
贵 州	634533	519698	22805	7214	7308	77508
云 南	782491	646660	27976	10276	12510	85069
西 藏	54923	32161	2761	5696	466	13839
陕 西	732758	593201	25010	7804	13953	92790
甘 肃	343393	217733	16553	6563	14290	88254
青 海	124164	86872	4659	2877	5240	24516
宁 夏	158156	129018	3381	1695	2043	22019
新 疆	365019	277060	17732	8063	3980	58184

1-5 按行业(大类)分组的法人单位数

(2021年)　　单位：个

行业大类	代码	法人单位数	从事单一活动或位于一个地点的法人单位	从事多种活动或位于多个地点的法人单位
总　计	—	**32866972**	**32240299**	**626673**
农、林、牧、渔业	A	**2189201**	**2183639**	**5562**
农业	01	1096727	1094500	2227
林业	02	130689	130127	562
畜牧业	03	571530	570148	1382
渔业	04	116290	116013	277
农、林、牧、渔专业及辅助性活动	05	273965	272851	1114
采矿业	B	**82830**	**80454**	**2376**
煤炭开采和洗选业	06	14293	13569	724
石油和天然气开采业	07	659	607	52
黑色金属矿采选业	08	11063	10690	373
有色金属矿采选业	09	7590	7310	280
非金属矿采选业	10	40429	39730	699
开采专业及辅助性活动	11	5823	5617	206
其他采矿业	12	2973	2931	42
制造业	C	**4167767**	**4113686**	**54081**
农副食品加工业	13	161063	157573	3490
食品制造业	14	94153	91748	2405
酒、饮料和精制茶制造业	15	74788	72996	1792
烟草制品业	16	308	266	42
纺织业	17	175428	173989	1439
纺织服装、服饰业	18	217649	215494	2155
皮革、毛皮、羽毛及其制品和制鞋业	19	98117	97365	752
木材加工和木、竹、藤、棕、草制品业	20	178137	177302	835
家具制造业	21	111393	110001	1392
造纸和纸制品业	22	91114	90572	542
印刷和记录媒介复制业	23	94992	93862	1130
文教、工美、体育和娱乐用品制造业	24	149273	147759	1514
石油、煤炭及其他燃料加工业	25	14311	13975	336
化学原料和化学制品制造业	26	133897	131011	2886
医药制造业	27	38022	36834	1188
化学纤维制造业	28	8713	8608	105
橡胶和塑料制品业	29	239067	237010	2057
非金属矿物制品业	30	334239	328932	5307
黑色金属冶炼和压延加工业	31	25139	24705	434
有色金属冶炼和压延加工业	32	34112	33610	502
金属制品业	33	424560	420752	3808
通用设备制造业	34	424945	420204	4741
专用设备制造业	35	310946	307023	3923

1-5 续表 1 (2021年) 单位：个

行业大类	代码	法　人 单位数	从事单一活动或位于一个地点的法人单位	从事多种活动或位于多个地点的法人单位
汽车制造业	36	98177	96659	1518
铁路、船舶、航空航天和其他运输设备制造业	37	37556	36846	710
电气机械和器材制造业	38	242538	238625	3913
计算机、通信和其他电子设备制造业	39	165932	163342	2590
仪器仪表制造业	40	58763	57649	1114
其他制造业	41	56650	56280	370
废弃资源综合利用业	42	25744	25406	338
金属制品、机械和设备修理业	43	48041	47288	753
电力、热力、燃气及水生产和供应业	D	**133875**	**128999**	**4876**
电力、热力生产和供应业	44	93817	91650	2167
燃气生产和供应业	45	10800	9285	1515
水的生产和供应业	46	29258	28064	1194
建筑业	E	**2367010**	**2298628**	**68382**
房屋建筑业	47	525305	495164	30141
土木工程建筑业	48	510164	491592	18572
建筑安装业	49	279758	272574	7184
建筑装饰、装修和其他建筑业	50	1051783	1039298	12485
批发和零售业	F	**9575504**	**9429629**	**145875**
批发业	51	5227545	5166543	61002
零售业	52	4347959	4263086	84873
交通运输、仓储和邮政业	G	**858447**	**833412**	**25035**
铁路运输业	53	2754	2629	125
道路运输业	54	550333	538660	11673
水上运输业	55	18830	18156	674
航空运输业	56	4361	4141	220
管道运输业	57	573	539	34
多式联运和运输代理业	58	161857	157204	4653
装卸搬运和仓储业	59	89418	87439	1979
邮政业	60	30321	24644	5677
住宿和餐饮业	H	**583028**	**557341**	**25687**
住宿业	61	159369	153762	5607
餐饮业	62	423659	403579	20080
信息传输、软件和信息技术服务业	I	**1488072**	**1467578**	**20494**
电信、广播电视和卫星传输服务	63	34228	31260	2968
互联网和相关服务	64	211260	208511	2749
软件和信息技术服务业	65	1242584	1227807	14777
金融业	J	**149813**	**131358**	**18455**
货币金融服务	66	42604	33719	8885
资本市场服务	67	68885	67973	912
保险业	68	20149	12053	8096
其他金融业	69	18175	17613	562

1-5 续表 2 (2021年) 单位：个

行业大类	代码	法人单位数	从事单一活动或位于一个地点的法人单位	从事多种活动或位于多个地点的法人单位
房地产业	K	**1038260**	**991680**	**46580**
房地产业	70	1038260	991680	46580
租赁和商务服务业	L	**3876456**	**3810712**	**65744**
租赁业	71	405654	401332	4322
商务服务业	72	3470802	3409380	61422
科学研究和技术服务业	M	**2053759**	**2016840**	**36919**
研究和试验发展	73	263161	260441	2720
专业技术服务业	74	804287	779256	25031
科技推广和应用服务业	75	986311	977143	9168
水利、环境和公共设施管理业	N	**250799**	**246232**	**4567**
水利管理业	76	22666	22125	541
生态保护和环境治理业	77	32803	32120	683
公共设施管理业	78	145192	142507	2685
土地管理业	79	50138	49480	658
居民服务、修理和其他服务业	O	**667130**	**652511**	**14619**
居民服务业	80	301940	294295	7645
机动车、电子产品和日用产品修理业	81	236058	231565	4493
其他服务业	82	129132	126651	2481
教育	P	**793247**	**772462**	**20785**
教育	83	793247	772462	20785
卫生和社会工作	Q	**296031**	**287097**	**8934**
卫生	84	197937	189839	8098
社会工作	85	98094	97258	836
文化、体育和娱乐业	R	**766821**	**756035**	**10786**
新闻和出版业	86	10816	10505	311
广播、电视、电影和录音制作业	87	114381	112679	1702
文化艺术业	88	262291	259930	2361
体育	89	86136	83465	2671
娱乐业	90	293197	289456	3741
公共管理、社会保障和社会组织	S	**1528922**	**1482006**	**46916**
中国共产党机关	91	33099	30747	2352
国家机构	92	427705	389723	37982
人民政协、民主党派	93	5850	5688	162
社会保障	94	10763	10700	63
群众团体、社会团体和其他成员组织	95	421711	420906	805
基层群众自治组织及其他组织	96	629794	624242	5552

1-6　按行业(大类)、东中西部以及东北地区分组的法人单位数

(2021年)　　单位：个

行业大类	代码	法人单位数	东部地区	中部地区	西部地区	东北地区
总　　计	--	**32866972**	**17861710**	**7322348**	**6243836**	**1439078**
农、林、牧、渔业	A	**2189201**	**543878**	**698851**	**791852**	**154620**
农业	01	1096727	294502	348224	368396	85605
林业	02	130689	40331	44951	40224	5183
畜牧业	03	571530	94827	154884	286974	34845
渔业	04	116290	36732	39903	35153	4502
农、林、牧、渔专业及辅助性活动	05	273965	77486	110889	61105	24485
采矿业	B	**82830**	**14285**	**23168**	**38380**	**6997**
煤炭开采和洗选业	06	14293	850	5475	7013	955
石油和天然气开采业	07	659	84	123	345	107
黑色金属矿采选业	08	11063	3815	2509	3434	1305
有色金属矿采选业	09	7590	980	2028	3837	745
非金属矿采选业	10	40429	7427	11757	17991	3254
开采专业及辅助性活动	11	5823	675	491	4154	503
其他采矿业	12	2973	454	785	1606	128
制造业	C	**4167767**	**2852736**	**698925**	**456169**	**159937**
农副食品加工业	13	161063	61707	41845	40749	16762
食品制造业	14	94153	45041	22453	20979	5680
酒、饮料和精制茶制造业	15	74788	24146	18922	27605	4115
烟草制品业	16	308	132	82	74	20
纺织业	17	175428	143834	21186	8231	2177
纺织服装、服饰业	18	217649	156573	40912	11508	8656
皮革、毛皮、羽毛及其制品和制鞋业	19	98117	79651	13399	4143	924
木材加工和木、竹、藤、棕、草制品业	20	178137	102901	39030	29242	6964
家具制造业	21	111393	71664	21991	14735	3003
造纸和纸制品业	22	91114	70496	11307	7130	2181
印刷和记录媒介复制业	23	94992	64405	15651	11530	3406
文教、工美、体育和娱乐用品制造业	24	149273	114108	18905	13844	2416
石油、煤炭及其他燃料加工业	25	14311	5460	3510	3165	2176
化学原料和化学制品制造业	26	133897	75555	29916	20315	8111
医药制造业	27	38022	17125	11702	6741	2454
化学纤维制造业	28	8713	7246	844	401	222
橡胶和塑料制品业	29	239067	187935	27842	16408	6882
非金属矿物制品业	30	334239	159356	91074	67748	16061
黑色金属冶炼和压延加工业	31	25139	16339	3878	3824	1098
有色金属冶炼和压延加工业	32	34112	19122	7819	5881	1290
金属制品业	33	424560	322530	53933	36062	12035
通用设备制造业	34	424945	328126	50468	25585	20766
专用设备制造业	35	310946	234715	43595	21535	11101

1-6 续表 1 (2021年) 单位：个

行业大类	代码	法人单位数	东部地区	中部地区	西部地区	东北地区
汽车制造业	36	98177	64530	19593	10215	3839
铁路、船舶、航空航天和其他运输设备制造业	37	37556	26581	4650	4716	1609
电气机械和器材制造业	38	242538	196339	27204	13139	5856
计算机、通信和其他电子设备制造业	39	165932	132461	20802	10723	1946
仪器仪表制造业	40	58763	44448	8317	3800	2198
其他制造业	41	56650	40839	10298	3704	1809
废弃资源综合利用业	42	25744	11111	8853	4566	1214
金属制品、机械和设备修理业	43	48041	28260	8944	7871	2966
电力、热力、燃气及水生产和供应业	D	**133875**	**50469**	**41019**	**33625**	**8762**
电力、热力生产和供应业	44	93817	35041	29673	22495	6608
燃气生产和供应业	45	10800	3918	2711	3458	713
水的生产和供应业	46	29258	11510	8635	7672	1441
建筑业	E	**2367010**	**1164934**	**639994**	**472044**	**90038**
房屋建筑业	47	525305	236461	156430	114939	17475
土木工程建筑业	48	510164	246387	132317	111173	20287
建筑安装业	49	279758	158468	58836	48315	14139
建筑装饰、装修和其他建筑业	50	1051783	523618	292411	197617	38137
批发和零售业	F	**9575504**	**5544340**	**2038314**	**1605371**	**387479**
批发业	51	5227545	3235505	1006699	763540	221801
零售业	52	4347959	2308835	1031615	841831	165678
交通运输、仓储和邮政业	G	**858447**	**464977**	**186902**	**157420**	**49148**
铁路运输业	53	2754	1196	623	774	161
道路运输业	54	550333	275058	135564	108340	31371
水上运输业	55	18830	12111	3633	2333	753
航空运输业	56	4361	2338	696	1017	310
管道运输业	57	573	303	139	108	23
多式联运和运输代理业	58	161857	115102	20273	19290	7192
装卸搬运和仓储业	59	89418	45294	19526	17467	7131
邮政业	60	30321	13575	6448	8091	2207
住宿和餐饮业	H	**583028**	**301875**	**122419**	**141008**	**17726**
住宿业	61	159369	72029	34408	46753	6179
餐饮业	62	423659	229846	88011	94255	11547
信息传输、软件和信息技术服务业	I	**1488072**	**864558**	**344249**	**221992**	**57273**
电信、广播电视和卫星传输服务	63	34228	15697	8088	8073	2370
互联网和相关服务	64	211260	115770	53443	34951	7096
软件和信息技术服务业	65	1242584	733091	282718	178968	47807
金融业	J	**149813**	**99299**	**18105**	**25364**	**7045**
货币金融服务	66	42604	21126	7033	10851	3594
资本市场服务	67	68885	56976	4203	6695	1011
保险业	68	20149	9419	4397	4635	1698
其他金融业	69	18175	11778	2472	3183	742

1-6　续表 2　(2021年)　单位：个

行业大类	代码	法人单位数	东部地区	中部地区	西部地区	东北地区
房地产业	K	**1038260**	**550474**	**226566**	**209761**	**51459**
房地产业	70	1038260	550474	226566	209761	51459
租赁和商务服务业	L	**3876456**	**2188053**	**835823**	**711112**	**141468**
租赁业	71	405654	179564	113369	95062	17659
商务服务业	72	3470802	2008489	722454	616050	123809
科学研究和技术服务业	M	**2053759**	**1295535**	**403609**	**279123**	**75492**
研究和试验发展	73	263161	188102	40414	22160	12485
专业技术服务业	74	804287	455872	172742	143494	32179
科技推广和应用服务业	75	986311	651561	190453	113469	30828
水利、环境和公共设施管理业	N	**250799**	**114991**	**66874**	**58452**	**10482**
水利管理业	76	22666	7978	6307	6915	1466
生态保护和环境治理业	77	32803	15603	7861	8132	1207
公共设施管理业	78	145192	68105	38990	32231	5866
土地管理业	79	50138	23305	13716	11174	1943
居民服务、修理和其他服务业	O	**667130**	**349526**	**136064**	**155182**	**26358**
居民服务业	80	301940	161928	57804	69991	12217
机动车、电子产品和日用产品修理业	81	236058	117576	49086	60048	9348
其他服务业	82	129132	70022	29174	25143	4793
教育	P	**793247**	**345643**	**203823**	**196646**	**47135**
教育	83	793247	345643	203823	196646	47135
卫生和社会工作	Q	**296031**	**133076**	**70510**	**69490**	**22955**
卫生	84	197937	80283	49695	52221	15738
社会工作	85	98094	52793	20815	17269	7217
文化、体育和娱乐业	R	**766821**	**434591**	**166135**	**138089**	**28006**
新闻和出版业	86	10816	5854	2229	2142	591
广播、电视、电影和录音制作业	87	114381	67133	23042	20585	3621
文化艺术业	88	262291	161267	51059	41542	8423
体育	89	86136	49338	17109	16050	3639
娱乐业	90	293197	150999	72696	57770	11732
公共管理、社会保障和社会组织	S	**1528922**	**548470**	**400998**	**482756**	**96698**
中国共产党机关	91	33099	9477	7888	12695	3039
国家机构	92	427705	120565	115451	155987	35702
人民政协、民主党派	93	5850	1866	1375	2045	564
社会保障	94	10763	2773	3304	3918	768
群众团体、社会团体和其他成员组织	95	421711	170673	97452	135833	17753
基层群众自治组织及其他组织	96	629794	243116	175528	172278	38872

1-7 按行业(大类)、地区

(2021年)

行业大类	代码	法人单位数	北京	天津	河北	山西	内蒙古
总　　计	——	**32866972**	**1300941**	**405767**	**1569370**	**890153**	**502117**
农、林、牧、渔业	A	**2189201**	**7495**	**10986**	**105390**	**110032**	**72915**
农业	01	1096727	4633	6323	58240	49117	28649
林业	02	130689	634	842	8019	11835	2879
畜牧业	03	571530	1550	2284	27627	40189	31966
渔业	04	116290	219	941	1410	672	559
农、林、牧、渔专业及辅助性活动	05	273965	459	596	10094	8219	8862
采矿业	B	**82830**	**76**	**70**	**5204**	**7096**	**5095**
煤炭开采和洗选业	06	14293	6	4	362	3870	1437
石油和天然气开采业	07	659	4	6	8	82	85
黑色金属矿采选业	08	11063	10	4	2880	1039	714
有色金属矿采选业	09	7590	5	1	319	236	529
非金属矿采选业	10	40429	27	15	1468	1607	1948
开采专业及辅助性活动	11	5823	21	35	96	192	174
其他采矿业	12	2973	3	5	71	70	208
制造业	C	**4167767**	**25856**	**44653**	**270240**	**48835**	**31576**
农副食品加工业	13	161063	622	1180	7964	3829	4613
食品制造业	14	94153	707	928	4701	2381	1534
酒、饮料和精制茶制造业	15	74788	284	222	2198	1587	1032
烟草制品业	16	308	2	1	9	3	2
纺织业	17	175428	333	627	12489	441	684
纺织服装、服饰业	18	217649	1434	1075	6626	761	678
皮革、毛皮、羽毛及其制品和制鞋业	19	98117	180	227	11275	191	206
木材加工和木、竹、藤、棕、草制品业	20	178137	474	885	8531	1047	1488
家具制造业	21	111393	803	832	7049	659	298
造纸和纸制品业	22	91114	624	1384	4589	627	291
印刷和记录媒介复制业	23	94992	1271	930	4786	1358	783
文教、工美、体育和娱乐用品制造业	24	149273	638	1784	12052	950	495
石油、煤炭及其他燃料加工业	25	14311	137	193	1019	990	582
化学原料和化学制品制造业	26	133897	1197	1744	9458	2759	2266
医药制造业	27	38022	614	383	1541	648	466
化学纤维制造业	28	8713	24	25	429	76	38
橡胶和塑料制品业	29	239067	917	2366	18342	1447	1106
非金属矿物制品业	30	334239	1683	2142	23898	9041	5375
黑色金属冶炼和压延加工业	31	25139	115	1284	1974	521	538
有色金属冶炼和压延加工业	32	34112	137	422	1545	532	510
金属制品业	33	424560	2665	6243	42200	5098	2523
通用设备制造业	34	424945	2374	6471	33489	4490	1440
专用设备制造业	35	310946	2361	3864	19135	3105	1520

分组的法人单位数

单位：个

辽宁	吉林	黑龙江	上海	江苏	浙江	安徽	福建	江西	山东	河南	代码
778066	**300703**	**360309**	**539969**	**3082538**	**2493082**	**1314062**	**1385496**	**879842**	**3261394**	**1953717**	——
57851	**37976**	**58793**	**5399**	**56489**	**52655**	**118485**	**66846**	**89753**	**176234**	**196302**	A
25981	18653	40971	3920	25698	31745	61837	35731	49281	95302	107786	01
2443	1464	1276	432	4617	5132	6613	6700	6631	9870	8155	02
16629	8146	10070	235	7274	6009	21832	9100	17037	30515	39607	03
3195	533	774	541	6888	5434	8547	8808	8505	6289	4017	04
9603	9180	5702	271	12012	4335	19656	6507	8299	34258	36737	05
3870	**1127**	**2000**	**4**	**447**	**946**	**1518**	**1773**	**4064**	**2759**	**3917**	B
166	143	646		25	9	66	125	245	295	742	06
10	72	25	3	5	1	3		3	40	17	07
1103	130	72		47	36	253	240	354	342	346	08
580	101	64		20	52	155	166	444	225	674	09
1771	520	963		289	826	950	1171	2635	1439	1927	10
169	137	197		43	6	43	36	55	346	118	11
71	24	33	1	18	16	48	35	328	72	93	12
102563	**27311**	**30063**	**55838**	**617272**	**537947**	**155998**	**179721**	**101578**	**454350**	**187304**	C
7509	3575	5678	499	8575	5389	8181	6610	4702	22502	10687	13
2847	1299	1534	840	6679	3947	4389	5490	2243	12309	7150	14
1694	1078	1343	146	2153	3055	4540	7774	1880	4870	3768	15
5	7	8	2	12	3	7	13	9	22	16	16
1629	266	282	1366	50098	41032	5474	6515	3231	16727	5428	17
7136	1203	317	3513	29333	38443	12146	13080	9923	22655	8343	18
647	69	208	567	4836	22204	2286	13841	3301	4562	4348	19
3337	1255	2372	1067	14745	8652	9249	7269	5707	52858	13710	20
1953	483	567	1195	12878	10123	4960	7335	6808	9593	5016	21
1497	334	350	1965	11169	17142	2845	4398	1536	7733	3105	22
1991	699	716	1837	12296	12700	3528	3446	1949	8837	3565	23
1631	371	414	1079	16313	29671	4353	11619	3085	15788	6066	24
1175	292	709	90	761	540	531	343	511	1467	721	25
5004	1295	1812	2164	9694	10071	5201	4310	4597	16014	8036	26
961	1027	466	572	3973	2257	2544	1377	1656	3300	3220	27
131	53	38	70	2929	2203	250	328	118	711	224	28
4908	960	1014	3864	32769	43600	8826	9295	3208	22327	7210	29
10595	2738	2728	1784	27817	16668	14585	21766	14841	35820	26633	30
859	127	112	383	4193	2583	630	619	405	2406	1202	31
1075	121	94	451	5212	3561	1016	826	1775	2540	2412	32
8694	1517	1824	7740	65879	51306	13143	14737	5911	39849	12333	33
15789	2585	2392	8115	102186	66522	11523	9496	3448	59138	17043	34
7206	1628	2267	5282	70284	35643	9724	9212	4653	39544	13040	35

1-7 续表 1 (2021年)

行业大类	代码	法人单位数	北京	天津	河北	山西	内蒙古
汽车制造业	36	98177	634	1275	7229	480	249
铁路、船舶、航空航天和其他运输设备制造业	37	37556	260	1776	3098	204	54
电气机械和器材制造业	38	242538	1544	2198	11889	1228	672
计算机、通信和其他电子设备制造业	39	165932	1331	1333	2994	887	313
仪器仪表制造业	40	58763	928	982	2428	344	109
其他制造业	41	56650	138	340	3229	326	309
废弃资源综合利用业	42	25744	48	261	1853	825	425
金属制品、机械和设备修理业	43	48041	1377	1276	2221	2000	977
电力、热力、燃气及水生产和供应业	D	**133875**	**1752**	**1112**	**6458**	**6581**	**3797**
电力、热力生产和供应业	44	93817	1300	715	4262	5082	2747
燃气生产和供应业	45	10800	103	115	997	676	322
水的生产和供应业	46	29258	349	282	1199	823	728
建筑业	E	**2367010**	**55148**	**30398**	**142819**	**73979**	**42714**
房屋建筑业	47	525305	14189	5714	32689	14960	8197
土木工程建筑业	48	510164	9364	7353	33659	19179	14047
建筑安装业	49	279758	4722	5120	19279	7147	5676
建筑装饰、装修和其他建筑业	50	1051783	26873	12211	57192	32693	14794
批发和零售业	F	**9575504**	**322189**	**105119**	**441451**	**264606**	**130357**
批发业	51	5227545	137264	74858	233200	137156	59865
零售业	52	4347959	184925	30261	208251	127450	70492
交通运输、仓储和邮政业	G	**858447**	**22487**	**17793**	**41532**	**25434**	**16279**
铁路运输业	53	2754	63	25	130	165	218
道路运输业	54	550333	14342	7794	30991	20125	11729
水上运输业	55	18830	75	372	507	98	24
航空运输业	56	4361	366	133	161	147	141
管道运输业	57	573	15	18	16	17	15
多式联运和运输代理业	58	161857	4332	6495	4578	1547	1431
装卸搬运和仓储业	59	89418	2632	2610	4363	2835	2244
邮政业	60	30321	662	346	786	500	477
住宿和餐饮业	H	**583028**	**36814**	**6216**	**19511**	**15215**	**5689**
住宿业	61	159369	5989	1334	5204	4155	2435
餐饮业	62	423659	30825	4882	14307	11060	3254
信息传输、软件和信息技术服务业	I	**1488072**	**76323**	**18966**	**56435**	**45881**	**13934**
电信、广播电视和卫星传输服务	63	34228	1661	342	991	1053	756
互联网和相关服务	64	211260	7944	1755	6776	6675	2527
软件和信息技术服务业	65	1242584	66718	16869	48668	38153	10651
金融业	J	**149813**	**8079**	**5057**	**4281**	**3035**	**1734**
货币金融服务	66	42604	1069	3392	1524	1312	938
资本市场服务	67	68885	5151	1206	893	423	178
保险业	68	20149	919	201	1224	630	443
其他金融业	69	18175	940	258	640	670	175

单位：个

辽宁	吉林	黑龙江	上海	江苏	浙江	安徽	福建	江西	山东	河南	代码
1826	1719	294	1938	16390	20017	4260	1946	1470	9811	3700	36
1244	212	153	471	8579	5148	1003	1157	755	3108	1192	37
4347	714	795	3525	42808	50431	7032	6142	4310	14142	6982	38
1384	332	230	1892	25281	14402	5059	4309	4640	7234	3119	39
1592	315	291	1529	13757	7834	2585	1284	802	5060	2300	40
1108	394	307	521	7058	8448	2538	2713	1950	5341	2319	41
703	255	256	114	2572	1111	1815	1033	1327	2318	2562	42
2086	388	492	1257	6043	3241	1775	1438	827	5764	1854	43
3856	**2036**	**2870**	**249**	**6247**	**6784**	**6016**	**7179**	**8564**	**9284**	**6414**	D
2907	1521	2180	106	3768	4940	3908	5702	7039	6183	4191	44
285	190	238	31	502	376	326	192	294	884	637	45
664	325	452	112	1977	1468	1782	1285	1231	2217	1586	46
50898	**18864**	**20276**	**21486**	**273600**	**102958**	**133363**	**67623**	**70902**	**299775**	**150546**	E
8100	4363	5012	2665	62763	16861	32261	21439	21685	52012	34975	47
11945	3999	4343	3813	55344	21809	26138	13075	13973	75703	30008	48
8133	2914	3092	4390	37942	10721	13543	4723	5958	44383	13218	49
22720	7588	7829	10618	117551	53567	61421	28386	29286	127677	72345	50
220268	**81420**	**85791**	**165464**	**904625**	**832468**	**346360**	**529008**	**242250**	**1063047**	**610860**	F
133584	40009	48208	121039	567912	485735	170311	279725	119330	641302	285119	51
86684	41411	37583	44425	336713	346733	176049	249283	122920	421745	325741	52
28288	**9081**	**11779**	**20701**	**92992**	**54297**	**36342**	**27692**	**27726**	**94666**	**38258**	G
64	40	57	17	235	45	74	94	80	369	156	53
18224	5601	7546	5984	66736	33474	26333	15908	22596	57535	26198	54
637	27	89	459	2751	1923	1368	1674	448	1732	330	55
206	41	63	88	237	228	84	161	74	363	148	56
14	5	4	76	33	12	11	7	11	90	39	57
4941	1165	1086	10548	13977	12106	3853	6485	1722	23328	5059	58
3067	1689	2375	2598	7635	4606	3368	2259	1855	9681	5027	59
1135	513	559	931	1388	1903	1251	1104	940	1568	1301	60
10888	**3664**	**3174**	**20849**	**41838**	**38151**	**24682**	**20326**	**12329**	**49282**	**30183**	H
3802	1169	1208	4754	8815	12038	5799	5867	4231	9217	8246	61
7086	2495	1966	16095	33023	26113	18883	14459	8098	40065	21937	62
32808	**10213**	**14252**	**28404**	**145001**	**129498**	**55161**	**82325**	**39574**	**130314**	**81183**	I
1185	418	767	512	2896	1560	1226	884	967	1639	1709	63
3621	1652	1823	3395	18725	13755	9551	15226	7129	21330	12156	64
28002	8143	11662	24497	123380	114183	44384	66215	31478	107345	67318	65
3957	**1495**	**1593**	**9599**	**7543**	**16175**	**3709**	**4247**	**2144**	**11654**	**3146**	J
2070	773	751	1389	2295	2076	1314	1342	829	2591	1253	66
533	281	197	6964	2989	11600	892	1814	526	5633	419	67
901	300	497	509	1442	838	891	505	524	1714	1071	68
453	141	148	737	817	1661	612	586	265	1716	403	69

1-7 续表 2 (2021年)

行业大类	代码	法人单位数	北京	天津	河北	山西	内蒙古
房地产业	K	**1038260**	**32615**	**15152**	**54663**	**27586**	**17422**
房地产业	70	1038260	32615	15152	54663	27586	17422
租赁和商务服务业	L	**3876456**	**238502**	**52815**	**136714**	**90236**	**50346**
租赁业	71	405654	14734	5718	22251	13436	8261
商务服务业	72	3470802	223768	47097	114463	76800	42085
科学研究和技术服务业	M	**2053759**	**276097**	**50458**	**86206**	**41868**	**25376**
研究和试验发展	73	263161	8936	2739	11097	2610	1146
专业技术服务业	74	804287	48971	11242	24974	18374	11515
科技推广和应用服务业	75	986311	218190	36477	50135	20884	12715
水利、环境和公共设施管理业	N	**250799**	**8638**	**2256**	**12616**	**7355**	**5113**
水利管理业	76	22666	262	173	769	798	499
生态保护和环境治理业	77	32803	1381	280	1208	1226	839
公共设施管理业	78	145192	6769	1750	7810	4884	3284
土地管理业	79	50138	226	53	2829	447	491
居民服务、修理和其他服务业	O	**667130**	**39266**	**9720**	**26374**	**18736**	**10018**
居民服务业	80	301940	19663	4078	10235	8771	4252
机动车、电子产品和日用产品修理业	81	236058	9429	3222	10257	6475	3997
其他服务业	82	129132	10174	2420	5882	3490	1769
教育	P	**793247**	**21169**	**8867**	**32164**	**19808**	**14267**
教育	83	793247	21169	8867	32164	19808	14267
卫生和社会工作	Q	**296031**	**9008**	**3298**	**12589**	**8793**	**5556**
卫生	84	197937	5885	2363	9761	6634	3735
社会工作	85	98094	3123	935	2828	2159	1821
文化、体育和娱乐业	R	**766821**	**100015**	**10486**	**29902**	**20439**	**10279**
新闻和出版业	86	10816	1795	133	399	305	201
广播、电视、电影和录音制作业	87	114381	12174	1676	5958	2270	1477
文化艺术业	88	262291	57874	4191	8656	7927	4437
体育	89	86136	6131	1481	4091	2496	1404
娱乐业	90	293197	22041	3005	10798	7441	2760
公共管理、社会保障和社会组织	S	**1528922**	**19412**	**12345**	**84821**	**54638**	**39650**
中国共产党机关	91	33099	249	291	1702	1272	1232
国家机构	92	427705	3896	3542	16333	13541	13315
人民政协、民主党派	93	5850	59	59	236	239	150
社会保障	94	10763	83	93	445	464	263
群众团体、社会团体和其他成员组织	95	421711	7599	2842	13422	11863	11088
基层群众自治组织及其他组织	96	629794	7526	5518	52683	27259	13602

单位：个

辽宁	吉林	黑龙江	上海	江苏	浙江	安徽	福建	江西	山东	河南	代码
29172	**10415**	**11872**	**23692**	**86703**	**67064**	**39132**	**31092**	**23961**	**84204**	**62838**	K
29172	10415	11872	23692	86703	67064	39132	31092	23961	84204	62838	70
81775	**28441**	**31252**	**87549**	**319032**	**265049**	**164694**	**141003**	**103174**	**356901**	**195476**	L
7887	4246	5526	3365	24235	20295	22643	11688	12206	42602	28231	71
73888	24195	25726	84184	294797	244754	142051	129315	90968	314299	167245	72
41301	**13749**	**20442**	**38624**	**239353**	**119559**	**69678**	**68597**	**33351**	**188496**	**112493**	M
7291	2285	2909	3218	54288	17590	8477	14676	2250	26599	7212	73
17856	6029	8294	19825	93554	52718	32274	25461	19455	75710	39745	74
16154	5435	9239	15581	91511	49251	28927	28460	11646	86187	65536	75
4871	**2741**	**2870**	**2686**	**23063**	**13922**	**11682**	**8769**	**6374**	**26330**	**19130**	N
510	427	529	250	1993	972	972	636	420	1508	1247	76
614	254	339	332	2885	2558	1070	1300	879	2608	1815	77
2894	1290	1682	1998	11508	9397	7292	5252	3805	13418	11089	78
853	770	320	106	6677	995	2348	1581	1270	8796	4979	79
15261	**5673**	**5424**	**17797**	**55278**	**47171**	**27497**	**24256**	**14219**	**54892**	**31719**	O
7289	2596	2332	9872	24988	25136	10723	11318	5488	24061	13487	80
5642	1911	1795	5880	18650	14290	11785	8826	5217	19487	11520	81
2330	1166	1297	2045	11640	7745	4989	4112	3514	11344	6712	82
24202	**10078**	**12855**	**9259**	**46000**	**55101**	**29118**	**23515**	**22316**	**65005**	**65927**	P
24202	10078	12855	9259	46000	55101	29118	23515	22316	65005	65927	83
12326	**4794**	**5835**	**5058**	**34128**	**18336**	**12094**	**8760**	**8508**	**20417**	**16709**	Q
9163	2859	3716	2492	13683	9559	8330	5960	6166	14131	12090	84
3163	1935	2119	2566	20445	8777	3764	2800	2342	6286	4619	85
15183	**5086**	**7737**	**13791**	**55633**	**57839**	**25514**	**37098**	**17659**	**55878**	**42011**	R
288	143	160	244	860	425	356	340	272	712	442	86
1963	801	857	1602	8212	11548	3619	6066	3317	9897	6853	87
4622	1497	2304	3008	20066	15006	7550	12806	6061	17343	13555	88
2131	599	909	2892	7253	6467	2709	4389	1703	7010	3942	89
6179	2046	3507	6045	19242	24393	11280	13497	6306	20916	17219	90
38728	**26539**	**31431**	**13520**	**77294**	**77162**	**53019**	**55666**	**51396**	**117906**	**99301**	S
1175	665	1199	303	1277	886	1211	1378	1130	1596	1790	91
12703	10343	12656	3236	17247	15042	12891	13315	17305	23809	29894	92
232	132	200	117	250	253	258	248	205	244	240	93
289	144	335	80	638	303	340	336	341	517	950	94
8152	4258	5343	3734	36292	32434	20000	23485	11900	17462	14823	95
16177	10997	11698	6050	21590	28244	18319	16904	20515	74278	51604	96

1-7 续表 3 (2021年)

行业大类	代码	湖北	湖南	广东	广西	海南	重庆
总　计	—	**1348824**	**935750**	**3634156**	**846687**	**188997**	**728589**
农、林、牧、渔业	A	**95363**	**88916**	**49051**	**92537**	**13333**	**89461**
农业	01	39578	40625	26578	41847	6332	45433
林业	02	6076	5641	3418	5850	667	3437
畜牧业	03	20481	15738	6461	27927	3772	24538
渔业	04	12510	5652	4932	7715	1270	10762
农、林、牧、渔专业及辅助性活动	05	16718	21260	7662	9198	1292	5291
采矿业	B	**3044**	**3529**	**2757**	**4123**	**249**	**1359**
煤炭开采和洗选业	06	183	369	16	63	8	171
石油和天然气开采业	07	14	4	8	9	9	19
黑色金属矿采选业	08	283	234	225	405	31	71
有色金属矿采选业	09	126	393	169	406	23	22
非金属矿采选业	10	2234	2404	2057	2908	135	1011
开采专业及辅助性活动	11	64	19	80	42	12	34
其他采矿业	12	140	106	202	290	31	31
制造业	C	**123718**	**81492**	**661037**	**59340**	**5822**	**63763**
农副食品加工业	13	8201	6245	7719	4220	647	4482
食品制造业	14	3579	2711	9053	3307	387	2124
酒、饮料和精制茶制造业	15	4526	2621	3227	2193	217	1810
烟草制品业	16	27	20	66	6	2	8
纺织业	17	5332	1280	14595	999	52	1426
纺织服装、服饰业	18	7506	2233	40289	1723	125	1919
皮革、毛皮、羽毛及其制品和制鞋业	19	1173	2100	21955	625	4	836
木材加工和木、竹、藤、棕、草制品业	20	5463	3854	8080	10358	340	2495
家具制造业	21	2458	2090	21691	1682	165	2303
造纸和纸制品业	22	1887	1307	21427	1051	65	957
印刷和记录媒介复制业	23	3279	1972	18024	1468	278	1519
文教、工美、体育和娱乐用品制造业	24	2284	2167	24980	1440	184	1267
石油、煤炭及其他燃料加工业	25	437	320	884	237	26	172
化学原料和化学制品制造业	26	5248	4075	20630	2529	273	1648
医药制造业	27	2398	1236	2880	723	228	553
化学纤维制造业	28	122	54	520	53	7	38
橡胶和塑料制品业	29	4659	2492	54284	1879	171	2395
非金属矿物制品业	30	14676	11298	26977	8472	801	6540
黑色金属冶炼和压延加工业	31	652	468	2756	409	26	446
有色金属冶炼和压延加工业	32	782	1302	4382	571	46	597
金属制品业	33	9623	7825	91467	3374	444	6635
通用设备制造业	34	7990	5974	40220	2044	115	5406
专用设备制造业	35	8334	4739	49067	2698	323	4009

单位：个

四川	贵州	云南	西藏	陕西	甘肃	青海	宁夏	新疆	代码
971006	**634533**	**782491**	**54923**	**732758**	**343393**	**124164**	**158156**	**365019**	——
101202	**117625**	**101889**	**3520**	**64542**	**71227**	**20292**	**22546**	**34096**	A
52923	57364	53850	942	30863	30295	7130	8183	10917	01
5644	4011	4464	275	4251	4874	1765	1443	1331	02
30178	48125	35142	1808	21118	31162	10659	10947	13404	03
6427	5193	1745	30	1250	437	102	329	604	04
6030	2932	6688	465	7060	4459	636	1644	7840	05
3643	**5313**	**5905**	**347**	**5522**	**1698**	**590**	**792**	**3993**	B
571	1329	1095	5	1182	141	65	504	450	06
34	14	6		64	18	4	10	82	07
379	301	589	13	222	141	79	13	507	08
321	349	1230	36	305	157	87	1	394	09
2125	3022	2765	260	1070	910	292	222	1458	10
109	86	59	5	2549	268	17	35	776	11
104	212	161	28	130	63	46	7	326	12
74685	**58385**	**45803**	**4488**	**51918**	**18561**	**6086**	**10950**	**30614**	C
5352	5337	4847	869	3720	2269	623	1093	3324	13
3245	2844	2120	196	2249	867	308	546	1639	14
4099	7714	6330	111	2080	711	275	400	850	15
4	17	22		8	4		2	1	16
1050	851	439	272	577	208	71	310	1344	17
1293	1671	512	388	780	322	189	172	1861	18
947	697	130	66	150	166	42	86	192	19
2752	4293	3761	111	1819	379	275	269	1242	20
3442	2639	1425	529	1151	351	88	211	616	21
1396	926	765	17	858	239	38	159	433	22
2260	909	1324	37	1435	829	158	312	496	23
1320	3482	1589	419	1151	552	759	167	1203	24
291	312	288	17	481	129	31	159	466	25
3250	1849	1997	207	2384	1124	392	872	1797	26
1324	673	708	54	935	742	113	128	322	27
83	19	21	1	42	13	4	16	73	28
3075	1463	1573	27	1596	770	112	487	1925	29
10740	10985	6759	662	6584	3870	934	1767	5060	30
562	397	419	14	374	198	81	186	200	31
689	495	699	27	1620	210	114	131	218	32
5669	3749	3616	164	3847	1905	667	1329	2584	33
6504	1336	1300	29	5482	519	176	558	791	34
4342	1209	1310	64	3781	609	148	447	1398	35

1-7 续表 4 (2021年)

行业大类	代码	湖北	湖南	广东	广西	海南	重庆
汽车制造业	36	8401	1282	5229	1498	61	4953
铁路、船舶、航空航天和其他运输设备制造业	37	798	698	2898	374	86	2632
电气机械和器材制造业	38	4281	3371	63463	1561	197	1861
计算机、通信和其他电子设备制造业	39	3963	3134	73546	1700	139	2112
仪器仪表制造业	40	1533	753	10604	351	42	865
其他制造业	41	1332	1833	13004	251	47	405
废弃资源综合利用业	42	1195	1129	1755	590	46	407
金属制品、机械和设备修理业	43	1579	909	5365	954	278	943
电力、热力、燃气及水生产和供应业	D	**6160**	**7284**	**10724**	**4084**	**680**	**2435**
电力、热力生产和供应业	44	3996	5457	7606	2928	459	1381
燃气生产和供应业	45	447	331	651	282	67	259
水的生产和供应业	46	1717	1496	2467	874	154	795
建筑业	E	**134599**	**76605**	**155018**	**47149**	**16109**	**30660**
房屋建筑业	47	32616	19933	25867	9248	2262	6534
土木工程建筑业	48	29415	13604	23876	7885	2391	5280
建筑安装业	49	11831	7139	25296	3703	1892	3565
建筑装饰、装修和其他建筑业	50	60737	35929	79979	26313	9564	15281
批发和零售业	F	**359049**	**215189**	**1135372**	**225206**	**45597**	**215801**
批发业	51	172965	121818	670118	112972	24352	90792
零售业	52	186084	93371	465254	112234	21245	125009
交通运输、仓储和邮政业	G	**38829**	**20313**	**87924**	**23792**	**4893**	**16789**
铁路运输业	53	99	49	182	87	36	39
道路运输业	54	27584	12728	39662	15822	2632	10563
水上运输业	55	905	484	2316	985	302	434
航空运输业	56	140	103	503	92	98	86
管道运输业	57	25	36	26	7	10	9
多式联运和运输代理业	58	4389	3703	32120	3632	1133	3243
装卸搬运和仓储业	59	4195	2246	8559	2225	351	1678
邮政业	60	1492	964	4556	942	331	737
住宿和餐饮业	H	**23504**	**16506**	**63847**	**15263**	**5041**	**28244**
住宿业	61	6897	5080	16459	5122	2352	6810
餐饮业	62	16607	11426	47388	10141	2689	21434
信息传输、软件和信息技术服务业	I	**79719**	**42731**	**185529**	**32130**	**11763**	**34098**
电信、广播电视和卫星传输服务	63	1891	1242	4712	1094	500	750
互联网和相关服务	64	10142	7790	23737	5211	3127	4721
软件和信息技术服务业	65	67686	33699	157080	25825	8136	28627
金融业	J	**3729**	**2342**	**31260**	**3792**	**1404**	**2267**
货币金融服务	66	1469	856	5013	927	435	1187
资本市场服务	67	1191	752	20008	1507	718	605
保险业	68	741	540	1908	527	159	297
其他金融业	69	328	194	4331	831	92	178

单位：个

四川	贵州	云南	西藏	陕西	甘肃	青海	宁夏	新疆	代码
1770	310	296	1	786	61	28	73	190	36
712	140	85	2	583	47	12	15	60	37
2874	1062	965	31	2239	463	161	335	915	38
2590	933	552	13	1826	161	59	106	358	39
763	124	327	3	947	87	14	93	117	40
506	950	373	47	372	144	59	101	187	41
604	537	666	24	619	259	49	121	265	42
1177	462	585	86	1442	353	106	299	487	43
6117	**2671**	**3605**	**304**	**3757**	**2061**	**950**	**920**	**2924**	D
3548	1606	2320	231	2496	1614	803	736	2085	44
863	337	327	22	472	164	56	59	295	45
1706	728	958	51	789	283	91	125	544	46
73600	**43517**	**64516**	**9401**	**93936**	**24036**	**9617**	**11767**	**21131**	E
23361	8613	13256	6554	22658	6508	2613	3055	4342	47
12695	7634	15704	1501	27838	7013	2740	3335	5501	48
7845	4688	4647	208	9792	2955	858	1336	3042	49
29699	22582	30909	1138	33648	7560	3406	4041	8246	50
227826	**151240**	**214255**	**7944**	**187663**	**75357**	**24627**	**43244**	**101851**	F
120609	61585	101200	2458	84353	35441	10663	21760	61842	51
107217	89655	113055	5486	103310	39916	13964	21484	40009	52
23676	**12607**	**19339**	**797**	**16409**	**6461**	**2362**	**5450**	**13459**	G
78	38	51	1	100	21	16	22	103	53
17277	9048	13256	555	10884	4177	1673	4063	9293	54
353	127	161		187	15	10	9	28	55
137	76	159	14	116	41	16	24	115	56
12	6	18		14	5		4	18	57
2229	1040	2755	56	1559	545	237	600	1963	58
2422	1162	1671	79	2750	1165	277	415	1379	59
1168	1110	1268	92	799	492	133	313	560	60
19613	**20469**	**18336**	**1239**	**14807**	**7143**	**2772**	**2685**	**4748**	H
7396	6297	6491	782	4966	2798	1145	737	1774	61
12217	14172	11845	457	9841	4345	1627	1948	2974	62
39433	**15091**	**30193**	**1099**	**29200**	**5677**	**3204**	**5487**	**12446**	I
1097	497	833	266	1458	397	197	156	572	63
5157	3451	3738	116	5440	1482	563	873	1672	64
33179	11143	25622	717	22302	3798	2444	4458	10202	65
3496	**1812**	**3643**	**342**	**2671**	**1626**	**390**	**796**	**2795**	J
1243	888	1514	115	1162	1098	246	425	1108	66
742	359	1234	170	526	116	28	181	1049	67
966	299	624	47	582	335	71	104	340	68
545	266	271	10	401	77	45	86	298	69

1-7 续表 5 (2021年)

行业大类	代码	湖北	湖南	广东	广西	海南	重庆
房地产业	K	**43480**	**29569**	**139385**	**32479**	**15904**	**25425**
房地产业	70	43480	29569	139385	32479	15904	25425
租赁和商务服务业	L	**172973**	**109270**	**560746**	**117239**	**29742**	**87976**
租赁业	71	19140	17713	30975	11401	3701	14290
商务服务业	72	153833	91557	529771	105838	26041	73686
科学研究和技术服务业	M	**79696**	**66523**	**218332**	**43967**	**9813**	**29419**
研究和试验发展	73	7966	11899	48066	3492	893	2031
专业技术服务业	74	39675	23219	98075	18876	5342	17662
科技推广和应用服务业	75	32055	31405	72191	21599	3578	9726
水利、环境和公共设施管理业	N	**13738**	**8595**	**14913**	**7630**	**1798**	**6787**
水利管理业	76	1666	1204	1298	1274	117	247
生态保护和环境治理业	77	1386	1485	2751	802	300	1101
公共设施管理业	78	7059	4861	9237	3509	966	3354
土地管理业	79	3627	1045	1627	2045	415	2085
居民服务、修理和其他服务业	O	**26256**	**17637**	**70169**	**27833**	**4603**	**19551**
居民服务业	80	11080	8255	30470	18304	2107	9728
机动车、电子产品和日用产品修理业	81	9095	4994	26004	6420	1531	6825
其他服务业	82	6081	4388	13695	3109	965	2998
教育	P	**30743**	**35911**	**78327**	**34342**	**6236**	**18786**
教育	83	30743	35911	78327	34342	6236	18786
卫生和社会工作	Q	**12662**	**11744**	**19354**	**6603**	**2128**	**6981**
卫生	84	8837	7638	14654	5282	1795	4392
社会工作	85	3825	4106	4700	1321	333	2589
文化、体育和娱乐业	R	**29435**	**31077**	**68046**	**15897**	**5903**	**19118**
新闻和出版业	86	545	309	799	254	147	207
广播、电视、电影和录音制作业	87	3560	3423	8449	2690	1551	2611
文化艺术业	88	8795	7171	20910	4522	1407	5867
体育	89	2790	3469	8704	2197	920	2184
娱乐业	90	13745	16705	29184	6234	1878	8249
公共管理、社会保障和社会组织	S	**72127**	**70517**	**82365**	**53281**	**7979**	**29669**
中国共产党机关	91	1135	1350	1593	1261	202	464
国家机构	92	22469	19351	21548	22733	2597	9785
人民政协、民主党派	93	203	230	349	224	51	166
社会保障	94	604	605	236	895	42	311
群众团体、社会团体和其他成员组织	95	19205	19661	31459	11836	1944	7793
基层群众自治组织及其他组织	96	28511	29320	27180	16332	3143	11150

单位：个

四川	贵州	云南	西藏	陕西	甘肃	青海	宁夏	新疆	代码
32999	**18309**	**26318**	**749**	**25136**	**9176**	**3728**	**4285**	**13735**	K
32999	18309	26318	749	25136	9176	3728	4285	13735	70
117502	**64233**	**87882**	**6073**	**80948**	**27892**	**17109**	**17455**	**36457**	L
15745	8173	11656	819	9662	5104	1908	2944	5099	71
101757	56060	76226	5254	71286	22788	15201	14511	31358	72
50437	**17511**	**35945**	**1525**	**34577**	**9922**	**5467**	**6559**	**18418**	M
6214	1034	2716	130	3362	615	280	338	802	73
23647	10174	18307	923	20185	5793	3435	3349	9628	74
20576	6303	14922	472	11030	3514	1752	2872	7988	75
7682	**5501**	**7491**	**288**	**8538**	**2285**	**1616**	**1376**	**4145**	N
770	559	1006	38	875	335	166	120	1026	76
1287	579	941	64	1046	338	366	216	553	77
4752	2977	4085	173	5325	1421	822	730	1799	78
873	1386	1459	13	1292	191	262	310	767	79
21730	**20016**	**19347**	**708**	**16594**	**6918**	**2358**	**3330**	**6779**	O
8406	7569	7813	234	6266	2703	979	1337	2400	80
9383	8800	8269	339	7187	3277	944	1313	3294	81
3941	3647	3265	135	3141	938	435	680	1085	82
36256	**20146**	**19980**	**1098**	**21788**	**12973**	**2537**	**4475**	**9998**	P
36256	20146	19980	1098	21788	12973	2537	4475	9998	83
17476	**6248**	**7211**	**622**	**8346**	**3873**	**1579**	**1096**	**3899**	Q
12538	4937	5677	560	6723	3230	1150	807	3190	84
4938	1311	1534	62	1623	643	429	289	709	85
26974	**11518**	**18353**	**1014**	**15777**	**7131**	**2418**	**2919**	**6691**	R
372	159	263	25	284	100	51	68	158	86
2764	1304	2825	188	2866	813	647	576	1824	87
7704	2791	5478	347	4484	2719	748	859	1586	88
2907	1335	2427	34	1607	698	287	408	562	89
13227	5929	7360	420	6536	2801	685	1008	2561	90
86659	**42321**	**52480**	**13365**	**50629**	**49376**	**16462**	**12024**	**36840**	S
2448	909	1697	614	1299	877	346	228	1320	91
30629	14996	17760	5562	13532	10005	3881	2221	11568	92
371	165	233	73	189	179	64	100	131	93
699	126	684	30	468	121	82	28	211	94
17055	8249	17502	1544	16082	20944	7235	6717	9788	95
35457	17876	14604	5542	19059	17250	4854	2730	13822	96

1-8 按行业(大类)、机构类型分组的法人单位数

(2021年)　　单位：个

行业大类	代码	法人单位数	企业法人	事业法人	机关法人	社会团体	其他
总　计	--	**32866972**	**28665212**	**741801**	**223498**	**336197**	**2900264**
农、林、牧、渔业	A	**2189201**	**946218**	**8775**			**1234208**
农业	01	1096727	429078	561			667088
林业	02	130689	74784	2212			53693
畜牧业	03	571530	278343	209			292978
渔业	04	116290	69572	145			46573
农、林、牧、渔专业及辅助性活动	05	273965	94441	5648			173876
采矿业	B	**82830**	**82718**				**112**
煤炭开采和洗选业	06	14293	14291				2
石油和天然气开采业	07	659	658				1
黑色金属矿采选业	08	11063	11058				5
有色金属矿采选业	09	7590	7585				5
非金属矿采选业	10	40429	40342				87
开采专业及辅助性活动	11	5823	5812				11
其他采矿业	12	2973	2972				1
制造业	C	**4167767**	**4145287**	**11**			**22469**
农副食品加工业	13	161063	153109				7954
食品制造业	14	94153	92881				1272
酒、饮料和精制茶制造业	15	74788	69615				5173
烟草制品业	16	308	261				47
纺织业	17	175428	174881				547
纺织服装、服饰业	18	217649	216870				779
皮革、毛皮、羽毛及其制品和制鞋业	19	98117	97932				185
木材加工和木、竹、藤、棕、草制品业	20	178137	176387				1750
家具制造业	21	111393	110882				511
造纸和纸制品业	22	91114	91070				44
印刷和记录媒介复制业	23	94992	94985	5			2
文教、工美、体育和娱乐用品制造业	24	149273	147515				1758
石油、煤炭及其他燃料加工业	25	14311	14230	1			80

1-8 续表 1 (2021年) 单位：个

行业大类	代码	法人单位数	企业法人	事业法人	机关法人	社会团体	其他
化学原料和化学制品制造业	26	133897	133595				302
医药制造业	27	38022	37337	1			684
化学纤维制造业	28	8713	8713				
橡胶和塑料制品业	29	239067	239006				61
非金属矿物制品业	30	334239	333957	1			281
黑色金属冶炼和压延加工业	31	25139	25123				16
有色金属冶炼和压延加工业	32	34112	34105				7
金属制品业	33	424560	424448				112
通用设备制造业	34	424945	424920				25
专用设备制造业	35	310946	310665				281
汽车制造业	36	98177	98170	1			6
铁路、船舶、航空航天和其他运输设备制造业	37	37556	37553				3
电气机械和器材制造业	38	242538	242458				80
计算机、通信和其他电子设备制造业	39	165932	165925	1			6
仪器仪表制造业	40	58763	58753				10
其他制造业	41	56650	56558				92
废弃资源综合利用业	42	25744	25604				140
金属制品、机械和设备修理业	43	48041	47779	1			261
电力、热力、燃气及水生产和供应业	D	**133875**	**129282**	**544**			**4049**
电力、热力生产和供应业	44	93817	89814	169			3834
燃气生产和供应业	45	10800	10733	18			49
水的生产和供应业	46	29258	28735	357			166
建筑业	E	**2367010**	**2366841**	**9**			**160**
房屋建筑业	47	525305	525168				137
土木工程建筑业	48	510164	510143	8			13
建筑安装业	49	279758	279758				
建筑装饰、装修和其他建筑业	50	1051783	1051772	1			10
批发和零售业	F	**9575504**	**9405079**	**27**			**170398**
批发业	51	5227545	5098368	8			129169
零售业	52	4347959	4306711	19			41229

1-8 续表 2 (2021年) 单位：个

行业大类	代码	法人单位数	企业法人	事业法人	机关法人	社会团体	其他
交通运输、仓储和邮政业	G	**858447**	**849361**	**6193**			**2893**
铁路运输业	53	2754	2738	16			
道路运输业	54	550333	544582	5187			564
水上运输业	55	18830	18446	349			35
航空运输业	56	4361	4221	73			67
管道运输业	57	573	571	2			
多式联运和运输代理业	58	161857	161777	33			47
装卸搬运和仓储业	59	89418	86796	454			2168
邮政业	60	30321	30230	79			12
住宿和餐饮业	H	**583028**	**580835**	**330**			**1863**
住宿业	61	159369	158313	273			783
餐饮业	62	423659	422522	57			1080
信息传输、软件和信息技术服务业	I	**1488072**	**1480593**	**4895**			**2584**
电信、广播电视和卫星传输服务	63	34228	31300	2692			236
互联网和相关服务	64	211260	210174	764			322
软件和信息技术服务业	65	1242584	1239119	1439			2026
金融业	J	**149813**	**147588**	**322**	**408**		**1495**
货币金融服务	66	42604	40700	116	408		1380
资本市场服务	67	68885	68782	82			21
保险业	68	20149	20100	34			15
其他金融业	69	18175	18006	90			79
房地产业	K	**1038260**	**1033634**	**2118**			**2508**
房地产业	70	1038260	1033634	2118			2508
租赁和商务服务业	L	**3876456**	**3596440**	**29057**			**250959**
租赁业	71	405654	399700	86			5868
商务服务业	72	3470802	3196740	28971			245091
科学研究和技术服务业	M	**2053759**	**1925328**	**59806**			**68625**
研究和试验发展	73	263161	252124	4803			6234
专业技术服务业	74	804287	764442	34921			4924
科技推广和应用服务业	75	986311	908762	20082			57467

1-8　续表 3　　　　(2021年)　　　　单位：个

行业大类	代码	法　人 单位数	企业法人	事业法人	机关法人	社会团体	其他
水利、环境和公共设施管理业	N	**250799**	**216253**	**28814**		**51**	**5681**
水利管理业	76	22666	7937	13375			1354
生态保护和环境治理业	77	32803	29255	3023		51	474
公共设施管理业	78	145192	132388	10951			1853
土地管理业	79	50138	46673	1465			2000
居民服务、修理和其他服务业	O	**667130**	**636568**	**5109**			**25453**
居民服务业	80	301940	277598	3586			20756
机动车、电子产品和日用产品修理业	81	236058	235546	117			395
其他服务业	82	129132	123424	1406			4302
教育	P	**793247**	**318397**	**221257**			**253593**
教育	83	793247	318397	221257			253593
卫生和社会工作	Q	**296031**	**110312**	**88491**		**1096**	**96132**
卫生	84	197937	88629	69259			40049
社会工作	85	98094	21683	19232		1096	56083
文化、体育和娱乐业	R	**766821**	**694478**	**32818**		**2154**	**37371**
新闻和出版业	86	10816	7950	2752			114
广播、电视、电影和录音制作业	87	114381	109908	2954			1519
文化艺术业	88	262291	219012	23662			19617
体育	89	86136	72701	1685		2154	9596
娱乐业	90	293197	284907	1765			6525
公共管理、社会保障和社会组织	S	**1528922**		**253225**	**223090**	**332896**	**719711**
中国共产党机关	91	33099		4926	28173		
国家机构	92	427705		239008	188697		
人民政协、民主党派	93	5850		307	5543		
社会保障	94	10763		8950	677		1136
群众团体、社会团体和其他成员组织	95	421711				332896	88815
基层群众自治组织及其他组织	96	629794		34			629760

1-9 按行业(大类)、成立时间

行业大类	代码	法人单位数	1949年及以前	1950—1977年	1978—1991年	1992—1995年
总　计	——	**32866972**	**66269**	**251402**	**518906**	**232288**
农、林、牧、渔业	A	**2189201**	**221**	**2828**	**4114**	**2235**
农业	01	1096727	64	430	789	715
林业	02	130689	38	1021	1025	347
畜牧业	03	571530	47	127	385	333
渔业	04	116290	7	100	306	264
农、林、牧、渔专业及辅助性活动	05	273965	65	1150	1609	576
采矿业	B	**82830**	**23**	**203**	**1041**	**859**
煤炭开采和洗选业	06	14293	8	118	376	234
石油和天然气开采业	07	659	1	2	8	10
黑色金属矿采选业	08	11063	3	8	121	139
有色金属矿采选业	09	7590	2	26	165	140
非金属矿采选业	10	40429	6	44	336	288
开采专业及辅助性活动	11	5823		3	21	34
其他采矿业	12	2973	3	2	14	14
制造业	C	**4167767**	**213**	**3072**	**32195**	**49449**
农副食品加工业	13	161063	6	226	1386	1636
食品制造业	14	94153	6	87	743	1167
酒、饮料和精制茶制造业	15	74788	10	104	709	898
烟草制品业	16	308	5	5	26	18
纺织业	17	175428	5	87	1186	1813
纺织服装、服饰业	18	217649	10	100	1182	2337
皮革、毛皮、羽毛及其制品和制鞋业	19	98117	4	41	673	1386
木材加工和木、竹、藤、棕、草制品业	20	178137	5	36	484	646
家具制造业	21	111393	1	17	286	633
造纸和纸制品业	22	91114	3	42	869	1316
印刷和记录媒介复制业	23	94992	24	148	2639	2809
文教、工美、体育和娱乐用品制造业	24	149273	3	81	956	1672
石油、煤炭及其他燃料加工业	25	14311	5	27	134	193
化学原料和化学制品制造业	26	133897	11	206	1802	2798
医药制造业	27	38022	14	102	503	922
化学纤维制造业	28	8713		2	68	126
橡胶和塑料制品业	29	239067	5	103	1957	3344
非金属矿物制品业	30	334239	15	245	2607	3381
黑色金属冶炼和压延加工业	31	25139	2	48	252	442
有色金属冶炼和压延加工业	32	34112	3	44	319	547
金属制品业	33	424560	10	204	2849	4290
通用设备制造业	34	424945	18	362	3604	5351
专用设备制造业	35	310946	12	205	1868	2815

分组的法人单位数

单位：个

1996年	1997年	1998年	1999年	2000年	2001年	2002年	2003年	2004年	2005年	2006年	代码
72814	**76986**	**113591**	**132714**	**178597**	**209104**	**249836**	**290751**	**303151**	**336360**	**379102**	--
691	**841**	**1370**	**1292**	**2771**	**2861**	**3056**	**3869**	**3811**	**6031**	**6861**	A
232	262	467	475	1014	1035	1079	1359	1402	2198	2822	01
108	132	179	171	335	362	437	550	468	580	718	02
127	187	307	248	674	702	685	950	984	1653	1843	03
78	108	121	130	242	261	250	329	346	530	536	04
146	152	296	268	506	501	605	681	611	1070	942	05
331	**361**	**561**	**572**	**819**	**1121**	**1291**	**2060**	**2861**	**2995**	**3105**	B
94	124	185	182	227	343	342	671	789	730	530	06
3	7	3	18	17	9	14	14	5	9	16	07
58	46	101	92	148	215	236	449	855	821	641	08
65	56	89	95	127	175	218	244	360	440	594	09
100	115	157	164	263	324	409	606	745	855	1136	10
9	10	22	15	28	35	49	54	73	86	124	11
2	3	4	6	9	20	23	22	34	54	64	12
16634	**18843**	**26660**	**34765**	**42940**	**54322**	**65381**	**77930**	**78973**	**78517**	**91467**	C
564	732	1130	1375	1780	2113	2339	2960	3183	3420	3655	13
459	494	689	759	992	1099	1208	1399	1463	1458	1687	14
338	474	666	794	967	981	1074	1260	1191	1226	1347	15
3	3	5	9	4	4	6	14	8	8	8	16
716	866	1253	1860	2612	3012	4243	4867	4074	3956	4764	17
663	743	986	1417	2329	2432	2930	3375	3304	3246	3734	18
437	432	472	621	804	959	1233	1299	1310	1437	1632	19
225	245	371	458	736	872	1094	1467	1527	1698	2066	20
244	291	384	443	528	652	773	1008	1113	1147	1412	21
456	514	712	806	1068	1407	1849	2092	2056	1956	2351	22
858	1007	1300	1567	1840	2444	3030	3475	3185	2787	2837	23
498	535	746	1056	1320	1591	2033	2409	2394	2330	2709	24
68	56	103	132	159	189	243	319	287	272	331	25
989	1107	1681	2021	2403	2983	3366	3951	4054	3969	4436	26
274	305	455	447	606	749	827	954	916	819	770	27
34	54	74	103	168	171	245	342	284	216	373	28
1121	1268	1828	2537	3084	4147	4912	5414	5373	5484	6481	29
1067	1174	1884	2403	2725	3423	4403	5533	5433	5329	6770	30
165	165	223	313	362	474	598	1079	1024	932	885	31
198	217	309	392	483	728	715	886	951	1014	1103	32
1447	1714	2360	3205	3804	5020	6057	7193	7584	7520	8834	33
1912	2050	3005	3938	4532	5883	7167	8709	9268	9226	10659	34
989	1201	1611	2230	2616	3558	4203	5045	5597	5635	6613	35

1-9 续表 1

行业大类	代码	法人单位数	1949年及以前	1950-1977年	1978-1991年	1992-1995年
汽车制造业	36	98177	7	107	886	1465
铁路、船舶、航空航天和其他运输设备制造业	37	37556	9	67	454	695
电气机械和器材制造业	38	242538	12	158	1823	3189
计算机、通信和其他电子设备制造业	39	165932	2	61	664	1618
仪器仪表制造业	40	58763	4	83	564	986
其他制造业	41	56650	1	23	219	426
废弃资源综合利用业	42	25744		6	81	83
金属制品、机械和设备修理业	43	48041	1	45	402	447
电力、热力、燃气及水生产和供应业	D	**133875**	**41**	**815**	**3531**	**2138**
电力、热力生产和供应业	44	93817	19	520	2063	1359
燃气生产和供应业	45	10800	2	3	90	117
水的生产和供应业	46	29258	20	292	1378	662
建筑业	E	**2367010**	**56**	**1942**	**8404**	**10880**
房屋建筑业	47	525305	30	1401	4651	3726
土木工程建筑业	48	510164	9	398	1877	2408
建筑安装业	49	279758	8	90	1029	1894
建筑装饰、装修和其他建筑业	50	1051783	9	53	847	2852
批发和零售业	F	**9575504**	**335**	**3428**	**27946**	**30991**
批发业	51	5227545	114	1524	14608	18607
零售业	52	4347959	221	1904	13338	12384
交通运输、仓储和邮政业	G	**858447**	**151**	**1853**	**6068**	**5230**
铁路运输业	53	2754	2	6	46	32
道路运输业	54	550333	85	1208	3065	2806
水上运输业	55	18830	7	110	525	336
航空运输业	56	4361		5	32	55
管道运输业	57	573			2	3
多式联运和运输代理业	58	161857	1	20	342	716
装卸搬运和仓储业	59	89418	41	486	2006	1234
邮政业	60	30321	15	18	50	48
住宿和餐饮业	H	**583028**	**35**	**414**	**3126**	**2753**
住宿业	61	159369	19	277	2204	1654
餐饮业	62	423659	16	137	922	1099
信息传输、软件和信息技术服务业	I	**1488072**	**28**	**303**	**1193**	**1862**
电信、广播电视和卫星传输服务	63	34228	19	249	668	379
互联网和相关服务	64	211260	4	11	73	121
软件和信息技术服务业	65	1242584	5	43	452	1362
金融业	J	**149813**	**157**	**231**	**1741**	**1175**
货币金融服务	66	42604	156	229	1559	802
资本市场服务	67	68885		1	59	229
保险业	68	20149	1		55	77
其他金融业	69	18175		1	68	67

单位：个

1996年	1997年	1998年	1999年	2000年	2001年	2002年	2003年	2004年	2005年	2006年	代码
457	526	714	915	1078	1525	1921	2423	2447	2350	2594	36
238	240	310	490	509	648	694	779	845	957	1112	37
1128	1227	1703	2277	2658	3527	3990	4688	4697	4615	5661	38
475	573	755	996	1353	1882	2166	2494	2749	2799	3408	39
320	336	508	635	693	952	969	1198	1198	1188	1304	40
134	144	165	258	364	436	522	596	636	642	873	41
31	29	55	65	74	128	151	230	259	266	317	42
126	121	203	243	289	333	420	472	563	615	741	43
735	**830**	**1112**	**1101**	**1406**	**1735**	**2505**	**3899**	**3965**	**3384**	**3210**	D
506	576	780	735	983	1251	1838	3010	3134	2534	2331	44
45	49	74	76	98	137	188	262	200	248	232	45
184	205	258	290	325	347	479	627	631	602	647	46
3303	**3684**	**5367**	**5444**	**6594**	**9064**	**10206**	**11402**	**13117**	**14082**	**15565**	E
975	1067	1594	1450	1722	2909	2760	2308	2566	2858	3142	47
596	724	1137	1211	1451	1964	2180	2803	3065	3118	3315	48
663	772	1112	1177	1351	1733	2015	2323	2680	2873	3163	49
1069	1121	1524	1606	2070	2458	3251	3968	4806	5233	5945	50
11622	**14678**	**22570**	**26407**	**35412**	**41950**	**53140**	**66598**	**70357**	**75665**	**90428**	F
7081	8929	13892	16639	21991	26757	33114	42581	44817	48116	58115	51
4541	5749	8678	9768	13421	15193	20026	24017	25540	27549	32313	52
1532	**1832**	**2979**	**2854**	**3484**	**4664**	**5703**	**6881**	**9389**	**10706**	**11007**	G
7	12	15	13	16	25	24	17	34	30	44	53
878	1055	1513	1482	1961	2808	3473	4039	5208	5443	6010	54
105	109	146	153	178	241	300	361	528	491	464	55
16	14	35	22	24	43	43	60	68	53	55	56
1	1	1	2	10	7	8	8	22	14	19	57
249	293	377	408	533	723	932	1261	2158	3043	2781	58
263	321	640	587	602	723	824	1009	1151	1395	1397	59
13	27	252	187	160	94	99	126	220	237	237	60
936	**1142**	**1483**	**1622**	**2167**	**2375**	**2698**	**3485**	**4025**	**4783**	**5309**	H
498	623	778	781	942	1018	1170	1593	1886	2172	2573	61
438	519	705	841	1225	1357	1528	1892	2139	2611	2736	62
685	**937**	**1436**	**2024**	**3490**	**4324**	**4728**	**6209**	**7404**	**8054**	**9295**	I
100	136	216	352	518	723	583	701	707	544	565	63
54	70	115	157	368	417	478	698	900	851	1070	64
531	731	1105	1515	2604	3184	3667	4810	5797	6659	7660	65
833	**762**	**533**	**475**	**395**	**542**	**1244**	**1618**	**1423**	**1988**	**2034**	J
481	389	314	286	151	147	322	307	258	607	535	66
76	78	79	85	112	169	148	211	237	231	282	67
263	274	119	46	54	158	675	939	773	979	1003	68
13	21	21	58	78	68	99	161	155	171	214	69

1-9 续表 2

行业大类	代码	法人单位数	1949年及以前	1950—1977年	1978—1991年	1992—1995年
房地产业	K	**1038260**	**48**	**1124**	**10008**	**15564**
房地产业	70	1038260	48	1124	10008	15564
租赁和商务服务业	L	**3876456**	**863**	**4116**	**19670**	**16737**
租赁业	71	405654	6	34	354	576
商务服务业	72	3470802	857	4082	19316	16161
科学研究和技术服务业	M	**2053759**	**400**	**7619**	**14433**	**9196**
研究和试验发展	73	263161	61	942	1372	706
专业技术服务业	74	804287	241	4799	7918	5959
科技推广和应用服务业	75	986311	98	1878	5143	2531
水利、环境和公共设施管理业	N	**250799**	**193**	**3388**	**5612**	**2400**
水利管理业	76	22666	109	2376	2764	807
生态保护和环境治理业	77	32803	15	383	554	200
公共设施管理业	78	145192	64	615	2177	1260
土地管理业	79	50138	5	14	117	133
居民服务、修理和其他服务业	O	**667130**	**55**	**740**	**2558**	**2947**
居民服务业	80	301940	30	580	1081	997
机动车、电子产品和日用产品修理业	81	236058	2	57	1120	1569
其他服务业	82	129132	23	103	357	381
教育	P	**793247**	**18780**	**58116**	**39136**	**12698**
教育	83	793247	18780	58116	39136	12698
卫生和社会工作	Q	**296031**	**2128**	**27995**	**16371**	**4580**
卫生	84	197937	1983	26836	12132	3388
社会工作	85	98094	145	1159	4239	1192
文化、体育和娱乐业	R	**766821**	**651**	**4382**	**9103**	**3051**
新闻和出版业	86	10816	95	290	1050	540
广播、电视、电影和录音制作业	87	114381	33	429	1230	456
文化艺术业	88	262291	481	3357	6084	1315
体育	89	86136	15	142	337	305
娱乐业	90	293197	27	164	402	435
公共管理、社会保障和社会组织	S	**1528922**	**41891**	**128833**	**312656**	**57543**
中国共产党机关	91	33099	2210	5732	8728	1473
国家机构	92	427705	7729	33901	71931	20137
人民政协、民主党派	93	5850	215	1097	2193	238
社会保障	94	10763	37	90	955	535
群众团体、社会团体和其他成员组织	95	421711	5937	10668	38122	17037
基层群众自治组织及其他组织	96	629794	25763	77345	190727	18123

单位：个

1996年	1997年	1998年	1999年	2000年	2001年	2002年	2003年	2004年	2005年	2006年	代码
3654	**4305**	**6145**	**6617**	**8849**	**10839**	**12077**	**15065**	**14722**	**15561**	**17895**	K
3654	4305	6145	6617	8849	10839	12077	15065	14722	15561	17895	70
4358	**4950**	**8928**	**14325**	**13294**	**14602**	**15930**	**20265**	**24717**	**27504**	**30679**	L
211	237	308	324	489	666	764	975	1232	1437	1673	71
4147	4713	8620	14001	12805	13936	15166	19290	23485	26067	29006	72
2710	**2807**	**3849**	**4385**	**6605**	**8472**	**10137**	**12287**	**13622**	**15665**	**16983**	M
212	216	333	401	642	778	922	1121	1256	1304	1597	73
1752	1809	2462	2883	3926	5246	6345	7550	8411	9394	10307	74
746	782	1054	1101	2037	2448	2870	3616	3955	4967	5079	75
649	**774**	**1016**	**979**	**1558**	**1778**	**2236**	**2446**	**2156**	**2526**	**2536**	N
221	239	285	203	393	427	473	396	354	424	398	76
52	70	94	107	159	190	241	298	291	295	331	77
342	439	595	621	873	1025	1336	1511	1382	1624	1651	78
34	26	42	48	133	136	186	241	129	183	156	79
1051	**1126**	**1735**	**2059**	**2685**	**3140**	**3787**	**4909**	**5238**	**5665**	**6211**	O
332	418	689	745	1079	1266	1554	1855	1964	2024	2112	80
586	566	830	1027	1202	1378	1621	2241	2341	2545	2835	81
133	142	216	287	404	496	612	813	933	1096	1264	82
4116	**3987**	**5354**	**4511**	**8007**	**9273**	**9314**	**10809**	**9135**	**10870**	**11013**	P
4116	3987	5354	4511	8007	9273	9314	10809	9135	10870	11013	83
1242	**1119**	**1728**	**1217**	**2530**	**2854**	**3257**	**3562**	**3330**	**4477**	**4313**	Q
904	790	1178	840	1699	2023	2435	2602	2455	3443	3075	84
338	329	550	377	831	831	822	960	875	1034	1238	85
873	**938**	**1219**	**1214**	**2164**	**3168**	**5206**	**7809**	**8018**	**7929**	**8650**	R
112	80	117	138	158	184	171	193	238	223	199	86
99	127	162	141	210	240	339	340	437	524	578	87
411	426	486	435	784	955	1129	1210	1206	1934	1661	88
79	101	113	123	196	264	320	452	413	509	562	89
172	204	341	377	816	1525	3247	5614	5724	4739	5650	90
16859	**13070**	**19546**	**20851**	**33427**	**32020**	**37940**	**29648**	**26888**	**39958**	**42541**	S
611	487	393	263	523	922	1865	534	364	350	268	91
6199	5661	6158	4394	8390	11173	15367	10789	8629	11899	8917	92
93	85	108	58	114	102	139	105	62	57	59	93
150	128	102	126	330	336	377	503	274	365	336	94
4866	3503	5127	5330	7874	5565	6595	7030	7009	8295	10217	95
4940	3206	7658	10680	16196	13922	13597	10687	10550	18992	22744	96

1-9 续表 3

行业大类	代码	2007年	2008年	2009年	2010年	2011年
总　计	--	**383357**	**441296**	**553941**	**697204**	**802040**
农、林、牧、渔业	A	**14333**	**32106**	**48032**	**54631**	**64725**
农业	01	5848	12714	19250	24570	29797
林业	02	1038	1647	2726	3419	4902
畜牧业	03	4849	11463	16298	15775	17645
渔业	04	867	1716	2510	2867	4275
农、林、牧、渔专业及辅助性活动	05	1731	4566	7248	8000	8106
采矿业	B	**3003**	**3470**	**3371**	**3623**	**3781**
煤炭开采和洗选业	06	517	677	660	767	722
石油和天然气开采业	07	16	15	26	12	19
黑色金属矿采选业	08	647	804	507	575	589
有色金属矿采选业	09	593	453	320	294	311
非金属矿采选业	10	1013	1258	1598	1747	1829
开采专业及辅助性活动	11	141	166	185	140	188
其他采矿业	12	76	97	75	88	123
制造业	C	**88018**	**85070**	**104253**	**134014**	**143760**
农副食品加工业	13	3664	4129	4428	4868	5849
食品制造业	14	1637	1713	1741	2057	3189
酒、饮料和精制茶制造业	15	1398	1464	1642	1851	2212
烟草制品业	16	7	4	12	11	11
纺织业	17	3922	3179	4249	5852	5859
纺织服装、服饰业	18	3723	3244	4019	6084	6724
皮革、毛皮、羽毛及其制品和制鞋业	19	1515	1426	2072	2924	3316
木材加工和木、竹、藤、棕、草制品业	20	2146	2168	2624	3522	3571
家具制造业	21	1378	1359	1997	2727	2812
造纸和纸制品业	22	2231	1978	2797	3324	3204
印刷和记录媒介复制业	23	2547	2267	2749	3220	3148
文教、工美、体育和娱乐用品制造业	24	2662	2375	3005	4051	4455
石油、煤炭及其他燃料加工业	25	324	337	402	404	416
化学原料和化学制品制造业	26	3820	3615	4323	4638	4726
医药制造业	27	635	595	873	963	1001
化学纤维制造业	28	270	182	246	439	400
橡胶和塑料制品业	29	6194	5629	7100	8697	8636
非金属矿物制品业	30	6731	7415	9295	11820	13731
黑色金属冶炼和压延加工业	31	830	789	869	1010	990
有色金属冶炼和压延加工业	32	1210	1035	1056	1260	1249
金属制品业	33	8642	8380	10057	12954	14164
通用设备制造业	34	10625	10126	11347	15366	16272
专用设备制造业	35	6327	6317	7985	10418	10869

单位：个

2012年	2013年	2014年	2015年	2016年	2017年	2018年	2019年	2020年	2021年	代码
929321	**1172990**	**1667855**	**2025144**	**2721206**	**3243343**	**3588601**	**3515733**	**3823710**	**3889360**	——
99575	**157503**	**185206**	**205527**	**268044**	**256959**	**188957**	**173720**	**213906**	**183125**	A
44985	79606	98793	110616	135331	133085	94845	93213	106022	93709	01
7372	10437	11949	11540	14146	14238	11531	10781	10121	8371	02
29488	40628	46330	50251	77098	67806	40691	39311	59640	45005	03
6021	8136	7940	9681	12556	12028	9999	10482	11256	12348	04
11709	18696	20194	23439	28913	29802	31891	19933	26867	23692	05
3944	**3920**	**4224**	**4093**	**4505**	**4873**	**5625**	**6131**	**5718**	**4346**	B
699	525	494	454	578	677	633	660	618	659	06
26	29	32	30	32	26	47	90	69	54	07
457	437	432	277	322	329	400	384	517	453	08
318	262	290	250	288	288	279	273	287	288	09
2103	2271	2459	2458	2790	2936	3310	3590	3361	2158	10
216	269	382	432	295	425	656	860	481	424	11
125	127	135	192	200	192	300	274	385	310	12
144552	**181336**	**224957**	**240680**	**305374**	**386113**	**390574**	**342922**	**374375**	**350408**	C
7535	8605	9435	11576	13061	13053	13478	11390	13142	10345	13
3984	4752	5193	6893	7436	7728	7641	7705	9904	8870	14
3213	3767	4414	5994	6218	6280	5916	5837	6491	6052	15
15	8	15	8	11	12	14	10	18	26	16
5040	6764	7869	9168	12523	14718	14580	12590	19032	14769	17
6578	9717	12024	13452	17368	21710	25149	19371	18779	20919	18
3258	5117	6595	5970	7556	9428	10003	8183	7860	10154	19
4534	5582	6469	7814	10441	15292	17949	26792	28586	28717	20
3624	4763	6650	7194	9994	14846	12791	10184	11552	10590	21
3296	4258	5002	5045	6011	8176	8484	7059	6825	5927	22
2960	3707	4193	4651	5547	6911	6482	5453	5742	5465	23
5063	6786	8924	10108	13176	15363	14649	13281	12530	12512	24
491	492	751	797	1075	1342	1573	1123	1130	1136	25
4771	5376	6623	7488	8459	9654	9646	8316	9233	7432	26
1075	1263	1516	1976	2365	2704	2854	2546	6579	2414	27
244	330	321	380	404	575	673	502	702	785	28
8629	10893	12786	13236	16984	21229	20488	16838	18970	15700	29
13905	15804	18033	17475	22443	30571	31792	31783	31044	26005	30
846	955	1145	1089	1464	2093	1820	1448	1559	1268	31
1242	1450	1682	1628	2082	2808	2772	2002	2062	2665	32
14058	18729	24555	25063	32827	42502	42698	34772	37846	35222	33
13918	16631	22145	22462	28208	39403	38427	33062	33996	37273	34
10389	12950	16404	17125	21895	29948	29813	25972	31928	28408	35

1-9 续表 4

行业大类	代码	2007年	2008年	2009年	2010年	2011年
汽车制造业	36	2540	2352	2723	4023	3869
铁路、船舶、航空航天和其他运输设备制造业	37	1046	1048	1150	1456	1347
电气机械和器材制造业	38	5607	5492	7218	9188	9746
计算机、通信和其他电子设备制造业	39	3337	3331	4387	5950	6428
仪器仪表制造业	40	1280	1172	1567	1813	2128
其他制造业	41	704	694	894	1191	1355
废弃资源综合利用业	42	341	391	390	539	560
金属制品、机械和设备修理业	43	725	864	1036	1394	1523
电力、热力、燃气及水生产和供应业	**D**	**2816**	**2865**	**3256**	**3393**	**3267**
电力、热力生产和供应业	44	1911	1736	1878	1988	1927
燃气生产和供应业	45	223	290	371	477	452
水的生产和供应业	46	682	839	1007	928	888
建筑业	**E**	**15516**	**17679**	**23586**	**30095**	**35250**
房屋建筑业	47	2977	3323	4519	5794	6576
土木工程建筑业	48	3263	3685	5456	6681	7676
建筑安装业	49	3140	3652	4443	5610	6403
建筑装饰、装修和其他建筑业	50	6136	7019	9168	12010	14595
批发和零售业	**F**	**96946**	**116651**	**156904**	**201752**	**244833**
批发业	51	62534	74621	98879	125563	149546
零售业	52	34412	42030	58025	76189	95287
交通运输、仓储和邮政业	**G**	**11262**	**12951**	**16423**	**20868**	**20894**
铁路运输业	53	29	55	63	65	45
道路运输业	54	6296	7458	9660	11412	11948
水上运输业	55	431	472	550	602	573
航空运输业	56	48	51	61	79	93
管道运输业	57	24	17	20	25	19
多式联运和运输代理业	58	2519	2683	2949	3927	4304
装卸搬运和仓储业	59	1596	1729	2093	2482	2725
邮政业	60	319	486	1027	2276	1187
住宿和餐饮业	**H**	**5838**	**6792**	**7833**	**10462**	**12113**
住宿业	61	2750	3106	3216	4469	4960
餐饮业	62	3088	3686	4617	5993	7153
信息传输、软件和信息技术服务业	**I**	**9497**	**11051**	**13953**	**17052**	**20874**
电信、广播电视和卫星传输服务	63	456	756	691	747	848
互联网和相关服务	64	1078	1090	1495	1873	2170
软件和信息技术服务业	65	7963	9205	11767	14432	17856
金融业	**J**	**3180**	**3874**	**3813**	**4765**	**6184**
货币金融服务	66	1191	1354	1709	2295	2686
资本市场服务	67	574	581	799	1349	2025
保险业	68	1190	1630	785	647	916
其他金融业	69	225	309	520	474	557

单位：个

2012年	2013年	2014年	2015年	2016年	2017年	2018年	2019年	2020年	2021年	代码
3433	4436	5418	5365	6912	8974	8296	6553	6799	7069	36
1252	1705	2246	2145	2764	2837	2571	2306	2815	2821	37
8910	10908	13706	13620	17576	22021	21607	17574	19353	18659	38
6466	8456	10577	11305	15427	17568	18266	11467	10876	10096	39
2098	2555	3134	3340	4004	5039	5318	4271	4704	5402	40
1448	2014	3278	4006	5735	6192	6494	7156	5572	4478	41
642	649	863	1063	1302	2376	3127	3599	3759	4368	42
1635	1914	2991	3244	4106	4760	5203	3777	4987	4861	43
3563	**3953**	**5406**	**6919**	**11997**	**15864**	**10554**	**8362**	**9002**	**12251**	D
1962	2267	3396	4587	9442	12999	7576	5631	5808	9070	44
530	579	624	612	681	831	905	755	854	795	45
1071	1107	1386	1720	1874	2034	2073	1976	2340	2386	46
37570	**49798**	**86952**	**96858**	**167439**	**241549**	**287410**	**359848**	**401874**	**396476**	E
7496	9721	15842	16548	33541	53930	68042	76321	96092	91424	47
8282	10699	17708	19132	35173	50877	58269	81185	93261	82561	48
6564	8116	13424	14510	23405	30319	32977	38892	33883	31537	49
15228	21262	39978	46668	75320	106423	128122	163450	178638	190954	50
263311	**348023**	**519641**	**624141**	**839213**	**969034**	**1088122**	**1085764**	**1200262**	**1249380**	F
157937	204692	295640	331426	433983	511103	582272	581267	631022	630175	51
105374	143331	224001	292715	405230	457931	505850	504497	569240	619205	52
22815	**30681**	**44598**	**52866**	**66817**	**81551**	**89465**	**90534**	**111432**	**110957**	G
43	39	72	77	90	98	140	499	574	542	53
13699	18504	27244	32418	44181	56855	61905	60552	73560	73607	54
454	510	839	938	1053	1150	1418	1662	1817	2307	55
104	124	217	234	310	356	528	526	571	534	56
18	17	24	16	24	25	36	49	79	82	57
4624	6087	8758	9879	11079	12457	13909	18138	23416	23291	58
2880	3812	5504	6397	6607	7449	8635	7005	9235	8590	59
993	1588	1940	2907	3473	3161	2894	2103	2180	2004	60
15186	**20583**	**28271**	**40620**	**54243**	**63717**	**74257**	**62940**	**65251**	**78569**	H
5996	7650	9389	11983	14169	15317	17500	14318	12675	13683	61
9190	12933	18882	28637	40074	48400	56757	48622	52576	64886	62
23652	**33289**	**63618**	**91781**	**125134**	**161727**	**206218**	**204267**	**211929**	**242058**	I
907	1073	2012	2503	2881	2977	3123	2299	2882	3613	63
2509	3599	7631	12755	17676	21941	27718	27196	34345	42797	64
20236	28617	53975	76523	104577	136809	175377	174772	174702	195648	65
6193	**7550**	**10706**	**17098**	**15851**	**15718**	**13315**	**8411**	**9055**	**8949**	J
2699	2934	2964	3200	2891	2837	3759	2039	1964	1539	66
2051	3046	5481	10551	9891	9978	6711	4147	4466	5238	67
967	835	664	811	1227	1033	896	903	1145	1084	68
476	735	1597	2536	1842	1870	1949	1322	1480	1088	69

1-9 续表 5

行业大类	代码	2007年	2008年	2009年	2010年	2011年
房地产业	K	**20413**	**17146**	**23528**	**32901**	**32566**
房地产业	70	20413	17146	23528	32901	32566
租赁和商务服务业	L	**32283**	**43506**	**54867**	**66185**	**85636**
租赁业	71	1875	2442	3787	5146	6379
商务服务业	72	30408	41064	51080	61039	79257
科学研究和技术服务业	M	**17124**	**20090**	**26000**	**31730**	**38051**
研究和试验发展	73	1815	2093	2856	3669	4544
专业技术服务业	74	9609	10501	12856	15791	18447
科技推广和应用服务业	75	5700	7496	10288	12270	15060
水利、环境和公共设施管理业	N	**2510**	**3105**	**3677**	**4193**	**4837**
水利管理业	76	337	492	445	420	583
生态保护和环境治理业	77	310	397	437	478	544
公共设施管理业	78	1709	2041	2587	3032	3423
土地管理业	79	154	175	208	263	287
居民服务、修理和其他服务业	O	**6331**	**7526**	**9396**	**11446**	**14083**
居民服务业	80	2163	2751	3330	4167	5234
机动车、电子产品和日用产品修理业	81	2703	3025	4000	4897	5901
其他服务业	82	1465	1750	2066	2382	2948
教育	P	**8969**	**12016**	**12767**	**16228**	**16672**
教育	83	8969	12016	12767	16228	16672
卫生和社会工作	Q	**4295**	**5196**	**4677**	**5856**	**6172**
卫生	84	2844	3387	2915	3625	4067
社会工作	85	1451	1809	1762	2231	2105
文化、体育和娱乐业	R	**8948**	**8240**	**11377**	**12444**	**13285**
新闻和出版业	86	146	236	239	294	271
广播、电视、电影和录音制作业	87	600	763	924	1366	1656
文化艺术业	88	1666	2092	2571	3265	4169
体育	89	604	662	928	898	1064
娱乐业	90	5932	4487	6715	6621	6125
公共管理、社会保障和社会组织	S	**32075**	**31962**	**26228**	**35566**	**35057**
中国共产党机关	91	253	254	265	531	437
国家机构	92	8190	9097	8295	14955	12892
人民政协、民主党派	93	31	36	37	59	85
社会保障	94	322	286	210	336	562
群众团体、社会团体和其他成员组织	95	9426	10559	9923	11745	12187
基层群众自治组织及其他组织	96	13853	11730	7498	7940	8894

单位：个

2012年	2013年	2014年	2015年	2016年	2017年	2018年	2019年	2020年	2021年	代码
28707	**39490**	**45674**	**44575**	**69496**	**92175**	**116519**	**113146**	**115246**	**104205**	K
28707	39490	45674	44575	69496	92175	116519	113146	115246	104205	70
118076	**113758**	**192197**	**259309**	**310904**	**391350**	**473635**	**485442**	**503389**	**524981**	L
7167	9553	16873	21291	31091	43822	50881	61880	69204	64977	71
110909	104205	175324	238018	279813	347528	422754	423562	434185	460004	72
43404	**57309**	**93100**	**116697**	**162231**	**206720**	**264371**	**253353**	**288301**	**306108**	M
5245	7255	12605	16935	25266	32121	39822	33877	29127	34068	73
20402	26264	41206	47409	63546	81445	96598	80056	98006	103149	74
17757	23790	39289	52353	73419	93154	127951	139420	161168	168891	75
6049	**6532**	**9274**	**11918**	**17073**	**20809**	**23198**	**31409**	**37051**	**38917**	N
975	613	592	1004	1309	1178	944	1038	1557	1310	76
740	771	1204	1542	2334	3133	3900	4248	4954	4531	77
3976	4769	6987	8628	12385	15017	15756	16025	17578	15764	78
358	379	491	744	1045	1481	2598	10098	12962	17312	79
16210	**21618**	**35042**	**46336**	**64459**	**75716**	**86029**	**72569**	**75163**	**81300**	O
6354	8559	14125	18547	27398	34458	41339	34011	37257	45521	80
6457	8670	13506	18273	24451	28058	28956	22061	22731	22449	81
3399	4389	7411	9516	12610	13200	15734	16497	15175	13330	82
24761	**26532**	**30419**	**39631**	**59421**	**64201**	**74395**	**69896**	**63837**	**58383**	P
24761	26532	30419	39631	59421	64201	74395	69896	63837	58383	83
9092	**10364**	**12110**	**16303**	**23461**	**25125**	**26188**	**22828**	**22425**	**21236**	Q
5287	5129	5779	8853	12648	14508	16178	15343	15849	15742	84
3805	5235	6331	7450	10813	10617	10010	7485	6576	5494	85
16700	**20240**	**34769**	**55522**	**77221**	**84621**	**98252**	**84196**	**81848**	**94783**	R
420	277	278	355	452	482	496	857	1142	1083	86
1810	2174	3904	6165	9268	11208	12693	17117	18870	20518	87
5853	6700	10899	14991	22751	26617	34331	36371	32621	35520	88
1276	1784	3114	5098	8112	10252	12347	11455	10417	14194	89
7341	9305	16574	28913	36638	36062	38385	18396	18798	23468	90
45961	**40511**	**41691**	**54270**	**78323**	**85521**	**71517**	**39995**	**33646**	**22928**	S
753	361	243	446	1557	1535	765	534	257	185	91
18890	10554	8115	15397	21430	18226	13943	18034	10719	7694	92
122	68	36	68	258	191	63	18	26	27	93
610	273	194	325	482	421	308	867	529	394	94
16831	20596	22301	25714	36213	36692	26577	15659	13375	10738	95
8755	8659	10802	12320	18383	28456	29861	4883	8740	3890	96

1–10 按地区分组的法人单位数

单位：个

地 区	法人单位数(2020年)	#多产业法人单位	法人单位数(2021年)	#多产业法人单位
全 国	**29389255**	**649538**	**32866972**	**626673**
北 京	1174904	32374	1300941	31343
天 津	371124	7872	405767	7447
河 北	1456954	25210	1569370	25235
山 西	772765	19806	890153	18563
内蒙古	439523	10279	502117	10272
辽 宁	748782	14361	778066	13373
吉 林	237731	5829	300703	5571
黑龙江	344360	10067	360309	9068
上 海	532762	29760	539969	28634
江 苏	2540015	46624	3082538	48092
浙 江	2277240	42288	2493082	40900
安 徽	1160828	28791	1314062	25534
福 建	1156978	23433	1385496	22541
江 西	765836	17382	879842	17046
山 东	2842426	46528	3261394	45764
河 南	1652264	27557	1953717	29799
湖 北	1183265	29058	1348824	26451
湖 南	831104	19152	935750	16602
广 东	3526206	69499	3634156	65702
广 西	754741	17025	846687	16141
海 南	140362	3524	188997	3723
重 庆	642720	14688	728589	13456
四 川	934554	24539	971006	21578
贵 州	543603	14400	634533	14614
云 南	741669	24167	782491	24522
西 藏	49889	1773	54923	1767
陕 西	689053	17032	732758	16202
甘 肃	302596	9230	343393	9207
青 海	112136	3061	124164	2977
宁 夏	133774	3161	158156	3543
新 疆	329091	11068	365019	11006

1–11　农、林、牧、渔业按地区分组的法人单位数

单位：个

地　区	法人单位数(2020年)	#多产业法人单位	法人单位数(2021年)	#多产业法人单位
全　国	**2090924**	**5462**	**2189201**	**5562**
北　京	7315	70	7495	58
天　津	11246	17	10986	18
河　北	117945	255	105390	255
山　西	104786	208	110032	214
内蒙古	68491	291	72915	279
辽　宁	60355	124	57851	115
吉　林	34884	91	37976	85
黑龙江	59153	249	58793	239
上　海	5482	40	5399	35
江　苏	55010	161	56489	154
浙　江	52432	281	52655	259
安　徽	115230	238	118485	190
福　建	59673	170	66846	201
江　西	86027	198	89753	198
山　东	160524	247	176234	266
河　南	171732	251	196302	282
湖　北	83408	171	95363	191
湖　南	87971	150	88916	141
广　东	48290	283	49051	270
广　西	89695	384	92537	396
海　南	12577	100	13333	98
重　庆	83236	221	89461	250
四　川	99709	204	101202	205
贵　州	110156	144	117625	189
云　南	104282	375	101889	447
西　藏	2871	9	3520	12
陕　西	61675	135	64542	132
甘　肃	66112	92	71227	98
青　海	18810	72	20292	70
宁　夏	20259	65	22546	79
新　疆	31588	166	34096	136

1-12 采矿业按地区分组的法人单位数

单位：个

地区	法人单位数(2020年)	#多产业法人单位	法人单位数(2021年)	#多产业法人单位
全国	**80683**	**2475**	**82830**	**2376**
北京	70	8	76	9
天津	80	9	70	8
河北	5279	234	5204	221
山西	6643	234	7096	247
内蒙古	4635	122	5095	122
辽宁	4012	107	3870	101
吉林	1063	32	1127	30
黑龙江	2029	62	2000	52
上海	5	1	4	1
江苏	345	9	447	9
浙江	944	16	946	14
安徽	1397	60	1518	52
福建	1811	41	1773	32
江西	4045	60	4064	62
山东	2795	96	2759	86
河南	3435	128	3917	124
湖北	2977	87	3044	84
湖南	4011	79	3529	64
广东	2862	110	2757	101
广西	3914	74	4123	80
海南	209	4	249	5
重庆	1381	53	1359	47
四川	3536	153	3643	127
贵州	4757	140	5313	154
云南	6271	205	5905	201
西藏	316	8	347	8
陕西	5509	178	5522	176
甘肃	1416	28	1698	30
青海	543	29	590	25
宁夏	728	13	792	10
新疆	3665	95	3993	94

1–13　制造业按地区分组的法人单位数

单位：个

地　区	法人单位数(2020年)	#多产业法人单位	法人单位数(2021年)	#多产业法人单位
全　国	**3846747**	**56887**	**4167767**	**54081**
北　京	25025	1470	25856	1327
天　津	42926	868	44653	831
河　北	250033	2864	270240	2924
山　西	43690	1042	48835	1066
内蒙古	27812	609	31576	689
辽　宁	100250	1412	102563	1291
吉　林	22457	424	27311	431
黑龙江	29455	627	30063	577
上　海	55728	2330	55838	2201
江　苏	548185	6867	617272	6719
浙　江	501768	6447	537947	5910
安　徽	141296	2163	155998	1856
福　建	158080	1688	179721	1596
江　西	89404	1270	101578	1221
山　东	416009	4398	454350	4458
河　南	159715	2044	187304	2202
湖　北	114737	2137	123718	2016
湖　南	75839	1334	81492	1265
广　东	647485	8737	661037	7656
广　西	53555	1191	59340	1081
海　南	4510	131	5822	133
重　庆	57984	1059	63763	909
四　川	72084	1638	74685	1510
贵　州	52591	567	58385	619
云　南	43405	1286	45803	1276
西　藏	3873	43	4488	45
陕　西	49204	1028	51918	1012
甘　肃	16231	380	18561	399
青　海	5636	134	6086	133
宁　夏	9784	208	10950	235
新　疆	27996	491	30614	493

1-14 电力、热力、燃气及水生产和供应业按地区分组的法人单位数

单位：个

地区	法人单位数(2020年)	#多产业法人单位	法人单位数(2021年)	#多产业法人单位
全国	**123729**	**5222**	**133875**	**4876**
北京	1427	68	1752	72
天津	965	30	1112	30
河北	6022	237	6458	237
山西	5907	212	6581	224
内蒙古	3365	138	3797	151
辽宁	3658	105	3856	96
吉林	1757	75	2036	70
黑龙江	2719	188	2870	161
上海	245	27	249	25
江苏	5193	214	6247	217
浙江	6281	216	6784	196
安徽	5989	221	6016	200
福建	6853	213	7179	188
江西	8060	166	8564	147
山东	7884	274	9284	277
河南	5337	208	6414	213
湖北	5826	299	6160	261
湖南	7309	227	7284	181
广东	10550	391	10724	370
广西	3738	172	4084	134
海南	498	25	680	25
重庆	2371	193	2435	170
四川	6032	459	6117	396
贵州	2445	154	2671	151
云南	3367	220	3605	209
西藏	294	11	304	10
陕西	3688	153	3757	140
甘肃	1776	87	2061	85
青海	860	39	950	39
宁夏	718	41	920	42
新疆	2595	159	2924	159

1-15 建筑业按地区分组的法人单位数

单位：个

地 区	法人单位数（2020年）	#多产业法人单位	法人单位数（2021年）	#多产业法人单位
全 国	**1901819**	**62106**	**2367010**	**68382**
北 京	42143	1795	55148	1958
天 津	26463	527	30398	587
河 北	120241	2071	142819	2317
山 西	58195	1072	73979	1192
内蒙古	34692	499	42714	552
辽 宁	46855	1583	50898	1598
吉 林	13888	593	18864	710
黑龙江	17456	855	20276	910
上 海	21317	1420	21486	1326
江 苏	195165	5346	273600	5819
浙 江	87747	3660	102958	3729
安 徽	107387	3739	133363	3792
福 建	55581	4252	67623	4912
江 西	54839	3494	70902	3932
山 东	245179	4566	299775	5379
河 南	114702	3947	150546	5012
湖 北	102993	2961	134599	3389
湖 南	51860	2419	76605	2860
广 东	139563	4085	155018	4066
广 西	38744	1297	47149	1268
海 南	12249	172	16109	192
重 庆	25288	1044	30660	1010
四 川	65208	3326	73600	3528
贵 州	33578	1121	43517	1368
云 南	52690	2534	64516	2843
西 藏	7994	129	9401	149
陕 西	79521	1420	93936	1523
甘 肃	16078	599	24036	732
青 海	8543	148	9617	150
宁 夏	8913	257	11767	303
新 疆	16747	1175	21131	1276

1-16 批发和零售业按地区分组的法人单位数

单位：个

地　区	法人单位数(2020年)	#多产业法人单位	法人单位数(2021年)	#多产业法人单位
全　国	**8415106**	**146369**	**9575504**	**145875**
北　京	307996	7602	322189	6905
天　津	95568	1713	105119	1633
河　北	411316	6537	441451	6573
山　西	221278	4403	264606	4542
内蒙古	110098	2175	130357	2371
辽　宁	208749	3413	220268	3294
吉　林	55953	1152	81420	1218
黑龙江	79395	2094	85791	1993
上　海	161888	10370	165464	9912
江　苏	735916	10808	904625	10862
浙　江	754359	10008	832468	9557
安　徽	307510	5221	346360	4986
福　建	404678	4708	529008	4901
江　西	201735	2325	242250	2371
山　东	906404	10438	1063047	11404
河　南	500883	7146	610860	7798
湖　北	314974	5006	359049	5156
湖　南	191685	2938	215189	2885
广　东	1097327	15522	1135372	14598
广　西	196525	5214	225206	5042
海　南	29772	862	45597	924
重　庆	190309	3644	215801	3437
四　川	216758	5653	227826	5303
贵　州	119765	2432	151240	2944
云　南	203469	5717	214255	5805
西　藏	7233	187	7944	184
陕　西	175186	3930	187663	3892
甘　肃	62709	1462	75357	1637
青　海	22228	578	24627	576
宁　夏	35299	715	43244	807
新　疆	88141	2396	101851	2365

1-17 交通运输、仓储和邮政业按地区分组的法人单位数

单位：个

地区	法人单位数（2020年）	#多产业法人单位	法人单位数（2021年）	#多产业法人单位
全国	**748046**	**26024**	**858447**	**25035**
北京	20656	818	22487	757
天津	16035	366	17793	376
河北	37489	763	41532	754
山西	21188	611	25434	630
内蒙古	14153	470	16279	512
辽宁	26407	673	28288	629
吉林	6869	333	9081	319
黑龙江	10831	468	11779	438
上海	20153	1626	20701	1602
江苏	73866	1444	92992	1426
浙江	48213	1906	54297	1831
安徽	31798	1197	36342	1087
福建	23530	806	27692	798
江西	24805	688	27726	659
山东	82583	1472	94666	1486
河南	31923	1285	38258	1361
湖北	30590	1379	38829	1284
湖南	17452	593	20313	514
广东	82795	3133	87924	2908
广西	20399	840	23792	747
海南	2926	142	4893	139
重庆	14260	692	16789	590
四川	22198	992	23676	881
贵州	10370	539	12607	559
云南	16717	1002	19339	964
西藏	686	48	797	50
陕西	15528	484	16409	461
甘肃	5408	365	6461	377
青海	2088	126	2362	120
宁夏	4398	169	5450	196
新疆	11732	594	13459	580

1-18 住宿和餐饮业按地区分组的法人单位数

单位：个

地 区	法人单位数(2020年)	#多产业法人单位	法人单位数(2021年)	#多产业法人单位
全 国	**514980**	**24763**	**583028**	**25687**
北 京	35847	2047	36814	1841
天 津	5672	467	6216	453
河 北	17538	860	19511	910
山 西	12368	504	15215	560
内蒙古	4917	246	5689	297
辽 宁	10122	364	10888	361
吉 林	2770	99	3664	103
黑龙江	2993	151	3174	144
上 海	20695	2405	20849	2375
江 苏	32208	1773	41838	2061
浙 江	33787	1785	38151	1723
安 徽	21335	1026	24682	1043
福 建	16900	723	20326	766
江 西	10151	348	12329	356
山 东	41439	1749	49282	2030
河 南	24403	696	30183	823
湖 北	19944	761	23504	810
湖 南	14484	510	16506	556
广 东	59860	3615	63847	3584
广 西	12713	733	15263	738
海 南	3674	246	5041	276
重 庆	25902	565	28244	559
四 川	19025	790	19613	756
贵 州	18625	256	20469	349
云 南	18052	787	18336	867
西 藏	1157	35	1239	36
陕 西	13639	599	14807	603
甘 肃	6168	258	7143	300
青 海	2548	98	2772	96
宁 夏	2084	106	2685	135
新 疆	3960	161	4748	176

1–19　信息传输、软件和信息技术服务业按地区分组的法人单位数

单位：个

地　区	法人单位数(2020年)	#多产业法人单位	法人单位数(2021年)	#多产业法人单位
全　国	**1285534**	**19756**	**1488072**	**20494**
北　京	76341	2647	76323	2620
天　津	17825	323	18966	304
河　北	49354	552	56435	608
山　西	36222	357	45881	413
内蒙古	11255	204	13934	229
辽　宁	33783	360	32808	348
吉　林	6907	112	10213	123
黑龙江	12594	214	14252	211
上　海	28013	1648	28404	1589
江　苏	113158	1604	145001	1744
浙　江	112541	1583	129498	1719
安　徽	45235	554	55161	569
福　建	70248	549	82325	625
江　西	31528	249	39574	275
山　东	105443	999	130314	1231
河　南	66983	644	81183	753
湖　北	64252	602	79719	584
湖　南	33795	476	42731	481
广　东	180484	2927	185529	2913
广　西	27898	376	32130	350
海　南	7860	141	11763	154
重　庆	27586	414	34098	375
四　川	38077	634	39433	599
贵　州	11738	196	15091	232
云　南	26952	501	30193	512
西　藏	1081	55	1099	52
陕　西	25994	302	29200	316
甘　肃	4525	116	5677	123
青　海	2844	60	3204	62
宁　夏	3876	74	5487	91
新　疆	11142	283	12446	289

1–20 金融业按地区分组的法人单位数

单位：个

地区	法人单位数(2020年)	#多产业法人单位	法人单位数(2021年)	#多产业法人单位
全国	**142488**	**18725**	**149813**	**18455**
北京	7778	591	8079	560
天津	4738	345	5057	324
河北	4365	968	4281	964
山西	2824	628	3035	635
内蒙古	1763	604	1734	605
辽宁	3873	707	3957	691
吉林	1375	383	1495	369
黑龙江	1544	520	1593	501
上海	9602	618	9599	581
江苏	6193	952	7543	935
浙江	16626	1052	16175	1003
安徽	3439	652	3709	631
福建	4733	530	4247	524
江西	2018	518	2144	485
山东	9842	1301	11654	1277
河南	2920	884	3146	901
湖北	3305	664	3729	681
湖南	2235	630	2342	604
广东	30521	1532	31260	1502
广西	3174	582	3792	604
海南	821	109	1404	111
重庆	2033	410	2267	412
四川	3465	892	3496	856
贵州	1641	395	1812	414
云南	3434	630	3643	627
西藏	320	27	342	29
陕西	2600	522	2671	525
甘肃	1534	401	1626	411
青海	365	113	390	117
宁夏	801	156	796	160
新疆	2606	409	2795	416

1-21 房地产业按地区分组的法人单位数

单位：个

地区	法人单位数(2020年)	#多产业法人单位	法人单位数(2021年)	#多产业法人单位
全国	**933969**	**47732**	**1038260**	**46580**
北京	30112	1861	32615	1774
天津	13752	563	15152	546
河北	51251	2498	54663	2518
山西	24282	1237	27586	1278
内蒙古	14905	843	17422	915
辽宁	27175	958	29172	932
吉林	8140	323	10415	325
黑龙江	10893	488	11872	456
上海	23425	1627	23692	1574
江苏	72874	3707	86703	3703
浙江	63792	2756	67064	2512
安徽	34455	2274	39132	2045
福建	26042	1304	31092	1345
江西	21157	1148	23961	1144
山东	73834	3267	84204	3463
河南	54504	1907	62838	2029
湖北	39805	2095	43480	1938
湖南	26286	1090	29569	1066
广东	132006	6435	139385	6073
广西	29889	1662	32479	1444
海南	13110	484	15904	525
重庆	20038	1582	25425	1404
四川	30775	2031	32999	1891
贵州	15427	871	18309	895
云南	24672	1629	26318	1619
西藏	684	36	749	36
陕西	23673	1164	25136	1162
甘肃	7904	488	9176	518
青海	3434	245	3728	237
宁夏	3530	280	4285	319
新疆	12143	879	13735	894

1-22 租赁和商务服务业按地区分组的法人单位数

单位：个

地区	法人单位数(2020年)	#多产业法人单位	法人单位数(2021年)	#多产业法人单位
全国	**3394995**	**62576**	**3876456**	**65744**
北京	221441	4899	238502	4831
天津	48083	832	52815	852
河北	124301	2347	136714	2518
山西	72254	1428	90236	1611
内蒙古	41848	815	50346	895
辽宁	75878	1537	81775	1549
吉林	19754	444	28441	466
黑龙江	28176	666	31252	624
上海	86456	3834	87549	3726
江苏	251853	5273	319032	5863
浙江	237068	5006	265049	5221
安徽	137351	2322	164694	2311
福建	124636	1812	141003	2030
江西	86737	1133	103174	1279
山东	297319	4506	356901	5432
河南	158736	2152	195476	2516
湖北	146105	2139	172973	2342
湖南	90197	1568	109270	1660
广东	554117	8397	560746	8070
广西	100500	1973	117239	1807
海南	19885	417	29742	450
重庆	72995	1127	87976	1154
四川	110135	2021	117502	1963
贵州	49635	925	64233	1103
云南	79834	2040	87882	2190
西藏	5607	84	6073	92
陕西	73078	1147	80948	1234
甘肃	21819	427	27892	486
青海	13660	261	17109	273
宁夏	14308	248	17455	309
新疆	31229	796	36457	887

1-23 科学研究和技术服务业按地区分组的法人单位数

单位：个

地区	法人单位数(2020年)	#多产业法人单位	法人单位数(2021年)	#多产业法人单位
全国	**1738335**	**34894**	**2053759**	**36919**
北京	222040	4556	276097	4923
天津	42869	506	50458	518
河北	72442	1170	86206	1303
山西	34791	783	41868	820
内蒙古	19582	440	25376	497
辽宁	37584	627	41301	649
吉林	10343	255	13749	267
黑龙江	18145	384	20442	379
上海	37615	1463	38624	1438
江苏	182643	2894	239353	3137
浙江	103928	2258	119559	2373
安徽	57701	1144	69678	1149
福建	54197	1120	68597	1345
江西	27219	656	33351	666
山东	153680	2410	188496	2818
河南	92406	1287	112493	1515
湖北	71496	1507	79696	1543
湖南	56458	1110	66523	1221
广东	209766	3466	218332	3376
广西	38701	1111	43967	1032
海南	7039	156	9813	162
重庆	24265	536	29419	535
四川	48100	1364	50437	1311
贵州	13804	518	17511	591
云南	32954	1157	35945	1223
西藏	1453	48	1525	48
陕西	32979	753	34577	780
甘肃	8263	318	9922	341
青海	4998	104	5467	99
宁夏	4816	108	6559	133
新疆	16058	685	18418	727

1—24　水利、环境和公共设施管理业按地区分组的法人单位数

单位：个

地　区	法人单位数(2020年)	#多产业法人单位	法人单位数(2021年)	#多产业法人单位
全　国	**216714**	**4695**	**250799**	**4567**
北　京	8004	265	8638	273
天　津	2248	41	2256	30
河　北	11240	196	12616	182
山　西	7121	124	7355	125
内蒙古	4758	89	5113	70
辽　宁	4694	86	4871	73
吉　林	1917	36	2741	33
黑龙江	2793	59	2870	44
上　海	2664	98	2686	95
江　苏	17298	309	23063	326
浙　江	12567	313	13922	324
安　徽	9999	253	11682	219
福　建	7619	151	8769	138
江　西	5182	71	6374	77
山　东	20713	363	26330	416
河　南	14625	201	19130	231
湖　北	11806	264	13738	241
湖　南	8119	217	8595	175
广　东	13668	370	14913	369
广　西	8875	150	7630	120
海　南	1366	24	1798	24
重　庆	5145	130	6787	131
四　川	7375	175	7682	150
贵　州	4231	79	5501	85
云　南	6803	208	7491	211
西　藏	209	8	288	7
陕　西	7696	141	8538	133
甘　肃	1907	94	2285	92
青　海	1424	31	1616	27
宁　夏	1050	22	1376	24
新　疆	3598	127	4145	122

1-25　居民服务、修理和其他服务业按地区分组的法人单位数

单位：个

地　区	法人单位数(2020年)	#多产业法人单位	法人单位数(2021年)	#多产业法人单位
全　国	**598808**	**13990**	**667130**	**14619**
北　京	37706	1179	39266	1107
天　津	9144	249	9720	233
河　北	24548	504	26374	540
山　西	16018	272	18736	309
内蒙古	8646	158	10018	161
辽　宁	14272	252	15261	247
吉　林	4648	58	5673	59
黑龙江	5168	91	5424	78
上　海	17875	1178	17797	1142
江　苏	46772	1057	55278	1155
浙　江	41526	1113	47171	1137
安　徽	24591	520	27497	529
福　建	20506	441	24256	503
江　西	12405	205	14219	233
山　东	47685	929	54892	1177
河　南	27288	395	31719	462
湖　北	23830	408	26256	438
湖　南	15915	274	17637	297
广　东	68344	1923	70169	1877
广　西	19648	513	27833	545
海　南	3849	96	4603	102
重　庆	17733	355	19551	349
四　川	21340	509	21730	469
贵　州	17383	203	20016	264
云　南	18573	451	19347	510
西　藏	670	13	708	12
陕　西	15605	325	16594	337
甘　肃	5986	87	6918	94
青　海	2169	41	2358	43
宁　夏	2784	56	3330	66
新　疆	6181	135	6779	144

1-26 教育按地区分组的法人单位数

单位：个

地区	法人单位数(2020年)	#多产业法人单位	法人单位数(2021年)	#多产业法人单位
全国	**769578**	**28235**	**793247**	**20785**
北京	21228	780	21169	671
天津	8479	466	8867	294
河北	29666	555	32164	318
山西	19778	1109	19808	752
内蒙古	13986	309	14267	217
辽宁	23366	634	24202	344
吉林	8867	421	10078	285
黑龙江	13265	335	12855	198
上海	9283	311	9259	288
江苏	42284	1688	46000	1617
浙江	54244	1631	55101	1456
安徽	28272	2106	29118	1356
福建	23600	1007	23515	620
江西	21670	1348	22316	1192
山东	63276	2144	65005	1222
河南	62366	918	65927	784
湖北	30650	1757	30743	1098
湖南	34672	1348	35911	481
广东	77498	2250	78327	2150
广西	32145	282	34342	313
海南	5771	97	6236	105
重庆	18374	1177	18786	723
四川	36227	1012	36256	339
贵州	18456	934	20146	721
云南	19353	1443	19980	1289
西藏	1038	33	1098	32
陕西	22321	651	21788	545
甘肃	12663	791	12973	686
青海	2569	114	2537	118
宁夏	4162	130	4475	136
新疆	10049	454	9998	435

1-27 卫生和社会工作按地区分组的法人单位数

单位：个

地 区	法人单位数(2020年)	#多产业法人单位	法人单位数(2021年)	#多产业法人单位
全 国	**299142**	**10712**	**296031**	**8934**
北 京	7954	328	9008	316
天 津	3010	94	3298	66
河 北	11714	327	12589	368
山 西	8445	460	8793	477
内蒙古	5449	122	5556	78
辽 宁	12539	262	12326	248
吉 林	4432	89	4794	72
黑龙江	6564	247	5835	164
上 海	5046	69	5058	65
江 苏	32095	709	34128	667
浙 江	16690	659	18336	601
安 徽	12244	894	12094	447
福 建	8314	173	8760	140
江 西	8687	235	8508	181
山 东	22428	1329	20417	1127
河 南	19422	139	16709	150
湖 北	13404	841	12662	595
湖 南	12511	485	11744	203
广 东	19674	837	19354	760
广 西	6598	99	6603	118
海 南	1843	31	2128	40
重 庆	6694	350	6981	426
四 川	17507	451	17476	299
贵 州	5964	184	6248	129
云 南	6964	672	7211	648
西 藏	578	15	622	16
陕 西	11841	233	8346	201
甘 肃	3933	208	3873	188
青 海	1581	36	1579	32
宁 夏	1037	42	1096	38
新 疆	3980	92	3899	74

1-28 文化、体育和娱乐业按地区分组的法人单位数

单位：个

地区	法人单位数 (2020年)	#多产业法人单位	法人单位数 (2021年)	#多产业法人单位
全国	**686805**	**10488**	**766821**	**10786**
北京	82571	1155	100015	1159
天津	9625	180	10486	176
河北	27088	335	29902	359
山西	17997	228	20439	228
内蒙古	8950	123	10279	121
辽宁	14359	150	15183	141
吉林	4278	60	5086	66
黑龙江	7565	102	7737	86
上海	13669	600	13791	581
江苏	47539	925	55633	984
浙江	52742	880	57839	936
安徽	23232	372	25514	356
福建	30424	352	37098	396
江西	14443	187	17659	207
山东	50216	575	55878	659
河南	36426	408	42011	512
湖北	26551	420	29435	431
湖南	27782	358	31077	345
广东	66685	1201	68046	1175
广西	14253	243	15897	245
海南	4337	70	5903	77
重庆	17272	251	19118	235
四川	26918	347	26974	312
贵州	10059	141	11518	146
云南	18086	290	18353	320
西藏	1011	23	1014	25
陕西	15199	255	15777	249
甘肃	6365	78	7131	84
青海	2107	39	2418	36
宁夏	2472	30	2919	41
新疆	6584	110	6691	98

1-29　公共管理、社会保障和社会组织按地区分组的法人单位数

单位：个

地　区	法人单位数（2020年）	#多产业法人单位	法人单位数（2021年）	#多产业法人单位
全　国	**1600853**	**68427**	**1528922**	**46916**
北　京	19250	235	19412	182
天　津	12396	276	12345	168
河　北	85122	1937	84821	1366
山　西	58978	4894	54638	3240
内蒙古	40218	2022	39650	1511
辽　宁	40851	1007	38728	666
吉　林	27429	849	26539	540
黑龙江	33622	2267	31431	1813
上　海	13601	95	13520	78
江　苏	81418	884	77294	694
浙　江	79985	718	77162	399
安　徽	52367	3835	53019	2716
福　建	59553	3393	55666	1481
江　西	55724	3083	51396	2361
山　东	135173	5465	117906	1556
河　南	104458	2917	99301	2131
湖　北	76612	5560	72127	3369
湖　南	72523	3346	70517	1603
广　东	84711	4285	82365	3884
广　西	53777	129	53281	77
海　南	8066	217	7979	181
重　庆	29854	885	29669	740
四　川	90085	1888	86659	683
贵　州	42978	4601	42321	3701
云　南	55791	3020	52480	2761
西　藏	12814	961	13365	924
陕　西	54117	3612	50629	2781
甘　肃	51799	2951	49376	2526
青　海	15729	793	16462	724
宁　夏	12755	441	12024	419
新　疆	39097	1861	36840	1641

第二部分

企业法人单位综合资料

2-1 按行业(中类)、地区分组的

行业中类	代码	企业单位数	北京	天津	河北	山西
总　计	——	**28665212**	**1252742**	**376523**	**1376514**	**729478**
农、林、牧、渔业	A	**946218**	**4100**	**3237**	**46783**	**33118**
农业	01	429078	2473	1346	21645	12564
谷物种植	011	94036	239	483	7111	3829
豆类、油料和薯类种植	012	9821	18	11	798	233
棉、麻、糖、烟草种植	013	3086	3	1	191	30
蔬菜、食用菌及园艺作物种植	014	151450	1422	639	7997	4154
水果种植	015	81013	608	140	2557	1542
坚果、含油果、香料和饮料作物种植	016	24517	34	3	442	331
中药材种植	017	34504	27	16	990	1926
草种植及割草	018	2021	9	2	176	160
其他农业	019	28630	113	51	1383	359
林业	02	74784	551	321	5530	3836
林木育种和育苗	021	62303	495	309	5011	2903
造林和更新	022	5808	25	10	367	745
森林经营、管护和改培	023	3964	30	1	124	161
木材和竹材采运	024	1910	1	1	24	24
林产品采集	025	799			4	3
畜牧业	03	278343	690	930	15016	14028
牲畜饲养	031	190958	391	658	10786	11272
家禽饲养	032	70863	252	230	3666	2448
狩猎和捕捉动物	033	135	1	2	6	5
其他畜牧业	039	16387	46	40	558	303
渔业	04	69572	130	396	935	303
水产养殖	041	67876	125	387	891	300
水产捕捞	042	1696	5	9	44	3
农、林、牧、渔专业及辅助性活动	05	94441	256	244	3657	2387
农业专业及辅助性活动	051	76902	169	204	3200	2110
林业专业及辅助性活动	052	7474	44	16	209	130
畜牧专业及辅助性活动	053	5958	25	16	197	123
渔业专业及辅助性活动	054	4107	18	8	51	24
采矿业	B	**82718**	**76**	**70**	**5203**	**7096**
煤炭开采和洗选业	06	14291	6	4	361	3870
烟煤和无烟煤开采洗选	061	13069	5	3	332	3711
褐煤开采洗选	062	311			5	26
其他煤炭采选	069	911	1	1	24	133
石油和天然气开采业	07	658	4	6	8	82
石油开采	071	403	1	5	8	4
天然气开采	072	255	3	1		78
黑色金属矿采选业	08	11058	10	4	2880	1039
铁矿采选	081	10077	9	2	2854	1010
锰矿、铬矿采选	082	603		1	8	22
其他黑色金属矿采选	089	378	1	1	18	7

企业法人单位数

单位：个

内蒙古	辽宁	吉林	黑龙江	上海	江苏	浙江	安徽	福建	江西	山东	河南	代码
381862	**670131**	**229570**	**256859**	**505468**	**2892203**	**2310258**	**1150433**	**1265024**	**741284**	**2928918**	**1631330**	——
18756	**24449**	**10258**	**10796**	**1266**	**34104**	**25569**	**56851**	**38002**	**39084**	**68844**	**75654**	A
6675	8400	4673	5417	744	16346	14152	28089	19182	19032	30521	37244	01
2408	3242	2181	3185	80	5260	1379	13747	1831	4661	8149	15375	011
572	198	129	784		94	186	235	227	414	914	1293	012
24	6	5	60		13	20	40	41	52	112	147	013
1466	2435	1074	686	544	8113	6121	6975	9013	5312	14172	11685	014
210	1581	236	106	90	1342	3426	2411	3349	3953	3710	3402	015
10	81	31	17	4	309	1560	1392	2745	1217	580	648	016
483	375	754	362	4	267	1093	1828	796	923	823	2063	017
340	22	29	74	1	20	18	54	21	25	39	81	018
1162	460	234	143	21	928	349	1407	1159	2475	2022	2550	019
1744	1786	893	707	228	3491	3162	4461	3621	4208	5392	4447	02
1255	1651	669	407	221	3331	2817	4077	2087	3187	5082	4058	021
397	45	36	84	5	33	116	127	500	398	60	187	022
75	54	155	174	2	46	121	110	694	396	64	126	023
9	27	31	32		70	90	97	302	158	179	50	024
8	9	2	10		11	18	50	38	69	7	26	025
7696	9737	3191	2860	99	4752	2847	13179	5809	7788	18952	22859	03
6882	6618	2009	2258	60	2722	1586	7526	3830	4689	11757	14477	031
546	2702	699	462	31	1797	965	5054	1581	2684	6125	7739	032
3	5		4		3		9	11	2	13	8	033
265	412	483	136	8	230	296	590	387	413	1057	635	039
206	2504	284	310	95	4673	2787	4857	6273	4080	4297	2196	04
203	2374	276	304	85	4581	2640	4822	6105	4057	3815	2178	041
3	130	8	6	10	92	147	35	168	23	482	18	042
2435	2022	1217	1502	100	4842	2621	6265	3117	3976	9682	8908	05
1715	1540	1044	1324	78	4087	2023	5224	2140	3090	8032	7649	051
186	105	51	59	12	289	396	439	524	586	446	466	052
498	241	84	98	3	233	57	396	87	159	766	609	053
36	136	38	21	7	233	145	206	366	141	438	184	054
5092	**3866**	**1126**	**1999**	**4**	**441**	**946**	**1516**	**1773**	**4057**	**2754**	**3917**	B
1437	166	143	646		25	9	66	125	245	295	742	06
1153	132	120	595		22	5	46	118	205	260	710	061
105	8	16	14			1		1	7	11	7	062
179	26	7	37		3	3	20	6	33	24	25	069
85	10	72	25	3	5	1	3		3	40	17	07
68	5	67	19	1	3		1		1	30	12	071
17	5	5	6	2	2	1	2		2	10	5	072
713	1102	129	72		47	36	253	240	354	342	346	08
692	1039	125	69		39	35	243	223	331	330	336	081
2	50				3		5	11	6	5	1	082
19	13	4	3		5	1	5	6	17	7	9	089

2-1 续表 1

行业中类	代码	企业单位数	北京	天津	河北	山西
有色金属矿采选业	09	7585	5	1	319	236
常用有色金属矿采选	091	5241	1	1	97	201
贵金属矿采选	092	1492	3		202	29
稀有稀土金属矿采选	093	852	1		20	6
非金属矿采选业	10	40342	27	15	1468	1607
土砂石开采	101	35085	25	10	1258	1489
化学矿开采	102	1071			12	19
采盐	103	296		2	27	
石棉及其他非金属矿采选	109	3890	2	3	171	99
开采专业及辅助性活动	11	5812	21	35	96	192
煤炭开采和洗选专业及辅助性活动	111	564			11	134
石油和天然气开采专业及辅助性活动	112	4631	19	32	57	19
其他开采专业及辅助性活动	119	617	2	3	28	39
其他采矿业	12	2972	3	5	71	70
其他采矿业	120	2972	3	5	71	70
制造业	**C**	**4145287**	**25844**	**44642**	**270024**	**48126**
农副食品加工业	13	153109	620	1175	7847	3398
谷物磨制	131	24459	52	62	950	758
饲料加工	132	17542	184	201	1493	380
植物油加工	133	11101	23	51	617	215
制糖业	134	1121	1	5	43	4
屠宰及肉类加工	135	28093	152	136	1941	534
水产品加工	136	12649	11	33	267	16
蔬菜、菌类、水果和坚果加工	137	22618	96	493	1073	547
其他农副食品加工	139	35526	101	194	1463	944
食品制造业	14	92881	706	928	4688	2293
焙烤食品制造	141	22280	228	175	1261	558
糖果、巧克力及蜜饯制造	142	5553	29	102	615	162
方便食品制造	143	16122	81	100	777	381
乳制品制造	144	2154	25	30	99	46
罐头食品制造	145	3041	15	32	225	86
调味品、发酵制品制造	146	10189	87	123	495	555
其他食品制造	149	33542	241	366	1216	505
酒、饮料和精制茶制造业	15	69615	284	222	2197	1576
酒的制造	151	24951	93	70	982	752
饮料制造	152	21221	182	148	1157	766
精制茶加工	153	23443	9	4	58	58
烟草制品业	16	261	2	1	6	3
烟叶复烤	161	46			2	
卷烟制造	162	107	1	1	4	1
其他烟草制品制造	169	108	1			2
纺织业	17	174881	332	627	12480	423
棉纺织及印染精加工	171	55513	53	162	3332	123
毛纺织及染整精加工	172	8830	59	17	2912	18

单位：个

内蒙古	辽宁	吉林	黑龙江	上海	江苏	浙江	安徽	福建	江西	山东	河南	代码
528	580	101	64		19	52	155	166	444	224	674	09
367	428	40	32		15	31	117	104	195	38	400	091
125	97	54	24		1	6	29	29	43	171	173	092
36	55	7	8		3	15	9	33	206	15	101	093
1948	1771	520	962		287	826	949	1171	2628	1436	1927	10
1689	1327	471	885		233	767	821	1001	2250	1169	1692	101
20	55	1			10	3	11	16	20	15	28	102
12	10				15	3	1	8	2	101	30	103
227	379	48	77		29	53	116	146	356	151	177	109
173	166	137	197		40	6	42	36	55	345	118	11
52	12	11	12		5	1	15	24	20	18	22	111
92	108	116	172		21	2	13		5	268	82	112
29	46	10	13		14	3	14	12	30	59	14	119
208	71	24	33	1	18	16	48	35	328	72	93	12
208	71	24	33	1	18	16	48	35	328	72	93	120
31094	**102413**	**26963**	**29663**	**55832**	**616995**	**537064**	**154732**	**178709**	**100727**	**452955**	**186490**	C
4402	7453	3446	5435	495	8479	5026	7898	6287	4300	21903	10380	13
712	1401	1275	2643	28	1549	245	2108	425	1290	1492	1746	131
542	1122	400	530	90	1169	461	634	513	426	2989	1218	132
305	266	180	371	29	411	176	873	256	382	967	847	133
34	25	2	12	2	17	53	10	29	15	117	27	134
1598	1159	341	582	155	1223	809	1193	897	563	4570	1693	135
25	1714	101	39	35	1362	1396	183	1990	75	3146	98	136
481	779	526	569	62	957	1054	884	1251	367	4343	1149	137
705	987	621	689	94	1791	832	2013	926	1182	4279	3602	139
1471	2833	1291	1508	840	6661	3868	4374	5453	2218	12256	7110	14
321	803	289	222	259	1222	1064	1311	1517	337	2713	1852	141
33	92	7	27	51	179	173	163	649	84	648	227	142
262	424	254	318	125	813	583	785	803	344	1863	1666	143
307	60	27	106	17	115	46	54	40	43	187	102	144
33	145	20	44	17	172	216	121	345	72	419	192	145
177	346	151	151	79	681	253	345	353	126	1239	842	146
338	963	543	640	292	3479	1533	1595	1746	1212	5187	2229	149
1026	1690	992	1341	145	2131	2717	3887	7254	1639	4751	3547	15
560	1044	554	737	37	977	716	1163	616	485	2022	1235	151
450	633	413	592	95	780	681	926	677	608	2059	1866	152
16	13	25	12	13	374	1320	1798	5961	546	670	446	153
2	5	6	7	2	12	3	7	11	9	16	14	16
	1	1	3				1	4	2	1	2	161
2	3	4	3	2	2	2	1	4	3	6	7	162
	1	1	1		10	1	5	3	4	9	5	169
678	1623	241	279	1366	50089	41023	5471	6514	3230	16712	5416	17
30	421	90	37	251	15607	10895	1985	1694	1603	6748	2644	171
429	70	11	9	55	1683	1163	93	125	50	646	141	172

2-1 续表 2

行业中类	代码	企业单位数	北京	天津	河北	山西
麻纺织及染整精加工	173	1084		2	32	8
丝绢纺织及印染精加工	174	2623	2	4	14	11
化纤织造及印染精加工	175	13916	7	14	193	13
针织或钩针编织物及其制品制造	176	27143	47	106	687	46
家用纺织制成品制造	177	37615	99	137	3627	135
产业用纺织制成品制造	178	28157	65	185	1683	69
纺织服装、服饰业	18	216870	1432	1075	6626	754
机织服装制造	181	91085	814	607	2654	318
针织或钩针编织服装制造	182	26982	169	79	439	56
服饰制造	183	98803	449	389	3533	380
皮革、毛皮、羽毛及其制品和制鞋业	19	97932	179	227	11274	188
皮革鞣制加工	191	5030	7	17	740	19
皮革制品制造	192	33604	60	87	5394	76
毛皮鞣制及制品加工	193	7929	54	17	4195	32
羽毛(绒)加工及制品制造	194	2749	7	6	256	7
制鞋业	195	48620	51	100	689	54
木材加工和木、竹、藤、棕、草制品业	20	176387	473	885	8502	1037
木材加工	201	96296	87	299	4622	577
人造板制造	202	26281	34	24	1029	65
木质制品制造	203	41062	339	536	2654	370
竹、藤、棕、草等制品制造	204	12748	13	26	197	25
家具制造业	21	110882	803	832	7049	658
木质家具制造	211	75662	568	554	4223	507
竹、藤家具制造	212	1182	3	2	28	2
金属家具制造	213	11197	84	97	1525	64
塑料家具制造	214	963	7	3	56	3
其他家具制造	219	21878	141	176	1217	82
造纸和纸制品业	22	91070	624	1384	4589	625
纸浆制造	221	380	3	2	13	6
造纸	222	16514	114	228	734	117
纸制品制造	223	74176	507	1154	3842	502
印刷和记录媒介复制业	23	94985	1271	930	4786	1358
印刷	231	85020	942	838	4234	1083
装订及印刷相关服务	232	9536	319	89	541	262
记录媒介复制	233	429	10	3	11	13
文教、工美、体育和娱乐用品制造业	24	147515	634	1783	12044	858
文教办公用品制造	241	14054	88	91	689	77
乐器制造	242	3462	64	193	313	14
工艺美术及礼仪用品制造	243	89661	372	1296	6549	665
体育用品制造	244	16784	48	166	2187	77
玩具制造	245	18618	37	18	1990	14
游艺器材及娱乐用品制造	246	4936	25	19	316	11
石油、煤炭及其他燃料加工业	25	14230	137	193	1018	988
精炼石油产品制造	251	6092	84	163	489	74

单位：个

内蒙古	辽宁	吉林	黑龙江	上海	江苏	浙江	安徽	福建	江西	山东	河南	代码
4	18	21	117	3	189	85	95	16	86	57	61	173
3	141	5	2	16	395	1033	94	39	44	101	41	174
8	57	11	7	43	6398	4997	373	368	122	430	175	175
67	243	24	26	275	5669	10755	489	2311	500	1554	594	176
82	277	35	36	316	14410	6553	912	747	524	3120	986	177
55	396	44	45	407	5738	5542	1430	1214	301	4056	774	178
655	7136	1203	317	3513	29333	38443	12145	13080	9923	22643	8340	18
267	4849	232	161	1494	11706	16720	5856	4888	3572	7618	3042	181
83	297	31	19	751	2912	8375	632	2244	912	2116	491	182
305	1990	940	137	1268	14715	13348	5657	5948	5439	12909	4807	183
204	646	69	208	567	4836	22204	2284	13824	3300	4552	4345	19
19	49	5	98	18	156	544	257	344	107	358	495	191
52	179	24	25	363	1638	6246	698	1980	955	1608	1067	192
73	119	8	47	16	219	1169	91	47	66	453	337	193
43	35	14	3	21	358	358	512	51	147	151	278	194
17	264	18	35	149	2465	13887	726	11402	2025	1982	2168	195
1447	3329	1240	2313	1066	14716	8596	9144	7241	5651	52585	13625	20
1056	1562	617	1518	372	5989	1478	5445	2529	2762	32789	9722	201
99	242	155	158	52	2772	634	927	761	411	12543	1238	202
241	1392	421	528	626	5548	4625	1946	1528	1013	6491	2074	203
51	133	47	109	16	407	1859	826	2423	1465	762	591	204
297	1950	482	567	1195	12867	10122	4959	7331	6805	9588	5015	21
222	1497	401	443	773	10069	5994	3844	3533	5668	7802	3603	211
3	15	2	3		73	244	58	165	44	105	82	212
36	97	15	37	133	631	1862	264	1843	323	373	667	213
7	12	4	8	8	44	202	53	68	15	86	44	214
29	329	60	76	281	2050	1820	740	1722	755	1222	619	219
290	1497	334	350	1965	11169	17142	2842	4397	1535	7731	3104	22
6	6	3	4	1	25	16	4	15	9	40	18	221
62	235	71	82	235	2466	2028	539	692	338	1852	730	222
222	1256	260	264	1729	8678	15098	2299	3690	1188	5839	2356	223
783	1991	699	715	1837	12296	12699	3528	3446	1949	8837	3564	23
639	1748	595	600	1632	11382	11952	3221	3092	1705	8138	3173	231
138	235	101	112	200	854	736	296	337	235	673	375	232
6	8	3	3	5	60	11	11	17	9	26	16	233
436	1619	346	407	1079	16305	29668	4340	11610	3071	15658	6043	24
49	181	60	83	256	1544	4892	356	340	595	877	414	241
18	61	8	17	69	563	309	50	94	65	320	444	242
338	1179	232	269	489	8438	16042	2417	9534	1743	10691	4156	243
24	126	27	27	97	2501	3208	460	1205	297	2571	274	244
6	36	11	5	127	2626	3688	912	363	278	929	335	245
1	36	8	6	41	633	1529	145	74	93	270	420	246
581	1169	291	691	90	752	540	520	343	507	1465	720	25
117	756	104	146	81	375	306	112	167	100	834	311	251

2-1 续表 3

行业中类	代码	企业单位数	北京	天津	河北	山西
煤炭加工	252	4543	48	18	373	759
核燃料加工	253	2	1		1	
生物质燃料加工	254	3593	4	12	155	155
化学原料和化学制品制造业	26	133595	1197	1743	9451	2750
基础化学原料制造	261	17998	85	241	1411	424
肥料制造	262	18299	135	85	1366	809
农药制造	263	2565	22	26	224	59
涂料、油墨、颜料及类似产品制造	264	23015	272	472	1479	255
合成材料制造	265	15210	124	218	731	154
专用化学产品制造	266	32851	343	473	2504	798
炸药、火工及焰火产品制造	267	2830	3	1	32	30
日用化学产品制造	268	20827	213	227	1704	221
医药制造业	27	37337	614	383	1539	643
化学药品原料药制造	271	3705	23	53	214	69
化学药品制剂制造	272	3072	117	42	165	71
中药饮片加工	273	6179	66	23	301	96
中成药生产	274	5334	75	31	145	94
兽用药品制造	275	2276	43	34	139	130
生物药品制品制造	276	5390	178	90	195	54
卫生材料及医药用品制造	277	10464	98	94	344	120
药用辅料及包装材料	278	917	14	16	36	9
化学纤维制造业	28	8713	24	25	429	76
纤维素纤维原料及纤维制造	281	1099	2	2	175	8
合成纤维制造	282	6486	17	22	221	27
生物基材料制造	283	1128	5	1	33	41
橡胶和塑料制品业	29	239006	917	2366	18340	1447
橡胶制品业	291	40866	137	433	6964	296
塑料制品业	292	198140	780	1933	11376	1151
非金属矿物制品业	30	333957	1683	2142	23897	9041
水泥、石灰和石膏制造	301	15975	72	66	1312	849
石膏、水泥制品及类似制品制造	302	80667	487	620	5496	2002
砖瓦、石材等建筑材料制造	303	129695	619	922	8401	3032
玻璃制造	304	7785	87	72	506	136
玻璃制品制造	305	21422	141	166	2053	548
玻璃纤维和玻璃纤维增强塑料制品制造	306	8838	67	47	1907	106
陶瓷制品制造	307	29545	56	38	762	578
耐火材料制品制造	308	14730	65	60	1410	1070
石墨及其他非金属矿物制品制造	309	25300	89	151	2050	720
黑色金属冶炼和压延加工业	31	25123	115	1284	1974	521
炼铁	311	795		4	75	168
炼钢	312	494	5	11	59	21
钢压延加工	313	19909	107	1169	1497	219
铁合金冶炼	314	3925	3	100	343	113
有色金属冶炼和压延加工业	32	34105	137	422	1545	532

单位：个

内蒙古	辽宁	吉林	黑龙江	上海	江苏	浙江	安徽	福建	江西	山东	河南	代码
396	175	51	136	3	103	48	89	64	224	266	272	252
												253
68	238	136	409	6	274	186	319	112	183	365	137	254
2258	4990	1286	1801	2164	9687	10061	5180	4306	4593	16005	8027	26
552	791	176	218	185	1661	1015	607	432	616	2485	1223	261
640	936	403	844	59	650	310	723	392	353	2779	1463	262
45	82	30	44	23	259	90	122	39	85	463	238	263
253	842	180	170	540	1678	2458	1049	835	645	2233	1129	264
185	354	87	57	324	1526	1608	885	705	353	2119	550	265
418	1445	297	331	564	2698	2746	1187	1013	1094	4483	2478	266
33	34	6	11		18	26	29	12	841	35	40	267
132	506	107	126	469	1197	1808	578	878	606	1408	906	268
464	955	1010	463	572	3971	2249	2468	1357	1645	3286	3194	27
72	110	57	54	71	422	282	167	87	213	388	245	271
37	126	81	60	94	344	188	146	65	107	276	177	272
93	228	401	83	23	133	126	873	95	196	312	426	273
72	107	241	107	36	162	127	296	113	254	282	746	274
30	65	28	31	17	172	66	45	36	98	375	254	275
61	125	107	65	174	632	325	236	241	123	589	272	276
98	178	82	57	124	1940	991	659	700	634	949	1019	277
1	16	13	6	33	166	144	46	20	20	115	55	278
38	131	53	38	70	2929	2203	250	328	118	711	224	28
10	12	9	12	5	325	90	18	32	31	115	58	281
16	81	24	10	58	2430	1959	128	225	70	426	108	282
12	38	20	16	7	174	154	104	71	17	170	58	283
1105	4906	959	1014	3864	32768	43599	8826	9293	3208	22322	7208	29
103	979	135	122	665	5232	4949	1274	1485	465	3823	963	291
1002	3927	824	892	3199	27536	38650	7552	7808	2743	18499	6245	292
5371	10594	2736	2728	1784	27815	16668	14584	21730	14840	35811	26631	30
650	586	214	254	49	776	550	650	420	688	1377	1079	301
1707	1921	846	908	417	6868	3822	4241	2242	2575	8224	6733	302
2089	3578	1135	1019	497	7663	5570	5888	9358	5243	16156	9023	303
72	191	41	32	94	879	505	428	254	253	750	415	304
100	353	99	88	383	3140	2491	1143	447	514	2140	942	305
68	226	59	66	58	1418	561	296	123	211	1598	587	306
69	307	52	49	81	2274	1319	406	8141	3897	1584	1285	307
97	2314	68	51	69	1564	682	298	117	165	1342	3674	308
519	1118	222	261	136	3233	1168	1234	628	1294	2640	2893	309
538	859	127	112	383	4192	2583	630	619	404	2399	1202	31
39	84	6	3	1	36	12	12	16	19	40	40	311
19	32	7	3	1	46	18	11	23	9	28	33	312
160	601	94	96	371	3809	2459	534	500	323	1931	767	313
320	142	20	10	10	301	94	73	80	53	400	362	314
509	1075	121	94	451	5212	3561	1016	826	1775	2540	2412	32

2-1 续表 4

行业中类	代码	企业单位数	北京	天津	河北	山西
常用有色金属冶炼	321	4173	6	28	268	165
贵金属冶炼	322	570	4	1	23	11
稀有稀土金属冶炼	323	946	6	1	16	20
有色金属合金制造	324	8821	52	80	411	124
有色金属压延加工	325	19595	69	312	827	212
金属制品业	33	424448	2665	6243	42198	5092
结构性金属制品制造	331	163839	1662	2722	11772	2285
金属工具制造	332	29220	96	264	1247	386
集装箱及金属包装容器制造	333	9164	81	199	588	73
金属丝绳及其制品制造	334	20369	29	462	12154	148
建筑、安全用金属制品制造	335	63297	230	693	6522	445
金属表面处理及热处理加工	336	17345	110	515	840	119
搪瓷制品制造	337	3184	6	21	77	9
金属制日用品制造	338	25968	131	200	689	80
铸造及其他金属制品制造	339	92062	320	1167	8309	1547
通用设备制造业	34	424920	2374	6471	33487	4490
锅炉及原动设备制造	341	11384	129	141	831	306
金属加工机械制造	342	65966	426	911	5312	863
物料搬运设备制造	343	17755	126	249	1986	204
泵、阀门、压缩机及类似机械制造	344	48617	281	1342	3018	602
轴承、齿轮和传动部件制造	345	26329	50	143	2031	40
烘炉、风机、包装等设备制造	346	42001	389	522	2127	248
文化、办公用机械制造	347	3781	61	31	81	22
通用零部件制造	348	168939	760	2569	16404	1965
其他通用设备制造业	349	40148	152	563	1697	240
专用设备制造业	35	310665	2361	3864	19128	3093
采矿、冶金、建筑专用设备制造	351	39891	220	547	3641	1531
化工、木材、非金属加工专用设备制造	352	84112	290	1179	2423	163
食品、饮料、烟草及饲料生产专用设备制造	353	8897	53	67	429	73
印刷、制药、日化及日用品生产专用设备制造	354	10632	143	122	643	67
纺织、服装和皮革加工专用设备制造	355	12450	27	53	321	95
电子和电工机械专用设备制造	356	20093	225	229	638	167
农、林、牧、渔专用机械制造	357	19329	57	130	1723	172
医疗仪器设备及器械制造	358	30258	657	383	1806	250
环保、邮政、社会公共服务及其他专用设备制造	359	85003	689	1154	7504	575
汽车制造业	36	98170	634	1274	7229	480
汽车整车制造	361	1786	25	18	94	45
汽车用发动机制造	362	551	10	5	27	7
改装汽车制造	363	1407	39	13	75	19
低速汽车制造	364	138	1		8	4
电车制造	365	563		8	50	7
汽车车身、挂车制造	366	10039	7	76	1140	90
汽车零部件及配件制造	367	83686	552	1154	5835	308

单位：个

内蒙古	辽宁	吉林	黑龙江	上海	江苏	浙江	安徽	福建	江西	山东	河南	代码
156	203	30	15	5	357	135	81	97	220	217	325	321
27	32	2	6	2	32	15	13	13	25	34	39	322
70	63	8	2	3	75	19	19	19	208	36	111	323
117	285	27	29	108	1335	877	297	325	330	849	564	324
139	492	54	42	333	3413	2515	606	372	992	1404	1373	325
2517	8694	1517	1824	7740	65879	51305	13143	14737	5911	39841	12333	33
1668	4214	913	1095	3496	24534	11395	6919	4529	2888	18734	6752	331
82	445	73	115	621	7698	5445	956	766	302	2181	519	332
59	305	37	70	221	1793	891	309	295	116	1152	362	333
85	175	22	40	131	2394	1084	315	114	111	1002	367	334
200	590	155	180	742	6113	13645	1281	3443	762	3719	1166	335
58	602	60	67	374	3112	3100	535	507	194	2006	343	336
1	39	5	7	23	146	657	79	1156	59	213	86	337
33	230	36	58	438	2517	5352	422	1579	262	3942	456	338
331	2094	216	192	1694	17572	9736	2327	2348	1217	6892	2282	339
1440	15789	2576	2392	8115	102185	66522	11523	9496	3448	59134	17037	34
213	640	158	379	173	2346	725	297	135	95	1860	453	341
286	2353	648	344	1271	14475	6761	2264	1898	609	11003	2192	342
68	452	297	68	453	3346	2247	473	256	153	2289	2457	343
86	1949	109	81	1340	10122	15743	1160	1946	400	3909	1827	344
12	1068	35	87	306	4280	6448	488	299	157	8285	811	345
109	884	192	164	1141	8730	7753	1003	724	377	7193	1486	346
11	47	7	6	86	498	561	93	160	138	204	70	347
551	7162	763	1018	2765	44707	23159	4793	3296	1048	20497	6612	348
104	1234	367	245	580	13681	3125	952	782	471	3894	1129	349
1497	7196	1616	2264	5282	70272	35641	9710	9209	4647	39504	13020	35
430	1925	297	786	304	6559	1524	1440	1191	607	7261	3826	351
55	1416	259	110	1780	19423	14632	2373	3008	570	5378	1129	352
50	205	56	115	174	1303	877	370	269	84	2257	636	353
16	212	42	32	326	2108	1365	282	298	167	1007	326	354
4	86	8	12	300	4161	3906	166	533	105	1241	206	355
68	380	79	91	454	4608	1361	910	693	464	1819	527	356
299	504	265	544	131	2211	1299	650	426	287	4670	1839	357
283	574	228	158	640	5908	4860	892	892	1142	2394	1210	358
292	1894	382	416	1173	23991	5817	2627	1899	1221	13477	3321	359
249	1826	1718	294	1938	16390	20017	4260	1946	1470	9808	3698	36
28	54	24	17	14	176	100	80	49	65	230	106	361
8	27	7	4	12	64	58	19	9	7	60	27	362
16	42	20	14	24	119	39	72	30	23	242	81	363
2	1	1		1	22	2	8	5	2	32	16	364
3	12	6	2		60	12	24	12	7	151	72	365
46	174	161	43	38	1950	418	640	192	170	2053	640	366
146	1516	1499	214	1849	13999	19388	3417	1649	1196	7040	2756	367

2-1 续表 5

行业中类	代码	企业单位数				
			北京	天津	河北	山西
铁路、船舶、航空航天和其他运输设备制造业	37	37553	260	1775	3098	204
铁路运输设备制造	371	4576	110	92	644	128
城市轨道交通设备制造	372	811	8	17	53	7
船舶及相关装置制造	373	10598	12	76	137	11
航空、航天器及设备制造	374	2534	110	68	113	28
摩托车制造	375	7233	2	26	414	12
自行车和残疾人座车制造	376	4478	3	972	1293	3
助动车制造	377	4748	5	386	360	8
非公路休闲车及零配件制造	378	1242	5	120	43	2
潜水救捞及其他未列明运输设备制造	379	1333	5	18	41	5
电气机械和器材制造业	38	242458	1544	2198	11888	1227
电机制造	381	19050	89	202	624	108
输配电及控制设备制造	382	85231	785	975	4120	511
电线、电缆、光缆及电工器材制造	383	32127	189	409	3940	181
电池制造	384	8965	40	99	218	76
家用电力器具制造	385	30435	114	122	846	80
非电力家用器具制造	386	5960	80	54	470	67
照明器具制造	387	43285	126	115	581	91
其他电气机械及器材制造	389	17405	121	222	1089	113
计算机、通信和其他电子设备制造业	39	165925	1331	1333	2994	887
计算机制造	391	15179	221	110	344	405
通信设备制造	392	12730	176	93	461	43
广播电视设备制造	393	3294	106	27	146	30
雷达及配套设备制造	394	365	13	5	14	1
非专业视听设备制造	395	7223	37	22	35	6
智能消费设备制造	396	10398	73	70	167	64
电子器件制造	397	32135	226	194	483	96
电子元件及电子专用材料制造	398	64530	350	632	910	198
其他电子设备制造	399	20071	129	180	434	44
仪器仪表制造业	40	58753	928	982	2428	344
通用仪器仪表制造	401	39827	541	711	1687	222
专用仪器仪表制造	402	8121	221	120	398	73
钟表与计时仪器制造	403	3305	7	17	32	6
光学仪器制造	404	3058	47	25	35	5
衡器制造	405	1154	12	7	74	18
其他仪器仪表制造业	409	3288	100	102	202	20
其他制造业	41	56558	138	339	3227	324
日用杂品制造	411	19939	24	98	741	44
核辐射加工	412	11		1		
其他未列明制造业	419	36608	114	240	2486	280
废弃资源综合利用业	42	25604	48	261	1849	825
金属废料和碎屑加工处理	421	12624	29	215	1070	380
非金属废料和碎屑加工处理	422	12980	19	46	779	445

单位：个

内蒙古	辽宁	吉林	黑龙江	上海	江苏	浙江	安徽	福建	江西	山东	河南	代码
54	1244	212	153	471	8579	5148	1003	1157	755	3108	1192	37
23	351	142	65	32	725	188	167	21	31	517	289	371
3	27	30	3	7	183	33	60	5	11	101	25	372
4	659	10	24	246	3693	1188	256	663	465	1258	74	373
12	144	12	45	52	397	102	84	15	121	115	92	374
3	9	3	3	53	858	1516	68	338	50	144	384	375
1	5	4	2	35	579	640	67	57	18	111	61	376
2	12	5	4	25	1652	790	266	30	44	390	215	377
3	5		3	12	146	591	7	11	4	54	24	378
3	32	6	4	9	346	100	28	17	11	418	28	379
671	4347	714	795	3525	42808	50431	7032	6142	4239	14139	6981	38
93	386	55	102	342	3872	4089	447	1948	228	1909	655	381
284	2096	322	357	1423	16532	23589	2606	1521	1539	5142	2566	382
101	717	109	124	619	5727	3550	1435	448	682	1735	1538	383
39	143	17	19	62	1056	668	479	213	468	490	605	384
25	202	55	54	296	2306	9036	759	881	239	1641	416	385
40	102	32	22	64	660	891	194	93	80	672	179	386
41	335	57	53	360	7429	6909	617	648	739	794	479	387
48	366	67	64	359	5226	1699	495	390	264	1756	543	389
313	1383	332	230	1892	25280	14402	5059	4309	4640	7234	3119	39
49	147	42	28	196	1486	712	323	272	293	1130	276	391
23	137	34	28	192	1651	1117	293	439	296	502	277	392
10	38	5	8	27	568	273	219	75	66	128	51	393
	12		4	3	69	14	27	6	2	26	4	394
7	21	5	1	34	418	557	87	100	166	120	49	395
26	93	32	32	103	1708	1050	593	284	349	662	240	396
32	227	97	29	405	5541	2445	1335	1039	1323	1290	881	397
125	493	67	79	758	10833	7450	1772	1505	1594	2583	1020	398
41	215	50	21	174	3006	784	410	589	551	793	321	399
109	1592	315	290	1529	13757	7834	2584	1284	802	5056	2299	40
63	1154	203	200	1004	10294	5993	2064	699	341	3751	1422	401
23	219	53	48	229	1692	888	267	154	126	747	309	402
2	41	1	5	42	64	180	17	257	36	88	19	403
1	30	37	3	98	658	317	44	88	236	49	330	404
17	27	8	14	29	185	228	32	32	14	100	72	405
3	121	13	20	127	864	228	160	54	49	321	147	409
300	1107	391	303	521	7052	8443	2535	2712	1949	5333	2316	41
30	166	29	21	145	1916	6695	1556	1351	386	1101	927	411
				1	1					1		412
270	941	362	282	375	5135	1748	979	1361	1563	4231	1389	419
423	701	252	245	114	2546	1111	1781	1033	1323	2314	2550	42
198	395	113	85	65	1267	499	620	432	692	1098	1401	421
225	306	139	160	49	1279	612	1161	601	631	1216	1149	422

2-1 续表 6

行业中类	代码	企业单位数	北京	天津	河北	山西
金属制品、机械和设备修理业	43	47779	1377	1275	2217	1991
金属制品修理	431	1099	11	34	36	28
通用设备修理	432	8127	249	233	451	345
专用设备修理	433	7949	325	153	470	437
铁路、船舶、航空航天等运输设备修理	434	7962	78	224	239	42
电气设备修理	435	5150	142	125	276	349
仪器仪表修理	436	987	90	36	33	23
其他机械和设备修理业	439	16505	482	470	712	767
电力、热力、燃气及水生产和供应业	D	**129282**	**1744**	**1093**	**6110**	**6210**
电力、热力生产和供应业	44	89814	1293	703	3954	4757
电力生产	441	70529	363	279	2644	3671
电力供应	442	8554	242	100	402	533
热力生产和供应	443	10731	688	324	908	553
燃气生产和供应业	45	10733	102	113	995	669
燃气生产和供应业	451	9851	90	106	923	612
生物质燃气生产和供应业	452	882	12	7	72	57
水的生产和供应业	46	28735	349	277	1161	784
自来水生产和供应	461	16668	80	79	501	397
污水处理及其再生利用	462	11253	258	182	619	370
海水淡化处理	463	73		7	6	
其他水的处理、利用与分配	469	741	11	9	35	17
建筑业	E	**2366841**	**55148**	**30398**	**142818**	**73979**
房屋建筑业	47	525168	14189	5714	32689	14960
住宅房屋建筑	471	429310	8827	4352	26437	12796
体育场馆建筑	472	1304	23	12	78	24
其他房屋建筑业	479	94554	5339	1350	6174	2140
土木工程建筑业	48	510143	9364	7353	33658	19179
铁路、道路、隧道和桥梁工程建筑	481	174556	2374	1809	11629	6502
水利和水运工程建筑	482	20954	150	240	1251	721
海洋工程建筑	483	639	3	100	27	2
工矿工程建筑	484	8355	80	63	515	1130
架线和管道工程建筑	485	29926	845	768	2755	1069
节能环保工程施工	486	10402	284	183	577	443
电力工程施工	487	11694	343	199	768	496
其他土木工程建筑	489	253617	5285	3991	16136	8816
建筑安装业	49	279758	4722	5120	19279	7147
电气安装	491	77125	2026	1403	3525	1901
管道和设备安装	492	70635	1459	1371	6056	2786
其他建筑安装业	499	131998	1237	2346	9698	2460
建筑装饰、装修和其他建筑业	50	1051772	26873	12211	57192	32693
建筑装饰和装修业	501	712339	22886	9808	43428	22732
建筑物拆除和场地准备活动	502	48970	954	344	3344	2024
提供施工设备服务	503	28767	637	198	769	758
其他未列明建筑业	509	261696	2396	1861	9651	7179

单位：个

内蒙古	辽宁	吉林	黑龙江	上海	江苏	浙江	安徽	福建	江西	山东	河南	代码
966	2083	388	485	1257	6027	3235	1749	1434	823	5713	1824	43
20	38	4	7	38	140	65	24	46	20	122	51	431
163	336	84	96	237	1080	480	312	203	103	804	363	432
208	298	98	129	189	694	352	297	167	143	855	343	433
26	548	16	39	252	1325	1416	174	416	105	1256	106	434
153	200	38	55	105	574	225	207	186	78	625	251	435
7	34	12	15	63	100	46	29	25	7	70	28	436
389	629	136	144	373	2114	651	706	391	367	1981	682	439
3771	**3825**	**2008**	**2835**	**249**	**6232**	**6778**	**5903**	**7169**	**6126**	**8983**	**6277**	D
2743	2899	1503	2172	106	3764	4935	3803	5698	4606	5905	4089	44
1784	1537	783	1122	69	2492	4359	3376	5226	4101	4140	2999	441
168	268	85	146	16	881	390	280	277	409	660	532	442
791	1094	635	904	21	391	186	147	195	96	1105	558	443
321	284	190	236	31	499	376	322	191	293	876	633	45
298	261	161	205	28	446	362	278	174	253	783	584	451
23	23	29	31	3	53	14	44	17	40	93	49	452
707	642	315	427	112	1969	1467	1778	1280	1227	2202	1555	46
375	298	181	250	37	777	548	1317	841	935	972	914	461
296	318	125	170	58	1106	812	438	420	273	1119	605	462
	4		1		2	4		3		30	4	463
36	22	9	6	17	84	103	23	16	19	81	32	469
42714	**50898**	**18863**	**20276**	**21486**	**273599**	**102958**	**133363**	**67623**	**70902**	**299774**	**150545**	E
8197	8100	4363	5012	2665	62763	16861	32261	21439	21685	52012	34975	47
4530	6888	3740	4359	1821	46521	14500	28103	19561	18463	41340	30577	471
16	18	10	18	39	147	24	66	55	108	180	150	472
3651	1194	613	635	805	16095	2337	4092	1823	3114	10492	4248	479
14047	11945	3999	4343	3813	55343	21809	26138	13075	13973	75702	30007	48
4314	3392	1600	2026	1208	15234	8745	10719	5587	5595	19444	11514	481
607	637	339	379	201	1967	1083	1316	716	667	2217	1224	482
5	24	3	1	12	63	59	11	42	5	146	17	483
494	331	65	58	42	635	266	320	207	153	787	762	484
1178	1150	341	567	424	2336	1237	1269	620	426	3324	2007	485
185	344	91	76	192	1059	557	384	312	154	1028	569	486
284	409	107	132	188	940	399	585	346	220	1356	680	487
6980	5658	1453	1104	1546	33109	9463	11534	5245	6753	47400	13234	489
5676	8133	2914	3092	4390	37942	10721	13543	4723	5958	44383	13218	49
1384	2685	814	950	1488	9954	4020	4424	1559	1635	8332	4055	491
1676	2158	720	804	1193	8608	2677	2833	1068	934	12084	3733	492
2616	3290	1380	1338	1709	19380	4024	6286	2096	3389	23967	5430	499
14794	22720	7587	7829	10618	117551	53567	61421	28386	29286	127677	72345	50
11168	17983	5772	6111	8033	76150	40703	44090	21575	18172	72646	42919	501
1042	1101	166	294	234	5172	6445	2603	819	842	5284	2514	502
405	481	143	108	164	6620	2051	1728	617	1195	4111	1627	503
2179	3155	1506	1316	2187	29609	4368	13000	5375	9077	45636	25285	509

2-1 续表 7

行业中类	代码	企业单位数	北京	天津	河北	山西
批发和零售业	F	**9405079**	**321262**	**104892**	**437446**	**263061**
批发业	51	5098368	136792	74674	229848	136097
农、林、牧、渔产品批发	511	197092	3303	1453	7580	3047
食品、饮料及烟草制品批发	512	496497	23607	6222	21672	10159
纺织、服装及家庭用品批发	513	790777	17833	5785	26542	8473
文化、体育用品及器材批发	514	182141	7936	2269	8031	3048
医药及医疗器材批发	515	174047	7497	2154	9235	3761
矿产品、建材及化工产品批发	516	1468598	28086	25924	78273	54122
机械设备、五金产品及电子产品批发	517	1132014	38820	19781	52577	40865
贸易经纪与代理	518	213651	3120	2980	8250	2965
其他批发业	519	443551	6590	8106	17688	9657
零售业	52	4306711	184470	30218	207598	126964
综合零售	521	613085	27897	4085	38522	28134
食品、饮料及烟草制品专门零售	522	440973	23676	3006	15322	11761
纺织、服装及日用品专门零售	523	476692	29683	3011	21695	9173
文化、体育用品及器材专门零售	524	230782	17678	1840	10089	5939
医药及医疗器材专门零售	525	310015	5499	3029	17949	8460
汽车、摩托车、零配件和燃料及其他动力销售	526	430733	8700	4060	28911	14326
家用电器及电子产品专门零售	527	455555	23980	2653	17424	12754
五金、家具及室内装饰材料专门零售	528	602460	27850	4525	32721	21147
货摊、无店铺及其他零售业	529	746416	19507	4009	24965	15270
交通运输、仓储和邮政业	G	**849361**	**22432**	**17741**	**40834**	**25111**
铁路运输业	53	2738	63	25	129	163
铁路旅客运输	531	439	7	5	11	12
铁路货物运输	532	1567	32	14	83	101
铁路运输辅助活动	533	732	24	6	35	50
道路运输业	54	544582	14315	7756	30519	19899
城市公共交通运输	541	18290	338	129	741	490
公路旅客运输	542	11896	126	143	497	291
道路货物运输	543	484552	12378	7176	27487	18098
道路运输辅助活动	544	29844	1473	308	1794	1020
水上运输业	55	18446	75	368	501	97
水上旅客运输	551	1649	2	5	65	22
水上货物运输	552	10880	33	182	166	7
水上运输辅助活动	553	5917	40	181	270	68
航空运输业	56	4221	361	131	155	145
航空客货运输	561	1295	98	21	32	36
通用航空服务	562	1845	164	31	83	77
航空运输辅助活动	563	1081	99	79	40	32
管道运输业	57	571	15	18	16	17
海底管道运输	571	103	1		3	2
陆地管道运输	572	468	14	18	13	15

单位：个

内蒙古	辽宁	吉林	黑龙江	上海	江苏	浙江	安徽	福建	江西	山东	河南	代码
127071	**217221**	**80449**	**83682**	**165155**	**896404**	**824484**	**337467**	**524420**	**237349**	**1034527**	**600332**	F
57184	130925	39319	46272	120834	561917	479799	163763	276299	115783	617095	277106	51
5621	7602	3228	6968	1357	16344	6946	11187	7222	4027	24571	16330	511
5195	13537	3840	5245	10981	38221	26441	18438	34377	8053	63989	26816	512
2497	11386	2502	2953	18023	89122	150552	14909	95632	10022	72901	29899	513
1154	3181	843	1009	4638	16238	28228	4349	10595	2339	21162	8994	514
2120	5328	2776	3038	4870	14247	11242	8257	4341	10142	17447	13136	515
23622	41677	9724	12237	32823	154442	107956	57048	53005	44051	188873	92940	516
11957	27858	6481	8890	36229	155514	86103	29949	37943	13955	142778	58799	517
1421	7356	1675	1943	4636	28496	23508	3771	14545	12836	19233	3995	518
3597	13000	8250	3989	7277	49293	38823	15855	18639	10358	66141	26197	519
69887	86296	41130	37410	44321	334487	344685	173704	248121	121566	417432	323226	52
18264	10273	4899	4137	3885	44410	14056	30638	19869	14278	79438	79459	521
6423	10001	4464	3606	5322	37040	23197	19515	24877	9747	42625	30053	522
3651	8461	2986	2497	7168	41554	50346	15408	41962	13663	42153	30043	523
2687	3970	1393	1116	3604	22837	16451	8011	10841	4713	23008	19265	524
6795	13925	7017	9074	2369	21753	14850	12698	7471	10249	23450	21728	525
9144	11005	7566	6608	3942	27673	22481	20346	13872	12788	46040	32198	526
6278	7896	3742	2989	4740	32617	21999	17422	11768	10798	34992	36055	527
10551	11387	3995	3398	7820	45862	37478	27328	21129	18283	55579	44454	528
6094	9378	5068	3985	5471	60741	143827	22338	96332	27047	70147	29971	529
15987	**28058**	**8936**	**11414**	**20681**	**92593**	**54063**	**36145**	**27518**	**27622**	**94027**	**37782**	G
217	64	40	57	17	235	42	73	94	79	368	155	53
7	14	7	12	5	32	9	32	24	15	55	27	531
185	27	20	26	6	124	18	28	49	54	184	78	532
25	23	13	19	6	79	15	13	21	10	129	50	533
11515	18081	5508	7262	5972	66483	33311	26200	15781	22517	57301	25912	54
655	798	404	638	227	915	708	470	446	414	3824	854	541
229	561	186	390	92	694	552	512	528	404	633	580	542
10101	15974	4582	5806	5394	62779	30353	23858	13752	20793	49765	22365	543
530	748	336	428	259	2095	1698	1360	1055	906	3079	2113	544
21	633	26	82	457	2683	1891	1357	1654	442	1715	319	55
8	70	9	28	14	73	104	45	67	35	164	33	551
9	274	10	34	288	1477	1259	1108	1079	326	788	196	552
4	289	7	20	155	1133	528	204	508	81	763	90	553
130	201	40	56	85	233	223	78	160	73	330	143	56
27	55	15	18	50	66	79	11	57	18	79	25	561
53	79	17	25	12	128	100	45	49	39	165	88	562
50	67	8	13	23	39	44	22	54	16	86	30	563
15	14	5	4	76	33	12	11	7	11	89	39	57
1	1	2			4	5	4		6	22	9	571
14	13	3	4	76	29	7	7	7	5	67	30	572

2-1 续表 8

行业中类	代码	企业单位数	北京	天津	河北	山西
多式联运和运输代理业	58	161777	4332	6494	4575	1545
多式联运	581	9448	16	128	506	79
运输代理业	582	152329	4316	6366	4069	1466
装卸搬运和仓储业	59	86796	2610	2605	4155	2746
装卸搬运	591	35058	540	578	1732	1361
通用仓储	592	14750	962	714	628	554
低温仓储	593	3733	39	70	117	120
危险品仓储	594	879	12	32	30	19
谷物、棉花等农产品仓储	595	10468	103	52	544	338
中药材仓储	596	147	2	1	3	5
其他仓储业	599	21761	952	1158	1101	349
邮政业	60	30230	661	344	784	499
邮政基本服务	601	1355	16	33	25	24
快递服务	602	28125	607	298	743	454
其他寄递服务	609	750	38	13	16	21
住宿和餐饮业	**H**	**580835**	**36694**	**6212**	**19407**	**15132**
住宿业	61	158313	5905	1332	5120	4116
旅游饭店	611	43802	1578	322	1248	777
一般旅馆	612	88141	3170	777	2899	2487
民宿服务	613	8229	308	43	274	273
露营地服务	614	345	5	1	8	9
其他住宿业	619	17796	844	189	691	570
餐饮业	62	422522	30789	4880	14287	11016
正餐服务	621	324679	23309	3606	11731	9199
快餐服务	622	27636	2909	415	940	463
饮料及冷饮服务	623	12840	1073	98	187	132
餐饮配送及外卖送餐服务	624	13115	353	283	357	241
其他餐饮业	629	44252	3145	478	1072	981
信息传输、软件和信息技术服务业	**I**	**1480593**	**76131**	**18889**	**56250**	**45750**
电信、广播电视和卫星传输服务	63	31300	1641	334	925	1009
电信	631	27532	1412	306	762	860
广播电视传输服务	632	3115	157	26	140	133
卫星传输服务	633	653	72	2	23	16
互联网和相关服务	64	210174	7900	1739	6738	6652
互联网接入及相关服务	641	18946	548	162	655	713
互联网信息服务	642	104116	3223	756	3347	2172
互联网平台	643	23150	1687	253	726	538
互联网安全服务	644	2426	151	35	45	69
互联网数据服务	645	12246	1017	145	202	2320
其他互联网服务	649	49290	1274	388	1763	840
软件和信息技术服务业	65	1239119	66590	16816	48587	38089
软件开发	651	674184	34964	10865	31368	23396
集成电路设计	652	30742	389	190	1255	450

单位：个

内蒙古	辽宁	吉林	黑龙江	上海	江苏	浙江	安徽	福建	江西	山东	河南	代码
1431	4940	1163	1084	10548	13970	12105	3851	6481	1722	23311	5054	58
84	142	87	142	90	1374	164	464	267	200	2005	717	581
1347	4798	1076	942	10458	12596	11941	3387	6214	1522	21306	4337	582
2184	2995	1642	2310	2595	7587	4585	3329	2245	1839	9350	4862	59
1197	846	240	594	358	3947	2200	1334	1024	829	3341	1527	591
219	693	161	161	1159	1055	1239	331	401	143	1167	635	592
57	274	70	81	75	118	122	289	71	39	949	261	593
11	47	2	4	27	115	68	12	37	11	90	27	594
381	531	900	1202	33	453	150	608	167	387	799	1054	595
8	4	4	4	1	4	4	29	4	3	11	10	596
311	600	265	264	942	1895	802	726	541	427	2993	1348	599
474	1130	512	559	931	1369	1894	1246	1096	939	1563	1298	60
29	44	25	37	8	68	35	53	59	45	65	72	601
431	1064	479	522	872	1275	1843	1167	1014	881	1459	1204	602
14	22	8		51	26	16	26	23	13	39	22	609
5619	**10868**	**3629**	**3143**	**20736**	**41791**	**38122**	**24654**	**20283**	**12276**	**49147**	**30123**	H
2394	3789	1150	1182	4728	8788	12021	5790	5843	4196	9145	8224	61
876	896	432	378	732	2035	2854	1621	1935	1254	2826	2382	611
1064	2358	551	673	3621	5397	6851	3277	3070	2231	4738	4565	612
43	153	31	14	159	240	1839	267	308	173	352	220	613
10	6	2	2	4	14	64	17	15	6	16	13	614
401	376	134	115	212	1102	413	608	515	532	1213	1044	619
3225	7079	2479	1961	16008	33003	26101	18864	14440	8080	40002	21899	62
2695	5117	1868	1459	10823	24772	19269	14778	10455	6470	29109	17220	621
167	663	181	187	1547	2341	1935	1195	868	348	4146	1552	622
37	163	50	32	1224	749	1118	278	561	186	528	187	623
105	318	132	130	285	1047	977	506	791	306	1203	562	624
221	818	248	153	2129	4094	2802	2107	1765	770	5016	2378	629
13697	**32627**	**10078**	**14102**	**28331**	**144449**	**129004**	**54985**	**82084**	**39404**	**129535**	**80690**	I
688	1092	373	678	505	2660	1433	1152	750	914	1563	1568	63
615	899	311	597	417	2450	1241	983	669	825	1376	1287	631
62	176	55	77	54	176	166	157	60	82	161	206	632
11	17	7	4	34	34	26	12	21	7	26	75	633
2493	3602	1613	1798	3379	18658	13691	9530	15179	7107	21236	12096	64
363	464	206	176	287	1101	472	761	1034	524	1818	1028	641
1011	1724	736	945	1281	11493	8411	5210	6634	4410	9593	6441	642
419	427	222	227	684	1176	1283	600	2285	351	2096	714	643
44	44	15	13	78	226	197	102	181	28	207	114	644
171	162	31	56	295	710	1137	721	494	170	741	486	645
485	781	403	381	754	3952	2191	2136	4551	1624	6781	3313	649
10516	27933	8092	11626	24447	123131	113880	44303	66155	31383	106736	67026	65
4282	18928	4367	7802	11671	65179	63193	22084	35260	14254	43389	38568	651
141	326	150	273	557	4107	729	1340	1354	973	5028	2567	652

2-1 续表 9

行业中类	代码	企业单位数	北京	天津	河北	山西
信息系统集成和物联网技术服务	653	91306	3968	754	3619	3516
运行维护服务	654	13920	1160	168	376	252
信息处理和存储支持服务	655	9019	572	143	307	208
信息技术咨询服务	656	303556	16929	3117	8052	7738
数字内容服务	657	16568	712	148	302	208
其他信息技术服务业	659	99824	7896	1431	3308	2321
金融业	**J**	**147588**	**8054**	**5040**	**4227**	**2995**
货币金融服务	66	40700	1061	3379	1481	1284
货币银行服务	662	11716	154	286	489	370
非货币银行服务	663	28888	902	3093	984	912
银行理财服务	664	96	5		8	2
资本市场服务	67	68782	5139	1205	891	419
证券市场服务	671	925	51	14	9	14
公开募集证券投资基金	672	1723	64	12	32	1
非公开募集证券投资基金	673	16477	1332	376	84	75
期货市场服务	674	914	27	18	19	6
资本投资服务	676	26696	2341	442	599	247
其他资本市场服务	679	22047	1324	343	148	76
保险业	68	20100	919	201	1222	626
人身保险	681	6206	91	44	311	184
财产保险	682	6696	71	30	319	243
再保险	683	33	9	1	1	1
商业养老金	684	279	11	3	15	6
保险中介服务	685	4945	523	93	458	159
保险资产管理	686	123	23		7	2
其他保险活动	689	1818	191	30	111	31
其他金融业	69	18006	935	255	633	666
金融信托与管理服务	691	1861	40	18	87	125
控股公司服务	692	3354	317	26	14	12
非金融机构支付服务	693	379	61	6	17	5
金融信息服务	694	4365	227	17	176	253
金融资产管理公司	695	898	49	15	30	16
其他未列明金融业	699	7149	241	173	309	255
房地产业	**K**	**1033634**	**32529**	**15101**	**54554**	**27516**
房地产业	70	1033634	32529	15101	54554	27516
房地产开发经营	701	277636	4961	2520	17810	7863
物业管理	702	334778	13215	5598	18315	11216
房地产中介服务	703	318943	7543	5206	16770	6101
房地产租赁经营	704	84660	6113	1603	1290	2133
其他房地产业	709	17617	697	174	369	203
租赁和商务服务业	**L**	**3596440**	**229189**	**51792**	**133643**	**87415**
租赁业	71	399700	14706	5701	22125	13283
机械设备经营租赁	711	389898	13947	5627	21883	13058

单位：个

内蒙古	辽宁	吉林	黑龙江	上海	江苏	浙江	安徽	福建	江西	山东	河南	代码
1034	1188	438	593	1616	10109	5865	2994	5939	3708	10710	4031	653
413	240	102	99	407	1235	468	576	719	1014	1591	699	654
94	161	45	71	277	972	836	337	449	171	702	315	655
3104	5165	1593	2039	6734	28805	37287	12444	17039	8935	30600	13747	656
152	329	87	100	432	1375	1510	681	920	233	1197	1024	657
1296	1596	1310	649	2753	11349	3992	3847	4475	2095	13519	6075	659
1672	**3915**	**1469**	**1570**	**9589**	**7270**	**15826**	**3666**	**4229**	**2109**	**11546**	**3060**	J
889	2038	751	730	1386	2072	1749	1279	1329	804	2502	1187	66
323	483	275	294	253	647	511	395	376	403	758	518	662
566	1551	476	434	1129	1423	1236	880	949	399	1733	665	663
	4		2	4	2	2	4	4	2	11	4	664
174	529	280	196	6961	2982	11595	889	1812	525	5628	411	67
6	16	5	5	63	65	32	36	44	18	65	13	671
	19	13	14	72	94	63	41	21	13	187	20	672
44	102	59	40	4853	715	1527	114	483	97	1979	48	673
4	24	7	7	72	111	18	15	24	17	134	17	674
71	252	127	96	1204	1322	3206	336	765	259	2119	214	676
49	116	69	34	697	675	6749	347	475	121	1144	99	679
441	900	299	497	508	1439	833	889	504	522	1709	1068	68
153	305	112	194	65	476	248	305	155	181	526	412	681
218	311	122	186	78	377	290	329	181	181	565	393	682
				8	1		1			4		683
4	13	6	6	8	17	12	12	13	8	28	18	684
46	221	48	69	234	476	229	137	117	111	406	155	685
	2		2	11	17	7	2	8	7	14	2	686
20	48	11	40	104	75	47	103	30	34	166	88	689
168	448	139	147	734	777	1649	609	584	258	1707	394	69
6	24	21	9	18	89	193	40	46	35	114	53	691
10	58	3	11	37	149	739	47	20	9	134	31	692
5	6	2	3	51	19	27	11	10	2	24	6	693
30	68	37	24	462	207	303	246	153	92	391	149	694
5	14	6	1	28	37	35	25	48	16	233	13	695
112	278	70	99	138	276	352	240	307	104	811	142	699
17345	**29078**	**10345**	**11784**	**23586**	**86253**	**66885**	**39039**	**30995**	**23891**	**83959**	**62667**	K
17345	29078	10345	11784	23586	86253	66885	39039	30995	23891	83959	62667	70
5082	7689	3287	3318	4372	19452	15651	9444	8633	8567	21773	20855	701
7189	10231	3795	5208	6287	27919	15235	12422	9408	6911	32537	22454	702
4267	9013	2742	2669	6062	31394	25558	14596	9838	7012	24938	15907	703
700	1855	413	477	6528	6156	9754	1968	2579	987	3221	2519	704
107	290	108	112	337	1332	687	609	537	414	1490	932	709
48098	**79235**	**27112**	**29167**	**83656**	**308885**	**244115**	**160330**	**137625**	**101470**	**343847**	**189207**	L
8020	7706	4103	5192	3356	23952	20234	22117	11656	12129	41775	27320	71
7734	7449	4027	5151	3099	23325	19509	21845	11269	11970	40884	26863	711

2-1 续表 10

行业中类	代码	企业单位数	北京	天津	河北	山西
文体设备和用品出租	712	8863	678	67	231	201
日用品出租	713	939	81	7	11	24
商务服务业	72	3196740	214483	46091	111518	74132
组织管理服务	721	529713	56898	7842	12454	5682
综合管理服务	722	104191	5185	2107	3876	2176
法律服务	723	95464	1225	895	3718	1182
咨询与调查	724	1000980	87171	17531	33559	32199
广告业	725	490812	21856	5511	22447	13382
人力资源服务	726	383899	7206	5782	15019	7948
安全保护服务	727	44269	1425	490	1996	1079
会议、展览及相关服务	728	84281	16458	1091	3418	2841
其他商务服务业	729	463131	17059	4842	15031	7643
科学研究和技术服务业	**M**	**1925328**	**274104**	**49757**	**82092**	**39617**
研究和试验发展	73	252124	8173	2640	10771	2177
自然科学研究和试验发展	731	12992	305	149	657	68
工程和技术研究和试验发展	732	178804	3288	1800	6563	1527
农业科学研究和试验发展	733	22432	384	127	1769	303
医学研究和试验发展	734	35864	4053	550	1747	259
社会人文科学研究	735	2032	143	14	35	20
专业技术服务业	74	764442	48301	10861	23222	17264
气象服务	741	1351	41	18	67	29
地震服务	742	848	28	4	29	14
海洋服务	743	1260	26	63	21	6
测绘地理信息服务	744	15630	296	142	1036	506
质检技术服务	745	56428	2249	1014	2694	1652
环境与生态监测检测服务	746	16304	304	245	900	557
地质勘查	747	10452	286	66	558	583
工程技术与设计服务	748	372557	21508	4375	11032	9828
工业与专业设计及其他专业技术服务	749	289612	23563	4934	6885	4089
科技推广和应用服务业	75	908762	217630	36256	48099	20176
技术推广服务	751	614303	99291	31464	37691	16937
知识产权服务	752	33804	3741	556	1331	688
科技中介服务	753	18645	1529	498	864	553
创业空间服务	754	8425	487	353	983	388
其他科技推广服务业	759	233585	112582	3385	7230	1610
水利、环境和公共设施管理业	**N**	**216253**	**7954**	**1883**	**11527**	**6347**
水利管理业	76	7937	109	45	306	307
防洪除涝设施管理	761	908	5	3	27	30
水资源管理	762	2108	40	14	86	76
天然水收集与分配	763	608	6	5	12	35
水文服务	764	325	7	1	22	21
其他水利管理业	769	3988	51	22	159	145
生态保护和环境治理业	77	29255	1332	251	1147	1139

单位：个

内蒙古	辽宁	吉林	黑龙江	上海	江苏	浙江	安徽	福建	江西	山东	河南	代码
272	232	65	36	212	544	649	243	349	153	848	419	712
14	25	11	5	45	83	76	29	38	6	43	38	713
40078	71529	23009	23975	80300	284933	223881	138213	125969	89341	302072	161887	72
4106	9813	2130	2856	16182	48834	57388	16457	27549	15812	42521	13343	721
1984	3221	902	969	2185	10564	11450	3380	5451	1536	8787	4675	722
803	2166	2699	647	2613	12203	1105	5513	2642	3006	16146	8838	723
12487	25911	5062	6934	31249	75576	78128	33689	32847	26975	93869	51944	724
6720	10294	4130	3939	10082	46680	31957	25092	22288	12607	39594	25744	725
6389	7459	3169	3801	4758	41878	14701	32730	7774	13898	37607	20577	726
729	1133	434	461	475	3550	2460	2090	2031	1375	4042	2070	727
1520	1795	331	569	3196	6062	4234	1726	2427	1502	6059	5150	728
5340	9737	4152	3799	9560	39586	22458	17536	22960	12630	53447	29546	729
23260	**38570**	**11829**	**18572**	**37841**	**232694**	**116074**	**65559**	**65987**	**31192**	**176571**	**96041**	M
862	7074	2136	2641	2967	53670	16721	8104	14288	2018	25267	6654	73
52	592	139	152	75	2641	431	294	1159	92	1551	234	731
463	4797	1231	1587	1843	42527	13052	5900	9935	1106	16778	3541	732
193	769	412	618	68	2474	914	636	1765	255	3336	1076	733
117	843	341	268	968	5564	2288	1217	1357	543	3482	1709	734
37	73	13	16	13	464	36	57	72	22	120	94	735
10426	16828	5137	7388	19550	91235	51284	31316	24261	18528	73028	37555	74
35	42	19	18	6	90	40	57	16	59	94	59	741
16	21	9	11	2	96	24	47	48	30	166	71	742
4	67		2	140	83	93	20	99	4	283	11	743
530	407	226	348	83	1096	706	613	424	733	1146	1039	744
1138	1867	714	967	1320	5980	4013	2058	1716	1355	4760	2856	745
444	387	142	192	121	2145	1070	790	530	532	1689	822	746
602	330	102	232	29	287	175	333	220	450	1361	582	747
5439	7016	2290	2636	7316	44891	26096	17185	12423	10590	32278	16456	748
2218	6691	1635	2982	10533	36567	19067	10213	8785	4775	31251	15659	749
11972	14668	4556	8543	15324	87789	48069	26139	27438	10646	78276	51832	75
7269	11984	3643	7100	8173	59037	38166	20609	17084	7501	61772	43781	751
215	451	201	172	744	4505	2765	1446	1374	654	2669	1148	752
437	426	141	158	231	1647	1511	658	1263	333	1507	434	753
46	211	49	214	212	699	502	176	872	90	552	316	754
4005	1596	522	899	5964	21901	5125	3250	6845	2068	11776	6153	759
4365	**4030**	**2074**	**1839**	**2133**	**19857**	**12639**	**10591**	**7833**	**5837**	**24633**	**17198**	N
194	199	91	80	128	590	485	476	313	210	986	528	76
7	20	4	11	11	93	91	77	65	14	131	61	761
65	61	21	21	18	103	130	74	74	64	224	159	762
13	24	12	7	6	20	54	14	45	9	57	26	763
20	7	8	3	2	22	19	13	18	3	32	31	764
89	87	46	38	91	352	191	298	111	120	542	251	769
684	521	198	225	303	2765	2436	982	1190	833	2475	1658	77

2-1 续表 11

行业中类	代码	企业单位数	北京	天津	河北	山西
生态保护	771	2423	38	10	76	99
环境治理业	772	26832	1294	241	1071	1040
公共设施管理业	78	132388	6314	1545	7347	4512
市政设施管理	781	16115	199	156	643	331
环境卫生管理	782	24021	691	215	1289	711
城乡市容管理	783	2909	53	31	122	68
绿化管理	784	64003	4891	960	3320	2215
城市公园管理	785	1411	69	8	45	41
游览景区管理	786	23929	411	175	1928	1146
土地管理业	79	46673	199	42	2727	389
土地整治服务	791	19889	72	13	1594	255
土地调查评估服务	792	6229	12	8	126	53
土地登记服务	793	1028	7		78	6
土地登记代理服务	794	8354	74	5	489	41
其他土地管理服务	799	11173	34	16	440	34
居民服务、修理和其他服务业	**O**	**636568**	**38829**	**9471**	**25615**	**18446**
居民服务业	80	277598	19303	3914	9891	8576
家庭服务	801	66480	2866	1254	3779	3125
托儿所服务	802	11199	218	120	170	233
洗染服务	803	8403	883	182	468	180
理发及美容服务	804	52765	8782	777	1378	1371
洗浴和保健养生服务	805	47317	2700	346	1490	1053
摄影扩印服务	806	22697	2177	288	516	663
婚姻服务	807	19982	757	168	728	782
殡葬服务	808	8959	261	95	318	226
其他居民服务业	809	39796	659	684	1044	943
机动车、电子产品和日用产品修理业	81	235546	9416	3205	10248	6460
汽车、摩托车等修理与维护	811	179203	4956	2265	8483	5073
计算机和办公设备维修	812	24041	1968	378	660	689
家用电器修理	813	23687	1872	398	879	488
其他日用产品修理业	819	8615	620	164	226	210
其他服务业	82	123424	10110	2352	5476	3410
清洁服务	821	78387	5727	1170	4004	2212
宠物服务	822	8455	725	121	349	157
其他未列明服务业	829	36582	3658	1061	1123	1041
教育	**P**	**318397**	**14512**	**4698**	**8544**	**6956**
教育	83	318397	14512	4698	8544	6956
学前教育	831	19233	470	384	983	357
初等教育	832	3742	61	24	119	116
中等教育	833	2938	36	23	206	75
高等教育	834	447	6	7	22	6
特殊教育	835	635	14	4	20	17
技能培训、教育辅助及其他教育	839	291402	13925	4256	7194	6385

单位：个

内蒙古	辽宁	吉林	黑龙江	上海	江苏	浙江	安徽	福建	江西	山东	河南	代码
121	43	20	32	16	138	143	99	110	48	171	155	771
563	478	178	193	287	2627	2293	883	1080	785	2304	1503	772
3065	2514	1055	1258	1620	10377	8841	6940	4879	3557	12750	10367	78
300	358	185	206	248	1685	1264	783	518	583	2087	1027	781
357	517	217	270	307	2303	2380	1349	1003	879	1533	1598	782
49	60	15	26	74	309	225	135	110	107	237	325	783
2020	1002	466	560	926	4766	2944	3710	1832	1133	6854	5497	784
9	36	9	18	31	151	90	44	58	27	167	103	785
330	541	163	178	34	1163	1938	919	1358	828	1872	1817	786
422	796	730	276	82	6125	877	2193	1451	1237	8422	4645	79
195	306	278	147	12	2572	494	1014	761	497	3323	1991	791
46	104	87	34	4	824	109	240	217	145	1496	731	792
10	25	12	5	1	125	16	70	32	28	146	111	793
39	173	91	32	12	1359	128	387	180	306	1485	777	794
132	188	262	58	53	1245	130	482	261	261	1972	1035	799
9390	**14437**	**5245**	**5063**	**16824**	**48636**	**41060**	**26762**	**23784**	**13889**	**53083**	**30351**	O
3754	6563	2212	2031	9042	19107	19558	10301	10942	5279	22929	12880	80
1640	1414	753	548	821	5097	4622	2881	3608	1410	5617	3563	801
86	214	88	20	105	872	1038	327	597	226	1072	373	802
121	214	61	81	300	554	563	345	255	153	482	378	803
289	927	219	189	3701	3320	3764	1312	1614	784	3077	1617	804
311	1453	375	322	2265	3465	3452	2063	1804	850	4518	2548	805
198	471	88	90	926	1176	2130	638	1080	321	1643	901	806
328	472	125	157	381	1536	1543	1172	672	404	2174	1438	807
195	429	134	167	193	649	585	551	373	265	582	462	808
586	969	369	457	350	2438	1861	1012	939	866	3764	1600	809
3982	5631	1905	1789	5873	18606	14274	11745	8817	5211	19421	11477	81
3169	4530	1550	1342	3738	14491	11216	9163	7038	4261	14871	8951	811
401	449	162	217	945	1543	1159	956	693	394	1792	1034	812
263	448	128	168	886	1724	1432	1279	844	356	1796	1096	813
149	204	65	62	304	848	467	347	242	200	962	396	819
1654	2243	1128	1243	1909	10923	7228	4716	4025	3399	10733	5994	82
941	1271	636	923	1371	6653	5887	3638	2925	2014	4802	4052	821
94	346	91	68	309	744	483	247	235	93	1304	515	822
619	626	401	252	229	3526	858	831	865	1292	4627	1427	829
4506	**7709**	**3621**	**3225**	**3820**	**26596**	**33963**	**12403**	**8513**	**6902**	**35663**	**17711**	P
4506	7709	3621	3225	3820	26596	33963	12403	8513	6902	35663	17711	83
211	631	564	511	335	876	1116	674	768	359	1598	719	831
58	136	45	24	27	303	110	173	67	72	696	415	832
60	122	55	38	15	231	67	139	62	64	415	236	833
4	15	5	6	6	19	47	29	6	3	61	26	834
15	36	17	3	2	45	17	53	19	10	98	44	835
4158	6769	2935	2643	3435	25122	32606	11335	7591	6394	32795	16271	839

2-1 续表 12

行业中类	代码	企业单位数	北京	天津	河北	山西
卫生和社会工作	Q	**110312**	**5837**	**1782**	**3946**	**3993**
卫生	84	88629	4636	1557	2872	3142
医院	841	31248	765	416	1183	1151
基层医疗卫生服务	842	47895	3123	1023	1408	1592
专业公共卫生服务	843	2480	44	29	76	110
其他卫生活动	849	7006	704	89	205	289
社会工作	85	21683	1201	225	1074	851
提供住宿社会工作	851	19566	1044	188	1019	788
不提供住宿社会工作	852	2117	157	37	55	63
文化、体育和娱乐业	R	**694478**	**98303**	**9825**	**27491**	**18610**
新闻和出版业	86	7950	1461	94	336	201
新闻业	861	1953	57	20	178	49
出版业	862	5997	1404	74	158	152
广播、电视、电影和录音制作业	87	109908	12116	1652	5720	2184
广播	871	20269	776	110	1626	303
电视	872	2135	282	22	99	61
影视节目制作	873	55908	9426	1058	2327	1218
广播电视集成播控	874	1183	37	6	49	20
电影和广播电视节目发行	875	4228	954	132	84	57
电影放映	876	11561	288	91	437	360
录音制作	877	14624	353	233	1098	165
文化艺术业	88	219012	57030	3885	7343	6822
文艺创作与表演	881	62357	5805	543	3502	2869
艺术表演场馆	882	2076	73	21	81	60
图书馆与档案馆	883	3516	50	21	122	62
文物及非物质文化遗产保护	884	2225	101	7	75	141
博物馆	885	598	36	13	25	30
烈士陵园、纪念馆	886	104	1	1	4	6
群众文体活动	887	18986	2748	509	1139	1599
其他文化艺术业	889	129150	48216	2770	2395	2055
体育	89	72701	5865	1241	3568	2083
体育组织	891	22989	1899	425	1679	779
体育场地设施管理	892	4308	239	42	114	119
健身休闲活动	893	38184	3197	641	1400	911
其他体育	899	7220	530	133	375	274
娱乐业	90	284907	21831	2953	10524	7320
室内娱乐活动	901	118867	2052	973	4173	3247
游乐园	902	5611	172	39	236	190
休闲观光活动	903	20850	175	26	547	352
彩票活动	904	571	27	8	43	26
文化体育娱乐活动与经纪代理服务	905	134374	19096	1875	5372	3411
其他娱乐业	909	4634	309	32	153	94

单位：个

内蒙古	辽宁	吉林	黑龙江	上海	江苏	浙江	安徽	福建	江西	山东	河南	代码
1181	**5314**	**1389**	**1459**	**2027**	**8755**	**7953**	**3284**	**3901**	**2225**	**9439**	**5631**	Q
862	4527	906	1159	1803	7012	6316	2429	2967	1755	7496	4072	84
462	1068	530	569	230	2413	1570	893	868	785	3018	2333	841
266	3097	270	457	1358	3910	4434	1146	1788	740	3468	1263	842
30	105	33	56	47	154	103	88	87	71	232	164	843
104	257	73	77	168	535	209	302	224	159	778	312	849
319	787	483	300	224	1743	1637	855	934	470	1943	1559	85
290	725	466	276	183	1559	1522	762	845	404	1750	1449	851
29	62	17	24	41	184	115	93	89	66	193	110	852
8244	**13618**	**4176**	**6270**	**12252**	**46649**	**52755**	**23183**	**34576**	**16222**	**49631**	**37654**	R
120	230	104	75	197	690	284	284	198	198	602	315	86
12	52	11	11	13	319	59	124	39	74	145	138	861
108	178	93	64	184	371	225	160	159	124	457	177	862
1350	1880	730	759	1577	7783	11409	3459	5901	3185	9506	6585	87
135	304	134	211	107	1462	1091	1053	1278	1648	1965	2475	871
18	62	18	11	57	145	234	53	214	61	137	95	872
813	951	312	256	914	3047	8423	1192	3323	599	4006	1513	873
18	39	1	8	5	109	58	40	93	28	178	103	874
26	80	17	15	77	355	424	80	315	72	274	92	875
210	261	142	158	322	1009	858	432	382	419	662	600	876
130	183	106	100	95	1656	321	609	296	358	2284	1707	877
3304	3754	895	1505	2205	14318	11600	6291	11254	5116	14059	10934	88
1439	1138	350	616	393	3250	4911	2809	4205	1286	4189	4229	881
36	33	16	19	36	265	89	84	77	102	169	120	882
49	55	21	14	23	276	389	190	186	123	202	175	883
64	29	14	18	10	204	147	78	131	46	173	201	884
10	27	10	11	16	68	35	10	29	9	57	19	885
2	4		1		6	6	9	3	3	16	6	886
240	331	80	153	145	1299	1143	476	698	370	1368	907	887
1464	2137	404	673	1582	8950	4880	2635	5925	3177	7885	5277	889
847	1712	468	500	2456	5556	5590	2148	3946	1515	5531	3311	89
380	600	151	170	188	1892	1328	666	1229	566	1879	1197	891
52	96	53	22	139	298	385	118	275	101	185	85	892
321	860	231	280	1991	2726	3585	1167	2037	721	2532	1702	893
94	156	33	28	138	640	292	197	405	127	935	327	899
2623	6042	1979	3431	5817	18302	23872	11001	13277	6208	19933	16509	90
1523	3197	1275	2242	2347	7359	7154	6063	3364	3693	6326	8778	901
62	132	63	75	73	323	339	213	285	191	387	371	902
142	414	148	56	26	1553	1077	1294	1434	695	2029	1649	903
	9	4	1	7	33	18	6	16	44	93	30	904
836	2200	433	1011	3299	8737	15183	3259	7971	1415	10685	5529	905
60	90	56	46	65	297	101	166	207	170	413	152	909

2-1 续表 13

行业中类	代码	湖北	湖南	广东	广西	海南
总　　计	——	**1139615**	**738648**	**3319738**	**684474**	**166723**
农、林、牧、渔业	A	**40577**	**32978**	**23410**	**45586**	**6075**
农业	01	16177	14985	10982	17035	3180
谷物种植	011	4538	4162	822	1221	298
豆类、油料和薯类种植	012	303	607	163	207	37
棉、麻、糖、烟草种植	013	119	70	42	451	14
蔬菜、食用菌及园艺作物种植	014	5841	5108	4690	3999	794
水果种植	015	2119	2045	2314	7564	887
坚果、含油果、香料和饮料作物种植	016	967	632	694	1144	161
中药材种植	017	1178	732	516	1207	120
草种植及割草	018	20	21	28	41	10
其他农业	019	1092	1608	1713	1201	859
林业	02	2876	2585	2483	4645	490
林木育种和育苗	021	2491	2198	1893	2854	333
造林和更新	022	103	141	375	1084	57
森林经营、管护和改培	023	148	90	133	391	31
木材和竹材采运	024	90	74	62	269	33
林产品采集	025	44	82	20	47	36
畜牧业	03	10093	6785	3394	14570	725
牲畜饲养	031	6489	4289	2087	9434	419
家禽饲养	032	3263	2109	1106	4368	253
狩猎和捕捉动物	033	5	5	7	5	
其他畜牧业	039	336	382	194	763	53
渔业	04	5817	2292	2893	4965	678
水产养殖	041	5651	2274	2770	4921	595
水产捕捞	042	166	18	123	44	83
农、林、牧、渔专业及辅助性活动	05	5614	6331	3658	4371	1002
农业专业及辅助性活动	051	4336	5025	2483	3451	789
林业专业及辅助性活动	052	427	658	532	504	95
畜牧专业及辅助性活动	053	245	449	209	246	29
渔业专业及辅助性活动	054	606	199	434	170	89
采矿业	B	**3044**	**3529**	**2757**	**4123**	**249**
煤炭开采和洗选业	06	183	369	16	63	8
烟煤和无烟煤开采洗选	061	161	331	7	37	2
褐煤开采洗选	062	3	4	1	12	
其他煤炭采选	069	19	34	8	14	6
石油和天然气开采业	07	14	4	8	9	9
石油开采	071	10	1	5	7	8
天然气开采	072	4	3	3	2	1
黑色金属矿采选业	08	283	234	225	405	31
铁矿采选	081	258	123	206	260	29
锰矿、铬矿采选	082	3	102	3	119	
其他黑色金属矿采选	089	22	9	16	26	2

单位：个

重庆	四川	贵州	云南	西藏	陕西	甘肃	青海	宁夏	新疆	代码
652158	**762856**	**519698**	**646660**	**32161**	**593201**	**217733**	**86872**	**129018**	**277060**	——
68540	**44744**	**70362**	**54942**	**732**	**21942**	**19159**	**7308**	**10856**	**8136**	A
32333	22973	30216	27868	273	9374	7218	2009	3401	2551	01
1264	2056	698	572	22	1306	1810	455	1169	483	011
255	233	326	422	2	255	343	356	163	43	012
576	105	241	414		47	38		2	222	013
13207	8167	10089	10265	93	3279	2039	542	930	599	014
10542	7987	8790	6853	34	1543	713	49	393	517	015
2347	1257	3865	3127	12	660	130	25	8	84	016
3390	1667	4174	5259	65	1355	1095	406	450	160	017
88	38	116	38	15	42	265	72	112	44	018
664	1463	1917	918	30	887	785	104	174	399	019
2845	2491	3045	3286	122	1989	1657	688	670	534	02
2533	2165	2707	2750	98	1517	1516	615	635	438	021
112	142	144	168	14	86	112	67	24	44	022
87	106	100	123		361	26	3	10	22	023
41	54	51	101	1	16	2	1		20	024
72	24	43	144	9	9	1	2	1	10	025
20130	13616	31513	19202	210	7014	8887	4335	5579	1857	03
12584	9506	21769	14164	147	5014	7321	3980	4771	1463	031
4076	3431	6911	4288	42	1534	1243	301	658	299	032
4	6	11	6		7	2	1	2	2	033
3466	673	2822	744	21	459	321	53	148	93	039
9567	3087	3635	1082	15	615	197	42	161	200	04
9539	3063	3628	1079	15	612	195	42	158	191	041
28	24	7	3		3	2		3	9	042
3665	2577	1953	3504	112	2950	1200	234	1045	2994	05
3131	1934	1631	3007	99	2506	1036	159	981	2705	051
277	248	114	232	7	197	51	38	31	105	052
134	243	126	203	5	181	83	28	27	158	053
123	152	82	62	1	66	30	9	6	26	054
1359	**3642**	**5308**	**5903**	**278**	**5522**	**1695**	**590**	**792**	**3991**	B
171	571	1329	1095	5	1182	141	65	504	449	06
157	535	1261	1011	3	1056	134	62	498	397	061
3	8	12	54	1	4	3		2	3	062
11	28	56	30	1	122	4	3	4	49	069
19	34	14	6		64	17	4	10	82	07
5	12	3	3		44	13	4	7	56	071
14	22	11	3		20	4		3	26	072
71	379	300	589	12	222	141	79	13	507	08
19	351	131	488	8	178	129	74	11	475	081
50	6	112	55	3	16	4	2	2	12	082
2	22	57	46	1	28	8	3		20	089

2-1 续表 14

行业中类	代码	湖北	湖南	广东	广西	海南
有色金属矿采选业	09	126	393	169	406	23
常用有色金属矿采选	091	91	275	118	323	20
贵金属矿采选	092	20	53	14	49	2
稀有稀土金属矿采选	093	15	65	37	34	1
非金属矿采选业	10	2234	2404	2057	2908	135
土砂石开采	101	1733	2258	1833	2447	121
化学矿开采	102	257	23	10	72	
采盐	103	6	4	15	4	2
石棉及其他非金属矿采选	109	238	119	199	385	12
开采专业及辅助性活动	11	64	19	80	42	12
煤炭开采和洗选专业及辅助性活动	111	15	4	7	9	3
石油和天然气开采专业及辅助性活动	112	26	5	41	9	8
其他开采专业及辅助性活动	119	23	10	32	24	1
其他采矿业	12	140	106	202	290	31
其他采矿业	120	140	106	202	290	31
制造业	**C**	**121616**	**80756**	**660735**	**58770**	**5756**
农副食品加工业	13	7572	5823	7634	4006	614
谷物磨制	131	1802	1170	743	478	14
饲料加工	132	736	523	976	486	61
植物油加工	133	607	505	555	281	22
制糖业	134	19	24	120	158	14
屠宰及肉类加工	135	936	1111	1701	674	116
水产品加工	136	434	187	929	264	101
蔬菜、菌类、水果和坚果加工	137	937	712	758	458	143
其他农副食品加工	139	2101	1591	1852	1207	143
食品制造业	14	3538	2688	9037	3288	384
焙烤食品制造	141	768	591	2295	1084	73
糖果、巧克力及蜜饯制造	142	88	120	1395	75	16
方便食品制造	143	619	588	856	716	33
乳制品制造	144	48	48	130	48	7
罐头食品制造	145	110	132	200	63	5
调味品、发酵制品制造	146	299	177	639	205	24
其他食品制造	149	1606	1032	3522	1097	226
酒、饮料和精制茶制造业	15	3565	2443	3095	1981	212
酒的制造	151	1003	472	793	554	66
饮料制造	152	984	847	1418	736	117
精制茶加工	153	1578	1124	884	691	29
烟草制品业	16	13	14	66	5	2
烟叶复烤	161	1	6	4	1	
卷烟制造	162	3	4	34	4	1
其他烟草制品制造	169	9	4	28		1
纺织业	17	5322	1273	14592	995	47
棉纺织及印染精加工	171	2171	517	4681	393	6
毛纺织及染整精加工	172	38	13	882	20	

单位：个

重庆	四川	贵州	云南	西藏	陕西	甘肃	青海	宁夏	新疆	代码
22	321	348	1230	36	305	157	87	1	393	09
16	254	292	1107	30	210	100	68	1	269	091
2	36	38	69	2	58	51	17		95	092
4	31	18	54	4	37	6	2		29	093
1011	2124	3021	2763	193	1070	908	292	222	1458	10
974	1924	2676	2447	189	860	829	244	202	1261	101
15	61	184	136	2	72	9	5	1	14	102
2	15	1	3		6	3	10	1	13	103
20	124	160	177	2	132	67	33	18	170	109
34	109	84	59	5	2549	268	17	35	776	11
7	13	47	18		38	6	7	12	41	111
20	75	5	5		2472	244	6	23	686	112
7	21	32	36	5	39	18	4		49	119
31	104	212	161	27	130	63	46	7	326	12
31	104	212	161	27	130	63	46	7	326	120
63410	**74117**	**57601**	**44216**	**2388**	**50735**	**17958**	**5984**	**10883**	**28089**	C
4227	5192	5179	4421	307	3201	2070	581	1063	2675	13
549	486	779	281	62	440	282	59	233	345	131
305	497	225	416	15	264	240	84	130	232	132
407	423	817	269	72	304	238	98	144	390	133
37	32	43	229	1	3	9	1	7	28	134
826	1812	803	871	62	471	322	197	177	468	135
46	37	40	58	2	22	9	5	3	21	136
717	830	597	1095	3	567	418	17	73	662	137
1340	1075	1875	1202	90	1130	552	120	296	529	139
2114	3220	2806	2087	90	2026	844	299	543	1419	14
377	699	405	668	10	469	174	39	134	362	141
67	135	78	71		189	31	5	7	35	142
567	661	1257	465	7	348	127	31	77	191	143
18	53	19	51	26	110	62	55	33	142	144
31	92	26	34		25	20	3	12	134	145
503	857	427	254	11	305	245	33	104	103	146
551	723	594	544	36	580	185	133	176	452	149
1794	3961	7422	5566	92	1901	677	272	399	836	15
1161	2211	4060	1021	35	434	245	140	251	462	151
379	769	1151	1031	52	723	380	123	125	353	152
254	981	2211	3514	5	744	52	9	23	21	153
8	4	10	18		8	4		2	1	16
2	2	4	7		2					161
3	1	2	3		3	1		1	1	162
3	1	4	8		3	3		1		169
1425	1041	835	430	83	554	202	69	308	1201	17
443	369	172	56	2	240	41	8	43	696	171
48	14	15	3	49	17	26	13	169	42	172

2—1　续表 15

行业中类	代码	湖北	湖南	广东	广西	海南
麻纺织及染整精加工	173	51	51	62	35	1
丝绢纺织及印染精加工	174	28	9	175	160	3
化纤织造及印染精加工	175	132	27	423	5	
针织或钩针编织物及其制品制造	176	219	74	2856	100	5
家用纺织制成品制造	177	578	340	2440	199	23
产业用纺织制成品制造	178	2105	242	3073	83	9
纺织服装、服饰业	18	7505	2233	40289	1720	121
机织服装制造	181	3046	868	18431	750	29
针织或钩针编织服装制造	182	212	114	6396	167	6
服饰制造	183	4247	1251	15462	803	86
皮革、毛皮、羽毛及其制品和制鞋业	19	1171	2099	21955	621	4
皮革鞣制加工	191	43	72	1476	41	1
皮革制品制造	192	201	1084	10999	253	2
毛皮鞣制及制品加工	193	289	165	341	19	
羽毛(绒)加工及制品制造	194	26	51	128	173	1
制鞋业	195	612	727	9011	135	
木材加工和木、竹、藤、棕、草制品业	20	5345	3809	8063	10293	337
木材加工	201	3519	1655	2791	6521	231
人造板制造	202	348	315	857	2633	13
木质制品制造	203	1159	699	3708	799	81
竹、藤、棕、草等制品制造	204	319	1140	707	340	12
家具制造业	21	2458	2088	21691	1682	165
木质家具制造	211	1883	1502	11725	1316	90
竹、藤家具制造	212	16	46	165	19	
金属家具制造	213	109	123	2176	78	13
塑料家具制造	214	22	10	227	10	1
其他家具制造	219	428	407	7398	259	61
造纸和纸制品业	22	1887	1306	21427	1051	65
纸浆制造	221	18	6	113	31	1
造纸	222	492	355	3471	283	17
纸制品制造	223	1377	945	17843	737	47
印刷和记录媒介复制业	23	3279	1972	18024	1467	278
印刷	231	2844	1683	16529	1266	235
装订及印刷相关服务	232	418	276	1383	193	41
记录媒介复制	233	17	13	112	8	2
文教、工美、体育和娱乐用品制造业	24	2256	2156	24978	1425	176
文教办公用品制造	241	304	251	2117	98	16
乐器制造	242	51	40	510	17	3
工艺美术及礼仪用品制造	243	1471	1250	12631	1005	141
体育用品制造	244	175	302	2642	81	9
玩具制造	245	171	217	6136	197	2
游艺器材及娱乐用品制造	246	84	96	942	27	5
石油、煤炭及其他燃料加工业	25	430	318	884	236	26
精炼石油产品制造	251	224	95	687	103	24

单位：个

重庆	四川	贵州	云南	西藏	陕西	甘肃	青海	宁夏	新疆	代码
19	19	10	21		1	3		2	15	173
60	117	22	64		20	3	3	1	13	174
9	41	14	5		14	4		1	25	175
93	62	61	42	8	46	20	6	13	145	176
636	271	474	199	16	132	62	17	50	182	177
117	148	67	40	8	84	43	22	29	83	178
1919	1286	1654	484	152	777	313	186	172	1441	18
786	532	506	213	19	336	111	72	82	506	181
92	62	100	30	9	28	18	4	6	132	182
1041	692	1048	241	124	413	184	110	84	803	183
836	942	696	126	24	147	105	34	82	183	19
31	31	17	7	5	12	23	6	11	21	191
130	132	170	54	6	43	13	13	10	42	192
22	9	18	6	9	8	19	9	47	25	193
25	57	5	5	1	6	3		10	11	194
628	713	486	54	3	78	47	6	4	84	195
2460	2627	4218	3686	27	1761	366	260	253	1032	20
1188	1251	2949	2720	9	870	168	222	113	665	201
70	270	148	224	2	75	37	5	24	116	202
910	739	840	601	16	691	141	31	82	233	203
292	367	281	141		125	20	2	34	18	204
2302	3438	2635	1418	195	1149	349	88	211	493	21
1848	2587	2051	1104	178	885	231	70	151	340	211
21	21	45	7	1	8	1		1	2	212
104	164	93	87	3	85	40	7	10	54	213
13	13	9	12		10	1	1	1	13	214
316	653	437	208	13	161	76	10	48	84	219
957	1393	922	759	12	853	234	37	159	430	22
4	9	7	8		3	2		1	6	221
210	423	218	183	3	150	48	10	42	86	222
743	961	697	568	9	700	184	27	116	338	223
1519	2258	909	1324	37	1435	829	158	312	495	23
1286	1915	731	1077	29	1205	506	107	252	381	231
228	333	160	239	8	220	319	51	58	106	232
5	10	18	8		10	4		2	8	233
1259	1264	3358	1431	236	1054	516	745	159	601	24
107	176	69	72	6	111	28	13	16	78	241
19	27	111	49	4	20	5			4	242
936	866	3009	1259	225	657	472	724	132	473	243
51	65	46	24		52	7	3	5	27	244
113	68	105	15		197	3	3	3	13	245
33	62	18	12	1	17	1	2	3	6	246
172	291	310	286	8	481	128	30	159	466	25
78	114	51	41	6	144	41	11	62	192	251

2-1 续表 16

行业中类	代码	湖北	湖南	广东	广西	海南
煤炭加工	252	77	91	62	33	1
核燃料加工	253					
生物质燃料加工	254	129	132	135	100	1
化学原料和化学制品制造业	26	5224	4069	20629	2523	271
基础化学原料制造	261	775	525	1563	314	20
肥料制造	262	1123	388	596	667	65
农药制造	263	123	70	113	93	10
涂料、油墨、颜料及类似产品制造	264	857	556	4488	353	27
合成材料制造	265	447	305	3203	135	19
专用化学产品制造	266	1301	689	4267	492	61
炸药、火工及焰火产品制造	267	57	1109	24	98	6
日用化学产品制造	268	541	427	6375	371	63
医药制造业	27	2223	1214	2844	716	228
化学药品原料药制造	271	236	104	224	55	31
化学药品制剂制造	272	156	57	250	53	72
中药饮片加工	273	339	251	411	118	9
中成药生产	274	567	201	326	246	39
兽用药品制造	275	68	52	255	68	10
生物药品制品制造	276	332	188	555	69	37
卫生材料及医药用品制造	277	496	342	740	101	29
药用辅料及包装材料	278	29	19	83	6	1
化学纤维制造业	28	122	54	520	53	7
纤维素纤维原料及纤维制造	281	33	9	68	23	
合成纤维制造	282	56	32	373	13	4
生物基材料制造	283	33	13	79	17	3
橡胶和塑料制品业	29	4658	2491	54283	1877	171
橡胶制品业	291	649	381	9805	247	46
塑料制品业	292	4009	2110	44478	1630	125
非金属矿物制品业	30	14670	11298	26977	8470	798
水泥、石灰和石膏制造	301	969	582	746	676	48
石膏、水泥制品及类似制品制造	302	4438	3029	3676	2334	274
砖瓦、石材等建筑材料制造	303	6525	5002	9495	3951	352
玻璃制造	304	271	285	1310	152	23
玻璃制品制造	305	670	298	3504	179	54
玻璃纤维和玻璃纤维增强塑料制品制造	306	226	116	479	53	6
陶瓷制品制造	307	411	965	5352	391	16
耐火材料制品制造	308	314	230	386	60	2
石墨及其他非金属矿物制品制造	309	846	791	2029	674	23
黑色金属冶炼和压延加工业	31	650	468	2756	409	26
炼铁	311	26	17	28	8	
炼钢	312	28	3	45	14	
钢压延加工	313	503	265	2511	189	24
铁合金冶炼	314	93	183	172	198	2
有色金属冶炼和压延加工业	32	781	1302	4382	571	46

单位：个

重庆	四川	贵州	云南	西藏	陕西	甘肃	青海	宁夏	新疆	代码
62	114	195	161	1	310	65	18	87	241	252
										253
32	63	64	84	1	27	22	1	10	33	254
1641	3241	1839	1987	132	2370	1114	391	872	1793	26
197	664	229	262	9	368	276	108	281	285	261
204	584	360	683	10	475	256	151	162	628	262
21	65	12	31		71	42	3	26	34	263
452	541	363	208	7	254	134	16	72	197	264
162	268	79	137	3	262	43	16	44	107	265
325	668	391	344	7	599	216	42	228	349	266
22	90	108	34	2	92	9	2	3	23	267
258	361	297	288	94	249	138	53	56	170	268
542	1312	667	687	51	911	570	113	127	319	27
63	153	27	47	3	119	40	9	31	36	271
54	145	32	35	1	85	7	8	4	17	272
128	298	175	263	15	196	369	30	32	70	273
79	179	235	160	26	188	64	40	17	79	274
40	126	10	17	1	38	9	2	5	12	275
73	198	78	102	4	167	48	11	20	41	276
97	190	105	61	1	101	32	11	18	53	277
8	23	5	2		17	1	2		11	278
38	83	19	21	1	42	13	4	16	73	28
5	16	2	3	1	6			6	23	281
28	59	13	9		22	9	2	4	40	282
5	8	4	9		14	4	2	6	10	283
2395	3075	1463	1570	25	1594	766	112	487	1897	29
342	379	166	236		349	65	11	41	124	291
2053	2696	1297	1334	25	1245	701	101	446	1773	292
6538	10738	10977	6743	499	6581	3865	931	1767	5050	30
280	500	584	579	49	458	250	73	167	422	301
1715	2732	4937	2153	240	2229	1148	300	553	1800	302
3376	5152	4293	3099	179	2876	1971	422	637	2172	303
149	270	182	133	7	125	59	18	23	63	304
447	674	261	154	4	169	88	28	40	104	305
94	186	44	34	2	68	29	9	19	75	306
205	445	191	284	5	223	58	12	24	65	307
75	217	100	74		95	40	12	19	60	308
197	562	385	233	13	338	222	57	285	289	309
446	562	395	419	14	374	198	81	186	197	31
2	18	27	51		6	18	3	8	28	311
4	20	6	18		10	4		8	8	312
347	397	157	246	12	277	119	26	71	128	313
93	127	205	104	2	81	57	52	99	33	314
597	689	493	699	24	1620	210	114	131	218	32

2-1 续表 17

行业中类	代码	湖北	湖南	广东	广西	海南
常用有色金属冶炼	321	89	302	203	164	3
贵金属冶炼	322	10	86	31	12	3
稀有稀土金属冶炼	323	16	91	35	21	1
有色金属合金制造	324	250	441	1068	112	16
有色金属压延加工	325	416	382	3045	262	23
金属制品业	33	9621	7825	91466	3374	444
结构性金属制品制造	331	5425	4884	27149	1880	295
金属工具制造	332	527	423	5366	135	11
集装箱及金属包装容器制造	333	284	113	1296	107	16
金属丝绳及其制品制造	334	102	61	858	45	
建筑、安全用金属制品制造	335	1279	484	18611	375	49
金属表面处理及热处理加工	336	258	266	3127	98	7
搪瓷制品制造	337	58	21	357	30	7
金属制日用品制造	338	408	285	7558	235	18
铸造及其他金属制品制造	339	1280	1288	27144	469	41
通用设备制造业	34	7989	5974	40220	2044	115
锅炉及原动设备制造	341	272	146	1019	102	3
金属加工机械制造	342	1706	1019	7474	353	19
物料搬运设备制造	343	334	239	1216	111	12
泵、阀门、压缩机及类似机械制造	344	595	481	2173	112	6
轴承、齿轮和传动部件制造	345	205	139	768	38	1
烘炉、风机、包装等设备制造	346	772	406	5589	295	28
文化、办公用机械制造	347	85	48	1377	28	10
通用零部件制造	348	3082	2802	13034	829	25
其他通用设备制造业	349	938	694	7570	176	11
专用设备制造业	35	8296	4733	49067	2691	323
采矿、冶金、建筑专用设备制造	351	1647	920	1131	593	59
化工、木材、非金属加工专用设备制造	352	1802	526	24008	381	16
食品、饮料、烟草及饲料生产专用设备制造	353	281	183	691	119	25
印刷、制药、日化及日用品生产专用设备制造	354	242	152	2525	79	9
纺织、服装和皮革加工专用设备制造	355	135	54	839	15	
电子和电工机械专用设备制造	356	728	500	4643	198	15
农、林、牧、渔专用机械制造	357	447	366	1236	334	15
医疗仪器设备及器械制造	358	821	573	4392	359	88
环保、邮政、社会公共服务及其他专用设备制造	359	2193	1459	9602	613	96
汽车制造业	36	8401	1282	5229	1498	61
汽车整车制造	361	133	51	179	41	4
汽车用发动机制造	362	65	6	33	9	
改装汽车制造	363	248	31	79	18	2
低速汽车制造	364	4	5	5	7	
电车制造	365	33	4	39	21	1
汽车车身、挂车制造	366	636	114	381	113	5
汽车零部件及配件制造	367	7282	1071	4513	1289	49

单位：个

重庆	四川	贵州	云南	西藏	陕西	甘肃	青海	宁夏	新疆	代码
61	143	156	405	2	139	44	34	32	88	321
1	6	29	41		36	19	1		16	322
2	21	9	30		28	6	2	5	3	323
259	205	150	48	12	293	62	26	31	38	324
274	314	149	175	10	1124	79	51	63	73	325
6634	5669	3746	3613	136	3843	1896	667	1328	2547	33
3865	2962	2607	2352	76	2326	1407	349	1022	1662	331
584	330	194	95	7	172	49	23	26	82	332
118	227	83	103	1	104	42	9	27	83	333
81	135	44	92	4	47	30	165	13	59	334
589	542	273	297	19	399	96	46	70	282	335
378	198	54	97	7	208	37	11	17	40	336
22	28	26	12		11	6			22	337
257	225	122	160	8	108	60	12	24	63	338
740	1022	343	405	14	468	169	52	129	254	339
5406	6504	1336	1300	28	5482	518	176	558	791	34
157	246	25	36	5	197	68	37	44	146	341
641	1051	249	431	7	975	95	35	135	160	342
149	187	73	76	2	117	20	8	22	65	343
224	642	56	52		249	34	4	24	50	344
253	135	104	16	1	61	9	2	50	7	345
435	500	170	142	4	398	56	15	54	95	346
25	37	8	19	4	35	5	5	4	15	347
3162	3223	576	430	4	3064	201	61	183	194	348
360	483	75	98	1	386	30	9	42	59	349
4006	4335	1202	1306	56	3773	603	148	447	1375	35
375	745	269	341	18	1080	124	29	118	353	351
1496	894	127	128	3	357	64	8	46	68	352
62	170	46	105	7	106	18	5	13	48	353
86	124	39	37		115	15	4	9	40	354
32	30	12	3	1	69	9	1	3	23	355
243	358	120	72	4	367	28	14	26	64	356
489	286	101	147	5	213	110	22	69	282	357
429	481	178	159	9	289	56	18	33	96	358
794	1247	310	314	9	1177	179	47	130	401	359
4953	1770	310	296	1	786	61	28	73	190	36
52	65	24	34	1	39	6	1	6	25	361
33	9	17	3		8		2	2	13	362
27	35	9	9		36	10	1	12	22	363
2		2	1			3		1	3	364
7	9	8	5		2	2	1	3	2	365
595	91	50	40		85	11	9	13	58	366
4237	1561	200	204		616	29	14	36	67	367

2-1 续表 18

行业中类	代码	湖北	湖南	广东	广西	海南
铁路、船舶、航空航天和其他运输设备制造业	37	798	698	2897	373	86
铁路运输设备制造	371	161	313	103	33	4
城市轨道交通设备制造	372	37	42	38	6	1
船舶及相关装置制造	373	370	196	795	194	58
航空、航天器及设备制造	374	99	65	139	16	10
摩托车制造	375	37	27	703	31	1
自行车和残疾人座车制造	376	17	8	543	13	1
助动车制造	377	37	17	273	70	3
非公路休闲车及零配件制造	378	10	5	171	2	
潜水救捞及其他未列明运输设备制造	379	30	25	132	8	8
电气机械和器材制造业	38	4281	3371	63463	1560	197
电机制造	381	326	276	2393	129	14
输配电及控制设备制造	382	1630	1396	12694	572	66
电线、电缆、光缆及电工器材制造	383	671	392	7445	268	40
电池制造	384	358	322	2858	104	10
家用电力器具制造	385	278	231	11904	146	16
非电力家用器具制造	386	181	88	1386	66	13
照明器具制造	387	390	349	21948	178	27
其他电气机械及器材制造	389	447	317	2835	97	11
计算机、通信和其他电子设备制造业	39	3961	3134	73545	1700	139
计算机制造	391	772	201	6741	171	32
通信设备制造	392	430	233	5039	141	19
广播电视设备制造	393	77	66	1102	54	24
雷达及配套设备制造	394	6	11	77	3	1
非专业视听设备制造	395	73	89	5113	93	8
智能消费设备制造	396	379	207	3569	116	19
电子器件制造	397	830	593	12952	393	12
电子元件及电子专用材料制造	398	993	1217	28612	577	10
其他电子设备制造	399	401	517	10340	152	14
仪器仪表制造业	40	1532	753	10604	351	42
通用仪器仪表制造	401	989	459	5861	190	23
专用仪器仪表制造	402	286	136	1424	78	13
钟表与计时仪器制造	403	31	44	2352	24	1
光学仪器制造	404	99	40	514	20	1
衡器制造	405	23	27	121	21	
其他仪器仪表制造业	409	104	47	332	18	4
其他制造业	41	1327	1832	13002	251	47
日用杂品制造	411	289	204	3521	97	7
核辐射加工	412	3		1		
其他未列明制造业	419	1035	1628	9480	154	40
废弃资源综合利用业	42	1167	1129	1755	590	46
金属废料和碎屑加工处理	421	527	639	940	335	22
非金属废料和碎屑加工处理	422	640	490	815	255	24

单位：个

重庆	四川	贵州	云南	西藏	陕西	甘肃	青海	宁夏	新疆	代码
2632	712	140	85	2	583	47	12	15	60	37
29	187	8	16		158	19	4		16	371
27	61	3	4		15	3		1		372
102	44	18	17	2	16	5	1	2	2	373
26	232	52	8		350	6	4	5	12	374
2397	90	27	16		7	2	1	1	10	375
12	14	3	3		5	1		1	6	376
24	68	18	12		13	7		2	10	377
7	5	1	2		6	2			1	378
8	11	10	7		13	2	2	3	3	379
1861	2874	1062	964	31	2239	463	161	335	915	38
237	199	55	45	2	126	31	7	19	42	381
628	1204	304	367	7	1182	224	67	133	389	382
264	506	130	214	6	318	58	24	82	205	383
91	177	111	57	3	82	25	17	24	34	384
189	204	159	39	6	97	30	8	8	48	385
50	84	88	126	5	67	34	15	25	32	386
250	237	163	61	2	145	29	15	16	101	387
152	263	52	55		222	32	8	28	64	389
2112	2590	932	552	13	1825	161	59	106	358	39
452	214	86	145	3	214	25	14	16	59	391
223	425	117	54	1	187	21	4	13	61	392
25	68	14	28	1	40	3	2	1	12	393
7	34	1			23	1			1	394
40	46	39	22		25	2			8	395
133	114	52	46	2	142	20	3	11	39	396
487	525	181	100	1	315	25	5	17	56	397
601	925	281	109	4	620	48	29	41	94	398
144	239	161	48	1	259	16	2	7	28	399
864	763	124	327	3	947	87	14	93	116	40
564	452	63	100	2	593	48	9	66	59	401
100	148	30	60		208	21	3	14	33	402
13	5	5	4		10	1		1		403
87	96	11	132		49	3			3	404
14	20	6	17		15	4	2	6	9	405
86	42	9	14	1	72	10		6	12	409
404	504	949	369	32	370	143	59	100	179	41
168	111	139	53	6	46	21	9	8	30	411
1	1				1					412
235	392	810	316	26	323	122	50	92	149	419
407	602	534	665	23	617	259	49	121	264	42
199	249	219	348	7	262	113	29	49	127	421
208	353	315	317	16	355	146	20	72	137	422

2-1 续表 19

行业中类	代码	湖北	湖南	广东	广西	海南
金属制品、机械和设备修理业	43	1574	907	5361	949	278
金属制品修理	431	47	12	220	10	2
通用设备修理	432	265	191	985	151	33
专用设备修理	433	265	165	835	178	40
铁路、船舶、航空航天等运输设备修理	434	190	59	844	160	89
电气设备修理	435	173	83	412	102	35
仪器仪表修理	436	31	18	169	16	7
其他机械和设备修理业	439	603	379	1896	332	72
电力、热力、燃气及水生产和供应业	**D**	**5976**	**7229**	**10647**	**4065**	**675**
电力、热力生产和供应业	44	3833	5420	7557	2917	457
电力生产	441	3287	4939	6801	2535	357
电力供应	442	382	357	475	311	85
热力生产和供应	443	164	124	281	71	15
燃气生产和供应业	45	435	329	651	279	67
燃气生产和供应业	451	385	302	612	251	63
生物质燃气生产和供应业	452	50	27	39	28	4
水的生产和供应业	46	1708	1480	2439	869	151
自来水生产和供应	461	1226	1106	1236	601	81
污水处理及其再生利用	462	452	360	1149	260	64
海水淡化处理	463		1	8		2
其他水的处理、利用与分配	469	30	13	46	8	4
建筑业	**E**	**134599**	**76605**	**155016**	**47148**	**16109**
房屋建筑业	47	32616	19933	25867	9248	2262
住宅房屋建筑	471	28426	16056	21593	8031	1616
体育场馆建筑	472	47	27	79	15	7
其他房屋建筑业	479	4143	3850	4195	1202	639
土木工程建筑业	48	29415	13604	23874	7884	2391
铁路、道路、隧道和桥梁工程建筑	481	11329	6364	6935	2791	518
水利和水运工程建筑	482	1003	618	1369	430	118
海洋工程建筑	483	21	4	57	8	8
工矿工程建筑	484	378	155	333	121	39
架线和管道工程建筑	485	1190	862	1761	483	138
节能环保工程施工	486	419	204	1195	190	100
电力工程施工	487	646	277	592	254	91
其他土木工程建筑	489	14429	5120	11632	3607	1379
建筑安装业	49	11831	7139	25296	3703	1892
电气安装	491	3705	2144	8406	1386	651
管道和设备安装	492	2516	2167	5073	753	356
其他建筑安装业	499	5610	2828	11817	1564	885
建筑装饰、装修和其他建筑业	50	60737	35929	79979	26313	9564
建筑装饰和装修业	501	36071	15798	65215	21002	7571
建筑物拆除和场地准备活动	502	3081	1047	3251	1248	547
提供施工设备服务	503	1643	659	946	1005	167
其他未列明建筑业	509	19942	18425	10567	3058	1279

单位：个

重庆	四川	贵州	云南	西藏	陕西	甘肃	青海	宁夏	新疆	代码
942	1177	459	577	54	1431	347	106	299	474	43
16	24	6	7		29	9	4	10	19	431
182	196	80	83	2	258	28	14	43	77	432
177	247	95	131	32	356	83	21	56	110	433
112	68	17	42		70	19	6	5	19	434
103	158	51	73	5	149	45	19	72	81	435
19	17	6	10		49	4	1	10	12	436
333	467	204	231	15	520	159	41	103	156	439
2428	**6090**	**2656**	**3572**	**301**	**3698**	**2000**	**944**	**917**	**2771**	D
1379	3537	1600	2314	228	2455	1576	797	735	2079	44
1225	3219	1364	2007	134	1926	1181	682	505	1422	441
126	266	177	284	78	207	83	44	120	170	442
28	52	59	23	16	322	312	71	110	487	443
259	861	333	324	22	470	162	56	59	295	45
246	843	288	302	20	439	149	53	53	281	451
13	18	45	22	2	31	13	3	6	14	452
790	1692	723	934	51	773	262	91	123	397	46
580	1204	491	697	42	415	176	54	48	209	461
202	469	220	217	7	340	81	35	72	156	462
					1					463
8	19	12	20	2	17	5	2	3	32	469
30660	**73600**	**43516**	**64516**	**9243**	**93936**	**24035**	**9617**	**11767**	**21130**	E
6534	23361	8612	13256	6419	22658	6507	2613	3055	4342	47
5703	20227	7302	11295	2470	19487	5795	2336	2535	3623	471
15	34	11	24	7	43	4	4	6	13	472
816	3100	1299	1937	3942	3128	708	273	514	706	479
5280	12695	7634	15704	1488	27838	7013	2740	3335	5500	48
1940	5373	3406	8176	492	8894	2500	890	1006	2250	481
107	485	276	676	56	845	449	153	222	432	482
3	3		5		9				1	483
63	215	91	227	16	449	87	28	27	218	484
219	924	344	1021	27	1315	356	170	328	472	485
128	410	109	315	7	649	85	21	31	101	486
107	462	237	493	21	586	157	66	61	192	487
2713	4823	3171	4791	869	15091	3379	1412	1660	1834	489
3565	7845	4688	4647	208	9792	2955	858	1336	3042	49
1169	2167	901	1400	37	2778	573	229	519	905	491
967	2076	763	745	50	2715	887	225	344	838	492
1429	3602	3024	2502	121	4299	1495	404	473	1299	499
15281	29699	22582	30909	1128	33648	7560	3406	4041	8246	50
11288	20653	13299	20850	728	19309	5535	2153	2934	5757	501
540	702	621	1254	12	2177	355	237	265	451	502
443	416	245	486	16	626	139	90	81	193	503
3010	7928	8417	8319	372	11536	1531	926	761	1845	509

2-1 续表 20

行业中类	代码	湖北	湖南	广东	广西	海南
批发和零售业	F	**333514**	**204672**	**1131334**	**222736**	**45376**
批发业	51	153903	113337	667175	111108	24204
农、林、牧、渔产品批发	511	11384	6254	11567	7004	880
食品、饮料及烟草制品批发	512	17101	13722	51761	13824	3163
纺织、服装及家庭用品批发	513	16005	11263	152951	9356	1953
文化、体育用品及器材批发	514	4320	3339	32710	2988	623
医药及医疗器材批发	515	6186	5267	13639	4283	996
矿产品、建材及化工产品批发	516	53388	39095	125225	41071	6021
机械设备、五金产品及电子产品批发	517	29312	20881	178369	19224	2516
贸易经纪与代理	518	3959	4462	36077	6256	6726
其他批发业	519	12248	9054	64876	7102	1326
零售业	52	179611	91335	464159	111628	21172
综合零售	521	32262	12126	22762	15695	2530
食品、饮料及烟草制品专门零售	522	20033	10902	32475	15468	3468
纺织、服装及日用品专门零售	523	14702	7971	70735	8478	1963
文化、体育用品及器材专门零售	524	7712	4071	27313	5708	1232
医药及医疗器材专门零售	525	12434	9556	24384	11455	1817
汽车、摩托车、零配件和燃料及其他动力销售	526	18978	13396	37755	14060	1881
家用电器及电子产品专门零售	527	18127	9582	93474	13372	2592
五金、家具及室内装饰材料专门零售	528	24831	11653	70723	16523	3510
货摊、无店铺及其他零售业	529	30532	12078	84538	10869	2179
交通运输、仓储和邮政业	G	**38360**	**19985**	**87399**	**23463**	**4847**
铁路运输业	53	99	49	180	87	36
铁路旅客运输	531	39	5	38	19	9
铁路货物运输	532	36	39	109	48	24
铁路运输辅助活动	533	24	5	33	20	3
道路运输业	54	27228	12464	39298	15573	2598
城市公共交通运输	541	772	606	925	451	142
公路旅客运输	542	894	455	800	400	136
道路货物运输	543	24160	10466	35628	13800	2192
道路运输辅助活动	544	1402	937	1945	922	128
水上运输业	55	874	463	2252	961	293
水上旅客运输	551	114	106	142	47	43
水上货物运输	552	477	254	1438	679	175
水上运输辅助活动	553	283	103	672	235	75
航空运输业	56	134	101	491	90	96
航空客货运输	561	46	19	235	25	37
通用航空服务	562	60	57	151	48	43
航空运输辅助活动	563	28	25	105	17	16
管道运输业	57	24	36	26	7	10
海底管道运输	571	2	27	3	2	1
陆地管道运输	572	22	9	23	5	9

单位：个

重庆	四川	贵州	云南	西藏	陕西	甘肃	青海	宁夏	新疆	代码
210693	**222156**	**149888**	**209823**	**6735**	**177409**	**71146**	**23941**	**42393**	**98041**	F
87742	116301	60798	98537	2293	76340	32250	10482	21149	59042	51
6299	5758	2626	6274	114	4360	2502	495	1304	3485	511
12048	17794	12161	14441	328	9123	4101	1564	2036	6537	512
5978	9013	4815	6131	157	5683	2026	691	1117	4607	513
1860	2618	1201	2285	126	2226	1162	523	452	1694	514
3580	6115	1730	3964	196	3380	1821	407	881	2011	515
32952	41557	20635	33195	807	24951	12582	3784	9001	19531	516
17848	23654	7843	15159	312	20301	5772	1823	4538	15963	517
1530	1970	1578	6165	60	1203	315	240	484	1896	518
5647	7822	8209	10923	193	5113	1969	955	1336	3318	519
122951	105855	89090	111286	4442	101069	38896	13459	21244	38999	52
13449	14726	15174	23471	790	15944	7018	2530	4255	8109	521
18708	12294	14698	17241	648	11990	4023	2166	2592	3632	522
12744	9292	5210	7175	263	7752	2454	842	1126	2531	523
5424	4183	2914	6497	453	5780	2220	1120	1028	1685	524
8745	18635	9278	9379	273	7792	3738	754	1348	4111	525
11415	11625	12397	14807	499	9532	4604	1497	2783	5844	526
14452	11653	7973	9233	505	13894	4543	1330	2475	4243	527
24899	13932	13197	13943	518	18349	6411	1885	3046	5533	528
13115	9515	8249	9540	493	10036	3885	1335	2591	3311	529
16746	**23301**	**12493**	**18883**	**675**	**15364**	**6136**	**2253**	**5405**	**13107**	G
39	78	38	50	1	99	21	16	22	102	53
5	9	6	6	1	9	5	2	3	9	531
21	44	24	29		56	14	7	14	73	532
13	25	8	15		34	2	7	5	20	533
10533	16979	8952	12854	442	10623	4044	1580	4031	9051	54
212	656	523	511	38	560	312	79	102	350	541
173	562	492	418	45	333	254	82	169	265	542
9483	14834	7230	11004	306	8900	3109	1278	3585	7916	543
665	927	707	921	53	830	369	141	175	520	544
432	330	124	151		184	15	10	9	27	55
37	94	70	72		159	8	5	3	5	551
328	174	35	47		12	1	4	5	15	552
67	62	19	32		13	6	1	1	7	553
86	134	73	155	14	114	39	15	22	113	56
29	42	24	66	10	30	12	2	4	27	561
38	65	29	59	1	45	20	7	12	55	562
19	27	20	30	3	39	7	6	6	31	563
9	12	6	18		14	5		4	18	57
	1		6						1	571
9	11	6	12		14	5		4	17	572

2-1 续表 21

行业中类	代码	湖北	湖南	广东	广西	海南
多式联运和运输代理业	58	4383	3699	32116	3628	1133
多式联运	581	590	98	778	292	30
运输代理业	582	3793	3601	31338	3336	1103
装卸搬运和仓储业	59	4128	2210	8483	2176	350
装卸搬运	591	2089	1172	4767	986	97
通用仓储	592	687	205	1174	312	50
低温仓储	593	65	66	145	47	17
危险品仓储	594	23	39	96	23	3
谷物、棉花等农产品仓储	595	396	165	348	298	38
中药材仓储	596	10	3	8	1	
其他仓储业	599	858	560	1945	509	145
邮政业	60	1490	963	4553	941	331
邮政基本服务	601	38	57	134	37	14
快递服务	602	1377	895	4297	875	299
其他寄递服务	609	75	11	122	29	18
住宿和餐饮业	H	**23369**	**16438**	**63801**	**15222**	**5020**
住宿业	61	6847	5048	16434	5103	2339
旅游饭店	611	1739	1463	4550	1937	1061
一般旅馆	612	3777	2395	9479	2323	674
民宿服务	613	466	259	520	207	141
露营地服务	614	10	12	12	14	2
其他住宿业	619	855	919	1873	622	461
餐饮业	62	16522	11390	47367	10119	2681
正餐服务	621	13727	8810	35099	7020	1989
快餐服务	622	628	394	3123	807	84
饮料及冷饮服务	623	321	849	1930	348	154
餐饮配送及外卖送餐服务	624	347	353	2056	709	105
其他餐饮业	629	1499	984	5159	1235	349
信息传输、软件和信息技术服务业	I	**79212**	**42342**	**184982**	**31672**	**11715**
电信、广播电视和卫星传输服务	63	1557	1073	4515	802	488
电信	631	1411	819	4073	743	434
广播电视传输服务	632	118	238	345	40	47
卫星传输服务	633	28	16	97	19	7
互联网和相关服务	64	10086	7743	23672	5146	3115
互联网接入及相关服务	641	1187	1080	2627	576	246
互联网信息服务	642	4628	3789	10975	2653	1552
互联网平台	643	1814	1047	2212	503	368
互联网安全服务	644	138	49	252	73	38
互联网数据服务	645	397	179	1087	293	204
其他互联网服务	649	1922	1599	6519	1048	707
软件和信息技术服务业	65	67569	33526	156795	25724	8112
软件开发	651	41887	14243	93353	12588	3625
集成电路设计	652	1260	774	3292	661	237

单位：个

重庆	四川	贵州	云南	西藏	陕西	甘肃	青海	宁夏	新疆	代码
3242	2226	1040	2751	53	1557	544	237	599	1963	58
336	69	113	200	1	143	37	14	100	182	581
2906	2157	927	2551	52	1414	507	223	499	1781	582
1670	2379	1152	1639	73	1977	977	262	405	1276	59
677	972	486	690	21	486	254	99	224	390	591
353	500	197	230	11	350	140	24	27	268	592
30	79	44	80	1	227	79	5	19	77	593
22	23	16	20	1	19	10	2	7	31	594
44	269	118	105	20	386	305	47	33	194	595
2	6	5		2	2	7	1		3	596
542	530	286	514	17	507	182	84	95	313	599
735	1163	1108	1265	92	796	491	133	313	557	60
58	75	46	48	25	40	60	15	11	59	601
661	1065	1035	1196	66	724	425	117	294	486	602
16	23	27	21	1	32	6	1	8	12	609
28162	**19451**	**20371**	**18224**	**1064**	**14773**	**7086**	**2750**	**2680**	**4588**	**H**
6771	7319	6262	6439	698	4956	2776	1136	735	1727	61
1975	2125	1559	1580	287	1335	797	315	216	717	611
3573	4320	3541	3729	288	2897	1635	648	435	698	612
642	292	297	330	7	212	63	22	19	55	613
4	24	11	19	1	18	8	8	2	8	614
577	558	854	781	115	494	273	143	63	249	619
21391	12132	14109	11785	366	9817	4310	1614	1945	2861	62
18291	9658	12047	9293	282	7853	3682	1411	1615	2022	621
789	424	276	300	7	459	170	35	51	232	622
528	899	309	474	24	216	109	14	24	38	623
324	267	261	459	6	264	85	41	60	182	624
1459	884	1216	1259	47	1025	264	113	195	387	629
34054	**39128**	**15006**	**29887**	**1062**	**29030**	**5624**	**3168**	**5466**	**12239**	**I**
747	955	455	635	234	1403	375	179	148	449	63
698	859	398	555	229	1280	345	166	131	381	631
42	80	50	67	4	98	22	9	13	54	632
7	16	7	13	1	25	8	4	4	14	633
4707	5103	3432	3707	114	5402	1466	558	867	1645	64
313	477	358	480	10	669	237	78	93	203	641
2523	2828	1439	1771	44	2501	588	295	450	693	642
539	607	494	454	14	909	122	38	76	265	643
72	48	39	33	2	60	15	4	14	40	644
232	237	173	181	4	185	33	26	35	122	645
1028	906	929	788	40	1078	471	117	199	322	649
28600	33070	11119	25545	714	22225	3783	2431	4451	10145	65
17725	22388	5129	14217	273	11851	1642	1021	1926	2746	651
906	526	201	1345	8	812	64	154	218	455	652

2-1 续表 22

行业中类	代码	湖北	湖南	广东	广西	海南
信息系统集成和物联网技术服务	653	5129	3696	7329	1841	712
运行维护服务	654	467	353	1195	372	127
信息处理和存储支持服务	655	263	256	1411	200	81
信息技术咨询服务	656	14456	10491	34921	7760	2559
数字内容服务	657	618	554	4099	314	114
其他信息技术服务业	659	3489	3159	11195	1988	657
金融业	J	**3568**	**2317**	**31203**	**3751**	**1395**
货币金融服务	66	1314	836	4976	901	430
货币银行服务	662	373	453	837	322	109
非货币银行服务	663	939	382	4126	576	321
银行理财服务	664	2	1	13	3	
资本市场服务	67	1189	749	19998	1505	715
证券市场服务	671	26	19	287	17	18
公开募集证券投资基金	672	30	51	645	31	193
非公开募集证券投资基金	673	260	217	2831	141	163
期货市场服务	674	43	9	78	52	34
资本投资服务	676	557	330	8764	602	202
其他资本市场服务	679	273	123	7393	662	105
保险业	68	740	539	1905	522	158
人身保险	681	292	240	532	165	38
财产保险	682	240	219	501	240	48
再保险	683	1		3		
商业养老金	684	7	9	23	9	4
保险中介服务	685	168	52	489	94	55
保险资产管理	686	6		7	3	
其他保险活动	689	26	19	350	11	13
其他金融业	69	325	193	4324	823	92
金融信托与管理服务	691	45	25	533	69	10
控股公司服务	692	36	34	1138	430	8
非金融机构支付服务	693	6	5	43	17	7
金融信息服务	694	56	27	846	101	27
金融资产管理公司	695	27	8	152	12	6
其他未列明金融业	699	155	94	1612	194	34
房地产业	K	**43281**	**29412**	**138004**	**32296**	**15894**
房地产业	70	43281	29412	138004	32296	15894
房地产开发经营	701	12137	10740	28858	10692	5251
物业管理	702	15500	8945	45366	6931	2665
房地产中介服务	703	12061	8444	40205	11552	6765
房地产租赁经营	704	2619	934	19721	2179	907
其他房地产业	709	964	349	3854	942	306
租赁和商务服务业	L	**167663**	**104748**	**429986**	**98078**	**29408**
租赁业	71	18674	17260	30905	11334	3696
机械设备经营租赁	711	18301	16975	29650	11002	3545

单位：个

重庆	四川	贵州	云南	西藏	陕西	甘肃	青海	宁夏	新疆	代码
1801	2662	670	2205	103	1940	445	375	832	1484	653
362	304	211	292	17	308	77	41	64	211	654
170	279	153	171	2	173	39	18	37	106	655
6046	4863	2612	4903	192	4899	1057	509	1071	3889	656
298	360	120	150	8	359	50	18	29	67	657
1292	1688	2023	2262	111	1883	409	295	274	1187	659
2239	**3443**	**1780**	**3611**	**331**	**2633**	**1193**	**373**	**744**	**2770**	J
1167	1204	867	1491	105	1128	668	231	375	1086	66
539	618	318	401	62	330	288	94	104	333	662
624	580	544	1088	43	797	380	136	270	750	663
4	6	5	2		1		1	1	3	664
602	737	358	1230	169	524	115	27	180	1048	67
17	19	8	19	1	16	4	1	3	14	671
24	34	2	10	12	9	4	1	4	7	672
113	384	78	94	6	158	24	7	12	61	673
94	6	2	27		25	4	1	4	15	674
145	198	183	859	37	205	25	6	124	859	676
209	96	85	221	113	111	54	11	33	92	679
296	965	299	622	47	582	335	70	103	340	68
106	379	74	150	8	192	98	18	38	114	681
78	371	145	237	35	217	196	46	47	182	682
			1		2					683
4	12	3	8		7	7	1	2	3	684
87	153	34	155	2	101	21	4	15	33	685
	1	2								686
21	49	41	71	2	63	13	1	1	8	689
174	537	256	268	10	399	75	45	86	296	69
14	70	35	34	1	64	9	2	16	16	691
7	19	6	15	1	12	1	2	5	23	692
8	10	5	9		4	2		2	6	693
25	104	55	61	2	158	6	1	18	43	694
1	22	19	24	1	31	3	1	4	16	695
119	312	136	125	5	130	54	39	41	192	699
25316	**32735**	**18278**	**26254**	**738**	**25081**	**9128**	**3720**	**4276**	**13694**	K
25316	32735	18278	26254	738	25081	9128	3720	4276	13694	70
4072	10574	7042	8082	237	8091	3228	897	1125	5333	701
5636	8926	5456	7275	205	8867	3380	1448	1567	4671	702
14063	10800	4192	9209	103	5401	1705	1070	1350	2407	703
1192	2003	972	1365	161	2032	725	267	206	1081	704
353	432	616	323	32	690	90	38	28	202	709
85391	**107789**	**61770**	**84262**	**5570**	**75496**	**25933**	**14783**	**17034**	**33743**	L
14171	15629	8132	11601	769	9530	4874	1887	2921	4942	71
13839	15187	7965	11390	759	9251	4799	1856	2866	4873	711

2-1 续表 23

行业中类	代码	湖北	湖南	广东	广西	海南
文体设备和用品出租	712	334	254	1125	305	147
日用品出租	713	39	31	130	27	4
商务服务业	72	148989	87488	399081	86744	25712
组织管理服务	721	13980	11585	85852	17604	4880
综合管理服务	722	3554	4190	9885	2609	580
法律服务	723	3866	2483	6970	2149	1293
咨询与调查	724	41049	25139	153286	23650	5537
广告业	725	21992	14360	47489	16405	3887
人力资源服务	726	34861	11633	19543	10083	2008
安全保护服务	727	1810	1226	4140	1482	1365
会议、展览及相关服务	728	3487	1629	6514	1283	1137
其他商务服务业	729	24390	15243	65402	11479	5025
科学研究和技术服务业	**M**	**67504**	**52510**	**212494**	**37737**	**9396**
研究和试验发展	73	7568	11527	46958	3150	783
自然科学研究和试验发展	731	334	452	2844	75	35
工程和技术研究和试验发展	732	5331	8797	37507	1893	336
农业科学研究和试验发展	733	671	999	1745	518	160
医学研究和试验发展	734	1143	1199	4456	627	235
社会人文科学研究	735	89	80	406	37	17
专业技术服务业	74	36968	21317	95822	16655	5153
气象服务	741	54	36	186	36	18
地震服务	742	27	19	36	29	9
海洋服务	743	35	6	176	23	43
测绘地理信息服务	744	733	552	1071	568	190
质检技术服务	745	1788	1327	6553	1178	374
环境与生态监测检测服务	746	654	497	1377	318	113
地质勘查	747	401	332	478	280	55
工程技术与设计服务	748	22083	10493	40607	9745	3019
工业与专业设计及其他专业技术服务	749	11193	8055	45338	4478	1332
科技推广和应用服务业	75	22968	19666	69714	17932	3460
技术推广服务	751	18587	15707	39309	14035	2525
知识产权服务	752	703	649	5868	431	211
科技中介服务	753	510	570	2857	567	233
创业空间服务	754	280	158	1107	122	30
其他科技推广服务业	759	2888	2582	20573	2777	461
水利、环境和公共设施管理业	**N**	**10825**	**6556**	**12755**	**5772**	**1634**
水利管理业	76	391	260	437	169	57
防洪除涝设施管理	761	50	27	55	21	1
水资源管理	762	93	68	120	44	11
天然水收集与分配	763	27	22	31	20	4
水文服务	764	19	9	11	10	4
其他水利管理业	769	202	134	220	74	37
生态保护和环境治理业	77	1124	1248	2507	661	263

单位：个

重庆	四川	贵州	云南	西藏	陕西	甘肃	青海	宁夏	新疆	代码
306	393	142	190	8	252	65	31	50	62	712
26	49	25	21	2	27	10		5	7	713
71220	92160	53638	72661	4801	65966	21059	12896	14113	28801	72
7194	14592	6244	11597	1751	5603	1222	931	1222	5589	721
2218	4034	1451	3053	95	1634	605	270	407	1158	722
3291	1013	1750	2522	28	2138	352	543	602	1063	723
19974	24145	9555	19331	872	16518	3732	2158	3495	7408	724
15278	18713	10492	10959	772	14196	5097	1726	2338	4785	725
12751	15339	10904	9550	408	10526	5346	4338	3386	2527	726
898	1180	1141	1457	52	1384	583	401	324	986	727
1845	2581	929	2585	67	1911	395	306	317	916	728
7771	10563	11172	11607	756	12056	3727	2223	2022	4369	729
27900	**43753**	**15749**	**30859**	**1237**	**31076**	**8084**	**4888**	**5998**	**16383**	M
1902	5823	869	2467	117	3103	462	251	300	681	73
95	195	38	136	4	95	17	23	24	34	731
1139	3818	309	909	42	1958	218	126	159	324	732
203	758	321	990	31	454	130	56	72	225	733
450	1024	182	404	38	545	84	40	40	91	734
15	28	19	28	2	51	13	6	5	7	735
17088	20666	9238	15919	752	18974	5066	3000	3059	8581	74
12	47	29	57	6	86	30	20	15	29	741
20	16	10	22		16	7	1	6	14	742
24	5	3	9		6	3		3	2	743
207	759	379	661	21	569	175	72	101	241	744
698	1778	910	1399	63	1631	604	241	377	1154	745
278	456	234	341	23	483	193	109	109	249	746
151	320	253	581	41	600	176	163	75	350	747
9747	11495	4648	8752	465	9847	2776	1683	1535	4303	748
5951	5790	2772	4097	133	5736	1102	711	838	2239	749
8910	17264	5642	12473	368	8999	2556	1637	2639	7121	75
6014	13864	3793	10636	283	7110	1884	1373	2190	5491	751
814	752	318	440	5	503	112	45	99	194	752
291	430	149	316	29	194	65	16	69	159	753
88	191	29	56	11	101	33	13	7	49	754
1703	2027	1353	1025	40	1091	462	190	274	1228	759
6415	**6031**	**4867**	**6041**	**203**	**7234**	**1731**	**1358**	**1221**	**2870**	N
184	197	240	286	16	257	86	43	50	217	76
10	20	8	24	2	24	6	2		8	761
74	67	93	87	7	72	31	9	14	88	762
11	20	28	46		22	6	2	4	20	763
6	6	5	7		12	1	1	2	3	764
83	84	106	122	7	127	42	29	30	98	769
1055	1010	507	690	31	875	247	308	184	406	77

2-1 续表 24

行业中类	代码	湖北	湖南	广东	广西	海南
生态保护	771	121	82	195	61	44
环境治理业	772	1003	1166	2312	600	219
公共设施管理业	78	6059	4166	8317	2984	918
市政设施管理	781	760	526	1063	386	153
环境卫生管理	782	998	1128	1337	555	132
城乡市容管理	783	187	71	140	65	21
绿化管理	784	2434	1639	4751	1208	358
城市公园管理	785	94	53	84	31	17
游览景区管理	786	1586	749	942	739	237
土地管理业	79	3251	882	1494	1958	396
土地整治服务	791	937	370	454	543	127
土地调查评估服务	792	236	49	162	686	49
土地登记服务	793	61	20	57	31	6
土地登记代理服务	794	334	221	433	251	159
其他土地管理服务	799	1683	222	388	447	55
居民服务、修理和其他服务业	**O**	**24992**	**16949**	**67488**	**27467**	**4530**
居民服务业	80	10138	7782	28080	18041	2055
家庭服务	801	2667	2169	3944	2040	365
托儿所服务	802	439	247	790	2380	37
洗染服务	803	310	223	730	163	47
理发及美容服务	804	1604	1096	7975	1332	338
洗浴和保健养生服务	805	1371	1593	6754	1376	460
摄影扩印服务	806	723	617	3528	458	374
婚姻服务	807	980	414	1296	454	155
殡葬服务	808	438	305	351	175	46
其他居民服务业	809	1606	1118	2712	9663	233
机动车、电子产品和日用产品修理业	81	9066	4979	25983	6413	1528
汽车、摩托车等修理与维护	811	6973	3673	17576	4697	986
计算机和办公设备维修	812	862	544	3890	752	248
家用电器修理	813	881	572	3539	820	223
其他日用产品修理业	819	350	190	978	144	71
其他服务业	82	5788	4188	13425	3013	947
清洁服务	821	3292	2712	10063	2156	683
宠物服务	822	247	126	767	186	41
其他未列明服务业	829	2249	1350	2595	671	223
教育	**P**	**10987**	**10200**	**34536**	**10370**	**2203**
教育	83	10987	10200	34536	10370	2203
学前教育	831	995	1141	1873	812	104
初等教育	832	183	87	459	103	30
中等教育	833	146	176	198	82	20
高等教育	834	11	26	54	16	1
特殊教育	835	21	10	58	20	4
技能培训、教育辅助及其他教育	839	9631	8760	31894	9337	2044

单位：个

重庆	四川	贵州	云南	西藏	陕西	甘肃	青海	宁夏	新疆	代码
47	80	75	70	9	78	65	116	15	46	771
1008	930	432	620	22	797	182	192	169	360	772
3167	4129	2776	3681	145	4898	1223	776	681	1527	78
397	407	312	400	18	516	148	75	86	295	781
710	971	426	812	20	708	166	105	109	225	782
54	70	68	94	3	92	27	9	17	45	783
1385	1600	898	1782	78	2598	612	460	387	717	784
24	42	36	36	3	50	12	4	7	12	785
597	1039	1036	557	23	934	258	123	75	233	786
2009	695	1344	1384	11	1204	175	231	306	720	79
968	411	649	642	3	595	85	127	166	288	791
144	61	164	170		118	18	18	24	94	792
48	9	32	32	2	31	4	10	2	11	793
427	82	204	291		202	26	21	54	71	794
422	132	295	249	6	258	42	55	60	256	799
19206	**20841**	**19702**	**18938**	**617**	**16272**	**6722**	**2283**	**3255**	**6421**	O
9488	7661	7386	7547	200	6036	2586	923	1279	2114	80
2240	2226	2085	1938	33	1648	692	363	459	613	801
222	366	269	373		146	35	20	55	61	802
456	343	299	197	7	217	73	42	23	53	803
2069	1361	1095	1125	17	910	288	80	128	226	804
1430	943	1336	1177	44	968	364	80	130	276	805
827	593	471	671	25	483	289	63	89	180	806
1053	651	350	412	9	635	338	92	147	159	807
380	324	336	554	1	213	129	43	67	112	808
811	854	1145	1100	64	816	378	140	181	434	809
6817	9371	8793	8261	308	7174	3261	939	1313	3280	81
4981	7350	7865	7238	250	5413	2731	785	1040	2548	811
722	954	434	564	31	774	255	76	118	377	812
856	841	357	262	7	710	196	44	88	234	813
258	226	137	197	20	277	79	34	67	121	819
2901	3809	3523	3130	109	3062	875	421	663	1027	82
2176	2651	1476	1647	53	1598	547	244	342	521	821
279	211	145	174	1	185	24	9	115	64	822
446	947	1902	1309	55	1279	304	168	206	442	829
8444	**11480**	**7509**	**7586**	**166**	**6769**	**3306**	**603**	**2274**	**2622**	P
8444	11480	7509	7586	166	6769	3306	603	2274	2622	83
230	1029	1271	618	11	291	108	13	79	102	831
89	74	77	64	3	63	18	4	14	28	832
40	87	119	83	2	71	15	14	15	26	833
5	28	15	9		7	1		3	3	834
20	8	18	19	1	14	6		14	8	835
8060	10254	6009	6793	149	6323	3158	572	2149	2455	839

2-1 续表 25

行业中类	代码					
		湖北	湖南	广东	广西	海南
卫生和社会工作	Q	**4742**	**3525**	**9461**	**2377**	**891**
卫生	84	3842	2577	8367	1969	726
医院	841	1431	1204	1396	777	402
基层医疗卫生服务	842	2032	1122	5999	941	213
专业公共卫生服务	843	120	82	284	107	30
其他卫生活动	849	259	169	688	144	81
社会工作	85	900	948	1094	408	165
提供住宿社会工作	851	819	892	880	361	148
不提供住宿社会工作	852	81	56	214	47	17
文化、体育和娱乐业	R	**25786**	**27897**	**63730**	**13841**	**5550**
新闻和出版业	86	400	201	649	149	132
新闻业	861	58	76	148	47	57
出版业	862	342	125	501	102	75
广播、电视、电影和录音制作业	87	3301	3151	8248	2450	1522
广播	871	958	329	998	471	322
电视	872	60	48	139	62	47
影视节目制作	873	1261	1065	4683	1166	790
广播电视集成播控	874	43	13	65	20	26
电影和广播电视节目发行	875	90	83	326	71	105
电影放映	876	484	522	1271	307	100
录音制作	877	405	1091	766	353	132
文化艺术业	88	6565	5464	18262	3320	1234
文艺创作与表演	881	2148	2033	5137	1248	521
艺术表演场馆	882	108	71	218	57	40
图书馆与档案馆	883	376	134	281	97	21
文物及非物质文化遗产保护	884	83	82	91	45	15
博物馆	885	18	21	43	7	4
烈士陵园、纪念馆	886	10	8	5	3	
群众文体活动	887	631	881	1566	281	63
其他文化艺术业	889	3191	2234	10921	1582	570
体育	89	2370	2799	7850	1816	826
体育组织	891	722	1025	1814	589	353
体育场地设施管理	892	216	136	753	149	69
健身休闲活动	893	1257	1040	4658	965	350
其他体育	899	175	598	625	113	54
娱乐业	90	13150	16282	28721	6106	1836
室内娱乐活动	901	5714	7183	11473	2844	632
游乐园	902	271	295	486	155	46
休闲观光活动	903	2306	1601	633	450	235
彩票活动	904	21	77	43	8	10
文化体育娱乐活动与经纪代理服务	905	4664	7008	15698	2552	824
其他娱乐业	909	174	118	388	97	89

单位：个

重庆	四川	贵州	云南	西藏	陕西	甘肃	青海	宁夏	新疆	代码
3761	**6909**	**2588**	**3070**	**102**	**2291**	**835**	**320**	**452**	**872**	Q
2865	5776	2246	2656	93	1938	712	253	363	735	84
1382	1772	1402	1248	47	762	340	151	240	440	841
1300	3571	659	1119	35	960	272	84	65	180	842
53	117	44	70	3	59	37	3	12	30	843
130	316	141	219	8	157	63	15	46	85	849
896	1133	342	414	9	353	123	67	89	137	85
836	1058	299	368	7	277	107	57	78	109	851
60	75	43	46	2	76	16	10	11	28	852
17434	**23646**	**10254**	**16073**	**719**	**13940**	**5962**	**1989**	**2605**	**5593**	R
157	200	96	149	9	217	61	33	53	55	86
56	31	30	39	2	56	10	9	14	19	861
101	169	66	110	7	161	51	24	39	36	862
2573	2556	1245	2604	138	2757	743	617	568	1639	87
684	194	265	427	10	379	63	224	97	170	871
33	27	16	23	6	44	11	4	5	41	872
1024	1477	491	1174	80	1354	407	268	271	1019	873
21	18	10	40	1	75	11	16	11	21	874
53	37	34	66	1	119	21	15	19	134	875
250	589	222	295	27	408	187	54	67	147	876
508	214	207	579	13	378	43	36	98	107	877
4856	5433	1989	4019	166	3334	1926	496	637	996	88
2489	2316	694	1339	39	1313	794	157	252	343	881
62	49	27	53	3	42	27	6	14	18	882
123	193	80	94	1	89	31	10	13	15	883
23	66	42	81	5	137	53	30	19	14	884
11	22	5	15	1	19	13	8	1	5	885
	2	1	3		3			1		886
480	593	116	565	9	257	149	67	38	85	887
1668	2192	1024	1869	108	1474	859	218	299	516	889
1938	2632	1126	2139	30	1331	532	178	355	442	89
655	673	373	836	8	378	197	84	106	148	891
159	199	63	108	3	60	16	6	8	40	892
974	1565	504	1019	18	761	278	78	218	197	893
150	195	186	176	1	132	41	10	23	57	899
7910	12825	5798	7162	376	6301	2700	665	992	2461	90
4029	8224	3804	3790	299	2831	1826	419	710	1323	901
196	291	204	175	4	177	57	6	29	68	902
1450	684	702	295	3	476	213	24	77	84	903
6	1	9	21		5		1		4	904
2164	3473	865	2749	63	2688	509	207	156	442	905
65	152	214	132	7	124	95	8	20	540	909

2-2 按行业(中类)、东中西部以及东北地区分组的企业法人单位数

(2021年) 单位：个

行业中类	代码	企业单位数	东部地区	中部地区	西部地区	东北地区
总　计	--	**28665212**	**16394111**	**6130788**	**4983753**	**1156560**
农、林、牧、渔业	A	**946218**	**251390**	**278262**	**371063**	**45503**
农业	01	429078	120571	128091	161926	18490
谷物种植	011	94036	25652	46312	13464	8608
豆类、油料和薯类种植	012	9821	2448	3085	3177	1111
棉、麻、糖、烟草种植	013	3086	437	458	2120	71
蔬菜、食用菌及园艺作物种植	014	151450	53505	39075	54675	4195
水果种植	015	81013	18423	15472	45195	1923
坚果、含油果、香料和饮料作物种植	016	24517	6532	5187	12669	129
中药材种植	017	34504	4652	8650	19711	1491
草种植及割草	018	2021	324	361	1211	125
其他农业	019	28630	8598	9491	9704	837
林业	02	74784	25269	22413	23716	3386
林木育种和育苗	021	62303	21579	18914	19083	2727
造林和更新	022	5808	1548	1701	2394	165
森林经营、管护和改培	023	3964	1246	1031	1304	383
木材和竹材采运	024	1910	762	493	565	90
林产品采集	025	799	134	274	370	21
畜牧业	03	278343	53214	74732	134609	15788
牲畜饲养	031	190958	34296	48742	97035	10885
家禽饲养	032	70863	16006	23297	27697	3863
狩猎和捕捉动物	033	135	43	34	49	9
其他畜牧业	039	16387	2869	2659	9828	1031
渔业	04	69572	23157	19545	23772	3098
水产养殖	041	67876	21994	19282	23646	2954
水产捕捞	042	1696	1163	263	126	144
农、林、牧、渔专业及辅助性活动	05	94441	29179	33481	27040	4741
农业专业及辅助性活动	051	76902	23205	27434	22355	3908
林业专业及辅助性活动	052	7474	2563	2706	1990	215
畜牧专业及辅助性活动	053	5958	1622	1981	1932	423
渔业专业及辅助性活动	054	4107	1789	1360	763	195
采矿业	B	**82718**	**14273**	**23159**	**38295**	**6991**
煤炭开采和洗选业	06	14291	849	5475	7012	955
烟煤和无烟煤开采洗选	061	13069	754	5164	6304	847
褐煤开采洗选	062	311	19	47	207	38
其他煤炭采选	069	911	76	264	501	70
石油和天然气开采业	07	658	84	123	344	107
石油开采	071	403	61	29	222	91
天然气开采	072	255	23	94	122	16
黑色金属矿采选业	08	11058	3815	2509	3431	1303

2-2 续表 1 (2021年) 单位：个

行业中类	代码	企 业 单位数	东部地区	中部地区	西部地区	东北地区
铁矿采选	081	10077	3727	2301	2816	1233
锰矿、铬矿采选	082	603	31	139	383	50
其他黑色金属矿采选	089	378	57	69	232	20
有色金属矿采选业	09	7585	978	2028	3834	745
常用有色金属矿采选	091	5241	425	1279	3037	500
贵金属矿采选	092	1492	428	347	542	175
稀有稀土金属矿采选	093	852	125	402	255	70
非金属矿采选业	10	40342	7422	11749	17918	3253
土砂石开采	101	35085	6417	10243	15742	2683
化学矿开采	102	1071	66	358	591	56
采盐	103	296	173	43	70	10
石棉及其他非金属矿采选	109	3890	766	1105	1515	504
开采专业及辅助性活动	11	5812	671	490	4151	500
煤炭开采和洗选专业及辅助性活动	111	564	69	210	250	35
石油和天然气开采专业及辅助性活动	112	4631	448	150	3637	396
其他开采专业及辅助性活动	119	617	154	130	264	69
其他采矿业	12	2972	454	785	1605	128
其他采矿业	120	2972	454	785	1605	128
制造业	**C**	**4145287**	**2848556**	**692447**	**445245**	**159039**
农副食品加工业	13	153109	60080	39371	37324	16334
谷物磨制	131	24459	5560	8874	4706	5319
饲料加工	132	17542	8137	3917	3436	2052
植物油加工	133	11101	3107	3429	3748	817
制糖业	134	1121	401	99	582	39
屠宰及肉类加工	135	28093	11700	6030	8281	2082
水产品加工	136	12649	9270	993	532	1854
蔬菜、菌类、水果和坚果加工	137	22618	10230	4596	5918	1874
其他农副食品加工	139	35526	11675	11433	10121	2297
食品制造业	14	92881	44821	22221	20207	5632
焙烤食品制造	141	22280	10807	5417	4742	1314
糖果、巧克力及蜜饯制造	142	5553	3857	844	726	126
方便食品制造	143	16122	6034	4383	4709	996
乳制品制造	144	2154	696	341	924	193
罐头食品制造	145	3041	1646	713	473	209
调味品、发酵制品制造	146	10189	3973	2344	3224	648
其他食品制造	149	33542	17808	8179	5409	2146
酒、饮料和精制茶制造业	15	69615	23008	16657	25927	4023
酒的制造	151	24951	6372	5110	11134	2335
饮料制造	152	21221	7314	5997	6272	1638
精制茶加工	153	23443	9322	5550	8521	50
烟草制品业	16	261	121	60	62	18

2-2 续表 2 (2021年) 单位：个

行业中类	代码	企业单位数	东部地区	中部地区	西部地区	东北地区
烟叶复烤	161	46	11	12	18	5
卷烟制造	162	107	57	19	21	10
其他烟草制品制造	169	108	53	29	23	3
纺织业	17	174881	143782	21135	7821	2143
棉纺织及印染精加工	171	55513	43429	9043	2493	548
毛纺织及染整精加工	172	8830	7542	353	845	90
麻纺织及染整精加工	173	1084	447	352	129	156
丝绢纺织及印染精加工	174	2623	1782	227	466	148
化纤织造及印染精加工	175	13916	12873	842	126	75
针织或钩针编织物及其制品制造	176	27143	24265	1922	663	293
家用纺织制成品制造	177	37615	31472	3475	2320	348
产业用纺织制成品制造	178	28157	21972	4921	779	485
纺织服装、服饰业	18	216870	156555	40900	10759	8656
机织服装制造	181	91085	64961	16702	4180	5242
针织或钩针编织服装制造	182	26982	23487	2417	731	347
服饰制造	183	98803	68107	21781	5848	3067
皮革、毛皮、羽毛及其制品和制鞋业	19	97932	79622	13387	4000	923
皮革鞣制加工	191	5030	3661	993	224	152
皮革制品制造	192	33604	28377	4081	918	228
毛皮鞣制及制品加工	193	7929	6511	980	264	174
羽毛(绒)加工及制品制造	194	2749	1337	1021	339	52
制鞋业	195	48620	39736	6312	2255	317
木材加工和木、竹、藤、棕、草制品业	20	176387	102464	38611	28430	6882
木材加工	201	96296	51187	23680	17732	3697
人造板制造	202	26281	18719	3304	3703	555
木质制品制造	203	41062	26136	7261	5324	2341
竹、藤、棕、草等制品制造	204	12748	6422	4366	1671	289
家具制造业	21	110882	71643	21983	14257	2999
木质家具制造	211	75662	45331	17007	10983	2341
竹、藤家具制造	212	1182	785	248	129	20
金属家具制造	213	11197	8737	1550	761	149
塑料家具制造	214	963	702	147	90	24
其他家具制造	219	21878	16088	3031	2294	465
造纸和纸制品业	22	91070	70493	11299	7097	2181
纸浆制造	221	380	229	61	77	13
造纸	222	16514	11837	2571	1718	388
纸制品制造	223	74176	58427	8667	5302	1780
印刷和记录媒介复制业	23	94985	64404	15650	11526	3405
印刷	231	85020	58974	13709	9394	2943
装订及印刷相关服务	232	9536	5173	1862	2053	448
记录媒介复制	233	429	257	79	79	14

2-2 续表 3 (2021年) 单位：个

行业中类	代码	企业单位数	东部地区	中部地区	西部地区	东北地区
文教、工美、体育和娱乐用品制造业	24	147515	113935	18724	12484	2372
文教办公用品制造	241	14054	10910	1997	823	324
乐器制造	242	3462	2438	664	274	86
工艺美术及礼仪用品制造	243	89661	66183	11702	10096	1680
体育用品制造	244	16784	14634	1585	385	180
玩具制造	245	18618	15916	1927	723	52
游艺器材及娱乐用品制造	246	4936	3854	849	183	50
石油、煤炭及其他燃料加工业	25	14230	5448	3483	3148	2151
精炼石油产品制造	251	6092	3210	916	960	1006
煤炭加工	252	4543	986	1512	1683	362
核燃料加工	253	2	2			
生物质燃料加工	254	3593	1250	1055	505	783
化学原料和化学制品制造业	26	133595	75514	29843	20161	8077
基础化学原料制造	261	17998	9098	4170	3545	1185
肥料制造	262	18299	6437	4859	4820	2183
农药制造	263	2565	1269	697	443	156
涂料、油墨、颜料及类似产品制造	264	23015	14482	4491	2850	1192
合成材料制造	265	15210	10577	2694	1441	498
专用化学产品制造	266	32851	19152	7547	4079	2073
炸药、火工及焰火产品制造	267	2830	157	2106	516	51
日用化学产品制造	268	20827	14342	3279	2467	739
医药制造业	27	37337	17043	11387	6479	2428
化学药品原料药制造	271	3705	1795	1034	655	221
化学药品制剂制造	272	3072	1613	714	478	267
中药饮片加工	273	6179	1499	2181	1787	712
中成药生产	274	5334	1336	2158	1385	455
兽用药品制造	275	2276	1147	647	358	124
生物药品制品制造	276	5390	3016	1205	872	297
卫生材料及医药用品制造	277	10464	6009	3270	868	317
药用辅料及包装材料	278	917	628	178	76	35
化学纤维制造业	28	8713	7246	844	401	222
纤维素纤维原料及纤维制造	281	1099	814	157	95	33
合成纤维制造	282	6486	5735	421	215	115
生物基材料制造	283	1128	697	266	91	74
橡胶和塑料制品业	29	239006	187923	27838	16366	6879
橡胶制品业	291	40866	33539	4028	2063	1236
塑料制品业	292	198140	154384	23810	14303	5643
非金属矿物制品业	30	333957	159305	91064	67530	16058
水泥、石灰和石膏制造	301	15975	5416	4817	4688	1054
石膏、水泥制品及类似制品制造	302	80667	32126	23018	21848	3675

2-2 续表 4 (2021年) 单位：个

行业中类	代码	企业单位数	东部地区	中部地区	西部地区	东北地区
砖瓦、石材等建筑材料制造	303	129695	59033	34713	30217	5732
玻璃制造	304	7785	4480	1788	1253	264
玻璃制品制造	305	21422	14519	4115	2248	540
玻璃纤维和玻璃纤维增强塑料制品制造	306	8838	6264	1542	681	351
陶瓷制品制造	307	29545	19623	7542	1972	408
耐火材料制品制造	308	14730	5697	5751	849	2433
石墨及其他非金属矿物制品制造	309	25300	12147	7778	3774	1601
黑色金属冶炼和压延加工业	31	25123	16331	3875	3819	1098
炼铁	311	795	212	282	208	93
炼钢	312	494	236	105	111	42
钢压延加工	313	19909	14378	2611	2129	791
铁合金冶炼	314	3925	1505	877	1371	172
有色金属冶炼和压延加工业	32	34105	19122	7818	5875	1290
常用有色金属冶炼	321	4173	1319	1182	1424	248
贵金属冶炼	322	570	158	184	188	40
稀有稀土金属冶炼	323	946	211	465	197	73
有色金属合金制造	324	8821	5121	2006	1353	341
有色金属压延加工	325	19595	12313	3981	2713	588
金属制品业	33	424448	322518	53925	35970	12035
结构性金属制品制造	331	163839	106288	29153	22176	6222
金属工具制造	332	29220	23695	3113	1779	633
集装箱及金属包装容器制造	333	9164	6532	1257	963	412
金属丝绳及其制品制造	334	20369	18228	1104	800	237
建筑、安全用金属制品制造	335	63297	53767	5417	3188	925
金属表面处理及热处理加工	336	17345	13698	1715	1203	729
搪瓷制品制造	337	3184	2663	312	158	51
金属制日用品制造	338	25968	22424	1913	1307	324
铸造及其他金属制品制造	339	92062	75223	9941	4396	2502
通用设备制造业	34	424920	328119	50461	25583	20757
锅炉及原动设备制造	341	11384	7362	1569	1276	1177
金属加工机械制造	342	65966	49550	8653	4418	3345
物料搬运设备制造	343	17755	12180	3860	898	817
泵、阀门、压缩机及类似机械制造	344	48617	39880	5065	1533	2139
轴承、齿轮和传动部件制造	345	26329	22611	1840	688	1190
烘炉、风机、包装等设备制造	346	42001	34196	4292	2273	1240
文化、办公用机械制造	347	3781	3069	456	196	60
通用零部件制造	348	168939	127216	20302	12478	8943
其他通用设备制造业	349	40148	32055	4424	1823	1846
专用设备制造业	35	310665	234651	43499	21439	11076
采矿、冶金、建筑专用设备制造	351	39891	22437	9971	4475	3008

2-2 续表 5 (2021年) 单位：个

行业中类	代码	企 业 单位数	东部地区	中部地区	西部地区	东北地区
化工、木材、非金属加工专用设备制造	352	84112	72137	6563	3627	1785
食品、饮料、烟草及饲料生产专用设备制造	353	8897	6145	1627	749	376
印刷、制药、日化及日用品生产专用设备制造	354	10632	8546	1236	564	286
纺织、服装和皮革加工专用设备制造	355	12450	11381	761	202	106
电子和电工机械专用设备制造	356	20093	14685	3296	1562	550
农、林、牧、渔专用机械制造	357	19329	11898	3761	2357	1313
医疗仪器设备及器械制造	358	30258	22020	4888	2390	960
环保、邮政、社会公共服务及其他专用设备制造	359	85003	65402	11396	5513	2692
汽车制造业	36	98170	64526	19591	10215	3838
汽车整车制造	361	1786	889	480	322	95
汽车用发动机制造	362	551	278	131	104	38
改装汽车制造	363	1407	662	474	195	76
低速汽车制造	364	138	76	39	21	2
电车制造	365	563	333	147	63	20
汽车车身、挂车制造	366	10039	6260	2290	1111	378
汽车零部件及配件制造	367	83686	56028	16030	8399	3229
铁路、船舶、航空航天和其他运输设备制造业	37	37553	26579	4650	4715	1609
铁路运输设备制造	371	4576	2436	1089	493	558
城市轨道交通设备制造	372	811	446	182	123	60
船舶及相关装置制造	373	10598	8126	1372	407	693
航空、航天器及设备制造	374	2534	1121	489	723	201
摩托车制造	375	7233	4055	578	2585	15
自行车和残疾人座车制造	376	4478	4234	174	59	11
助动车制造	377	4748	3914	587	226	21
非公路休闲车及零配件制造	378	1242	1153	52	29	8
潜水救捞及其他未列明运输设备制造	379	1333	1094	127	70	42
电气机械和器材制造业	38	242458	196335	27131	13136	5856
电机制造	381	19050	15482	2040	985	543
输配电及控制设备制造	382	85231	66847	10248	5361	2775
电线、电缆、光缆及电工器材制造	383	32127	24102	4899	2176	950
电池制造	384	8965	5714	2308	764	179
家用电力器具制造	385	30435	27162	2003	959	311
非电力家用器具制造	386	5960	4383	789	632	156
照明器具制造	387	43285	38937	2665	1238	445
其他电气机械及器材制造	389	17405	13708	2179	1021	497
计算机、通信和其他电子设备制造业	39	165925	132459	20800	10721	1945
计算机制造	391	15179	11244	2270	1448	217
通信设备制造	392	12730	9689	1572	1270	199
广播电视设备制造	393	3294	2476	509	258	51
雷达及配套设备制造	394	365	228	51	70	16

2-2 续表 6 (2021年) 单位：个

行业中类	代码	企业单位数	东部地区	中部地区	西部地区	东北地区
非专业视听设备制造	395	7223	6444	470	282	27
智能消费设备制造	396	10398	7705	1832	704	157
电子器件制造	397	32135	24587	5058	2137	353
电子元件及电子专用材料制造	398	64530	53643	6794	3454	639
其他电子设备制造	399	20071	16443	2244	1098	286
仪器仪表制造业	40	58753	44444	8314	3798	2197
通用仪器仪表制造	401	39827	30564	5497	2209	1557
专用仪器仪表制造	402	8121	5886	1197	718	320
钟表与计时仪器制造	403	3305	3040	153	65	47
光学仪器制造	404	3058	1832	754	402	70
衡器制造	405	1154	788	186	131	49
其他仪器仪表制造业	409	3288	2334	527	273	154
其他制造业	41	56558	40814	10283	3660	1801
日用杂品制造	411	19939	15599	3406	718	216
核辐射加工	412	11	5	3	3	
其他未列明制造业	419	36608	25210	6874	2939	1585
废弃资源综合利用业	42	25604	11077	8775	4554	1198
金属废料和碎屑加工处理	421	12624	5637	4259	2135	593
非金属废料和碎屑加工处理	422	12980	5440	4516	2419	605
金属制品、机械和设备修理业	43	47779	28174	8868	7781	2956
金属制品修理	431	1099	714	182	154	49
通用设备修理	432	8127	4755	1579	1277	516
专用设备修理	433	7949	4080	1650	1694	525
铁路、船舶、航空航天等运输设备修理	434	7962	6139	676	544	603
电气设备修理	435	5150	2705	1141	1011	293
仪器仪表修理	436	987	639	136	151	61
其他机械和设备修理业	439	16505	9142	3504	2950	909
电力、热力、燃气及水生产和供应业	**D**	**129282**	**49680**	**37721**	**33213**	**8668**
电力、热力生产和供应业	44	89814	34372	26508	22360	6574
电力生产	441	70529	26730	22373	17984	3442
电力供应	442	8554	3528	2493	2034	499
热力生产和供应	443	10731	4114	1642	2342	2633
燃气生产和供应业	45	10733	3901	2681	3441	710
燃气生产和供应业	451	9851	3587	2414	3223	627
生物质燃气生产和供应业	452	882	314	267	218	83
水的生产和供应业	46	28735	11407	8532	7412	1384
自来水生产和供应	461	16668	5152	5895	4892	729
污水处理及其再生利用	462	11253	5787	2498	2355	613
海水淡化处理	463	73	62	5	1	5
其他水的处理、利用与分配	469	741	406	134	164	37

2-2 续表 7 (2021年) 单位：个

行业中类	代码	企业单位数	东部地区	中部地区	西部地区	东北地区
建筑业	E	**2366841**	**1164929**	**639993**	**471882**	**90037**
房屋建筑业	47	525168	236461	156430	114802	17475
住宅房屋建筑	471	429310	186568	134421	93334	14987
体育场馆建筑	472	1304	644	422	192	46
其他房屋建筑业	479	94554	49249	21587	21276	2442
土木工程建筑业	48	510143	246382	132316	111158	20287
铁路、道路、隧道和桥梁工程建筑	481	174556	73483	52023	42032	7018
水利和水运工程建筑	482	20954	9312	5549	4738	1355
海洋工程建筑	483	639	517	60	34	28
工矿工程建筑	484	8355	2967	2898	2036	454
架线和管道工程建筑	485	29926	14208	6823	6837	2058
节能环保工程施工	486	10402	5487	2173	2231	511
电力工程施工	487	11694	5222	2904	2920	648
其他土木工程建筑	489	253617	135186	59886	50330	8215
建筑安装业	49	279758	158468	58836	48315	14139
电气安装	491	77125	41364	17864	13448	4449
管道和设备安装	492	70635	39945	14969	12039	3682
其他建筑安装业	499	131998	77159	26003	22828	6008
建筑装饰、装修和其他建筑业	50	1051772	523618	292411	197607	38136
建筑装饰和装修业	501	712339	368015	179782	134676	29866
建筑物拆除和场地准备活动	502	48970	26394	12111	8904	1561
提供施工设备服务	503	28767	16280	7610	4145	732
其他未列明建筑业	509	261696	112929	92908	49882	5977
批发和零售业	F	**9405079**	**5485300**	**1976395**	**1562032**	**381352**
批发业	51	5098368	3188637	959989	733226	216516
农、林、牧、渔产品批发	511	197092	81223	52229	45842	17798
食品、饮料及烟草制品批发	512	496497	280434	94289	99152	22622
纺织、服装及家庭用品批发	513	790777	631294	90571	52071	16841
文化、体育用品及器材批发	514	182141	132430	26389	18289	5033
医药及医疗器材批发	515	174047	85668	46749	30488	11142
矿产品、建材及化工产品批发	516	1468598	800628	340644	263688	63638
机械设备、五金产品及电子产品批发	517	1132014	750630	193761	144394	43229
贸易经纪与代理	518	213651	147571	31988	23118	10974
其他批发业	519	443551	278759	83369	56184	25239
零售业	52	4306711	2296663	1016406	828806	164836
综合零售	521	613085	257454	196897	139425	19309
食品、饮料及烟草制品专门零售	522	440973	211008	102011	109883	18071
纺织、服装及日用品专门零售	523	476692	310270	90960	61518	13944
文化、体育用品及器材专门零售	524	230782	134893	49711	39699	6479
医药及医疗器材专门零售	525	310015	122571	75125	82303	30016

2-2 续表 8 (2021年) 单位：个

行业中类	代码	企业单位数	东部地区	中部地区	西部地区	东北地区
汽车、摩托车、零配件和燃料及其他动力销售	526	430733	195315	112032	98207	25179
家用电器及电子产品专门零售	527	455555	246239	104738	89951	14627
五金、家具及室内装饰材料专门零售	528	602460	307197	147696	128787	18780
货摊、无店铺及其他零售业	529	746416	511716	137236	79033	18431
交通运输、仓储和邮政业	G	**849361**	**462135**	**185005**	**153813**	**48408**
铁路运输业	53	2738	1189	618	770	161
铁路旅客运输	531	439	195	130	81	33
铁路货物运输	532	1567	643	336	515	73
铁路运输辅助活动	533	732	351	152	174	55
道路运输业	54	544582	273334	134220	106177	30851
城市公共交通运输	541	18290	8395	3606	4449	1840
公路旅客运输	542	11896	4201	3136	3422	1137
道路货物运输	543	484552	246904	119740	91546	26362
道路运输辅助活动	544	29844	13834	7738	6760	1512
水上运输业	55	18446	11889	3552	2264	741
水上旅客运输	551	1649	679	355	508	107
水上货物运输	552	10880	6885	2368	1309	318
水上运输辅助活动	553	5917	4325	829	447	316
航空运输业	56	4221	2265	674	985	297
航空客货运输	561	1295	754	155	298	88
通用航空服务	562	1845	926	366	432	121
航空运输辅助活动	563	1081	585	153	255	88
管道运输业	57	571	302	138	108	23
海底管道运输	571	103	39	50	11	3
陆地管道运输	572	468	263	88	97	20
多式联运和运输代理业	58	161777	115065	20254	19271	7187
多式联运	581	9448	5358	2148	1571	371
运输代理业	582	152329	109707	18106	17700	6816
装卸搬运和仓储业	59	86796	44565	19114	16170	6947
装卸搬运	591	35058	18584	8312	6482	1680
通用仓储	592	14750	8549	2555	2631	1015
低温仓储	593	3733	1723	840	745	425
危险品仓储	594	879	510	131	185	53
谷物、棉花等农产品仓储	595	10468	2687	2948	2200	2633
中药材仓储	596	147	38	60	37	12
其他仓储业	599	21761	12474	4268	3890	1129
邮政业	60	30230	13526	6435	8068	2201
邮政基本服务	601	1355	457	289	503	106
快递服务	602	28125	12707	5978	7375	2065
其他寄递服务	609	750	362	168	190	30

2-2 续表 9 (2021年) 单位：个

行业中类	代码	企 业 单位数	东部地区	中部地区	西部地区	东北地区
住宿和餐饮业	H	**580835**	**301213**	**121992**	**139990**	**17640**
住宿业	61	158313	71655	34221	46316	6121
旅游饭店	611	43802	19141	9236	13719	1706
一般旅馆	612	88141	40676	18732	25151	3582
民宿服务	613	8229	4184	1658	2189	198
露营地服务	614	345	141	67	127	10
其他住宿业	619	17796	7513	4528	5130	625
餐饮业	62	422522	229558	87771	93674	11519
正餐服务	621	324679	170162	70204	75869	8444
快餐服务	622	27636	18308	4580	3717	1031
饮料及冷饮服务	623	12840	7622	1953	3020	245
餐饮配送及外卖送餐服务	624	13115	7457	2315	2763	580
其他餐饮业	629	44252	26009	8719	8305	1219
信息传输、软件和信息技术服务业	I	**1480593**	**861370**	**342383**	**220033**	**56807**
电信、广播电视和卫星传输服务	63	31300	14814	7273	7070	2143
电信	631	27532	13140	6185	6400	1807
广播电视传输服务	632	3115	1332	934	541	308
卫星传输服务	633	653	342	154	129	28
互联网和相关服务	64	210174	115307	53214	34640	7013
互联网接入及相关服务	641	18946	8950	5293	3857	846
互联网信息服务	642	104116	57265	26650	16796	3405
互联网平台	643	23150	12770	5064	4440	876
互联网安全服务	644	2426	1410	500	444	72
互联网数据服务	645	12246	6032	4273	1692	249
其他互联网服务	649	49290	28880	11434	7411	1565
软件和信息技术服务业	65	1239119	731249	281896	178323	47651
软件开发	651	674184	392867	154432	95788	31097
集成电路设计	652	30742	17138	7364	5491	749
信息系统集成和物联网技术服务	653	91306	50621	23074	15392	2219
运行维护服务	654	13920	7446	3361	2672	441
信息处理和存储支持服务	655	9019	5750	1550	1442	277
信息技术咨询服务	656	303556	186043	67811	40905	8797
数字内容服务	657	16568	10809	3318	1925	516
其他信息技术服务业	659	99824	60575	20986	14708	3555
金融业	J	**147588**	**98379**	**17715**	**24540**	**6954**
货币金融服务	66	40700	20365	6704	10112	3519
货币银行服务	662	11716	4420	2512	3732	1052
非货币银行服务	663	28888	15896	4177	6354	2461
银行理财服务	664	96	49	15	26	6
资本市场服务	67	68782	56926	4182	6669	1005

2-2 续表 10 (2021年) 单位：个

行业中类	代码	企业单位数	东部地区	中部地区	西部地区	东北地区
证券市场服务	671	925	648	126	125	26
公开募集证券投资基金	672	1723	1383	156	138	46
非公开募集证券投资基金	673	16477	14343	811	1122	201
期货市场服务	674	914	535	107	234	38
资本投资服务	676	26696	20964	1943	3314	475
其他资本市场服务	679	22047	19053	1039	1736	219
保险业	68	20100	9398	4384	4622	1696
人身保险	681	6206	2486	1614	1495	611
财产保险	682	6696	2460	1605	2012	619
再保险	683	33	27	3	3	
商业养老金	684	279	134	60	60	25
保险中介服务	685	4945	3080	782	745	338
保险资产管理	686	123	94	19	6	4
其他保险活动	689	1818	1117	301	301	99
其他金融业	69	18006	11690	2445	3137	734
金融信托与管理服务	691	1861	1148	323	336	54
控股公司服务	692	3354	2582	169	531	72
非金融机构支付服务	693	379	265	35	68	11
金融信息服务	694	4365	2809	823	604	129
金融资产管理公司	695	898	633	105	139	21
其他未列明金融业	699	7149	4253	990	1459	447
房地产业	**K**	**1033634**	**547760**	**225806**	**208861**	**51207**
房地产业	70	1033634	547760	225806	208861	51207
房地产开发经营	701	277636	129281	69606	64455	14294
物业管理	702	334778	176545	77448	61551	19234
房地产中介服务	703	318943	174279	64121	66119	14424
房地产租赁经营	704	84660	57872	11160	12883	2745
其他房地产业	709	17617	9783	3471	3853	510
租赁和商务服务业	**L**	**3596440**	**1992146**	**810833**	**657947**	**135514**
租赁业	71	399700	178106	110783	93810	17001
机械设备经营租赁	711	389898	172738	109012	91521	16627
文体设备和用品出租	712	8863	4850	1604	2076	333
日用品出租	713	939	518	167	213	41
商务服务业	72	3196740	1814040	700050	564137	118513
组织管理服务	721	529713	360400	76859	77655	14799
综合管理服务	722	104191	60070	19511	19518	5092
法律服务	723	95464	48810	24888	16254	5512
咨询与调查	724	1000980	608753	210995	143325	37907
广告业	725	490812	251791	113177	107481	18363
人力资源服务	726	383899	156276	121647	91547	14429

2-2 续表 11 (2021年) 单位：个

行业中类	代码	企业单位数	东部地区	中部地区	西部地区	东北地区
安全保护服务	727	44269	21974	9650	10617	2028
会议、展览及相关服务	728	84281	50596	16335	14655	2695
其他商务服务业	729	463131	255370	106988	83085	17688
科学研究和技术服务业	**M**	**1925328**	**1257010**	**352423**	**246924**	**68971**
研究和试验发展	73	252124	182238	38048	19987	11851
自然科学研究和试验发展	731	12992	9847	1474	788	883
工程和技术研究和试验发展	732	178804	133629	26202	11358	7615
农业科学研究和试验发展	733	22432	12742	3940	3951	1799
医学研究和试验发展	734	35864	24700	6070	3642	1452
社会人文科学研究	735	2032	1320	362	248	102
专业技术服务业	74	764442	442717	162948	129424	29353
气象服务	741	1351	576	294	402	79
地震服务	742	848	442	208	157	41
海洋服务	743	1260	1027	82	82	69
测绘地理信息服务	744	15630	6190	4176	4283	981
质检技术服务	745	56428	30673	11036	11171	3548
环境与生态监测检测服务	746	16304	8494	3852	3237	721
地质勘查	747	10452	3515	2681	3592	664
工程技术与设计服务	748	372557	203545	86635	70435	11942
工业与专业设计及其他专业技术服务	749	289612	188255	53984	36065	11308
科技推广和应用服务业	75	908762	632055	151427	97513	27767
技术推广服务	751	614303	394512	123122	73942	22727
知识产权服务	752	33804	23764	5288	3928	824
科技中介服务	753	18645	12140	3058	2722	725
创业空间服务	754	8425	5797	1408	746	474
其他科技推广服务业	759	233585	195842	18551	16175	3017
水利、环境和公共设施管理业	**N**	**216253**	**102848**	**57354**	**48108**	**7943**
水利管理业	76	7937	3456	2172	1939	370
防洪除涝设施管理	761	908	482	259	132	35
水资源管理	762	2108	820	534	651	103
天然水收集与分配	763	608	240	133	192	43
水文服务	764	325	138	96	73	18
其他水利管理业	769	3988	1776	1150	891	171
生态保护和环境治理业	77	29255	14669	6984	6658	944
生态保护	771	2423	941	604	783	95
环境治理业	772	26832	13728	6380	5875	849
公共设施管理业	78	132388	62908	35601	29052	4827
市政设施管理	781	16115	8016	4010	3340	749
环境卫生管理	782	24021	11190	6663	5164	1004
城乡市容管理	783	2909	1322	893	593	101

2-2 续表 12 (2021年) 单位：个

行业中类	代码	企业单位数	东部地区	中部地区	西部地区	东北地区
绿化管理	784	64003	31602	16628	13745	2028
城市公园管理	785	1411	720	362	266	63
游览景区管理	786	23929	10058	7045	5944	882
土地管理业	79	46673	21815	12597	10459	1802
土地整治服务	791	19889	9422	5064	4672	731
土地调查评估服务	792	6229	3007	1454	1543	225
土地登记服务	793	1028	468	296	222	42
土地登记代理服务	794	8354	4324	2066	1668	296
其他土地管理服务	799	11173	4594	3717	2354	508
居民服务、修理和其他服务业	**O**	**636568**	**329320**	**131389**	**151114**	**24745**
居民服务业	80	277598	144821	54956	67015	10806
家庭服务	801	66480	31973	15815	15977	2715
托儿所服务	802	11199	5019	1845	4013	322
洗染服务	803	8403	4464	1589	1994	356
理发及美容服务	804	52765	34726	7784	8920	1335
洗浴和保健养生服务	805	47317	27254	9478	8435	2150
摄影扩印服务	806	22697	13838	3863	4347	649
婚姻服务	807	19982	9410	5190	4628	754
殡葬服务	808	8959	3453	2247	2529	730
其他居民服务业	809	39796	14684	7145	16172	1795
机动车、电子产品和日用产品修理业	81	235546	117371	48938	59912	9325
汽车、摩托车等修理与维护	811	179203	85620	38094	48067	7422
计算机和办公设备维修	812	24041	13276	4479	5458	828
家用电器修理	813	23687	13593	4672	4678	744
其他日用产品修理业	819	8615	4882	1693	1709	331
其他服务业	82	123424	67128	27495	24187	4614
清洁服务	821	78387	43285	17920	14352	2830
宠物服务	822	8455	5078	1385	1487	505
其他未列明服务业	829	36582	18765	8190	8348	1279
教育	**P**	**318397**	**173048**	**65159**	**65635**	**14555**
教育	83	318397	173048	65159	65635	14555
学前教育	831	19233	8507	4245	4775	1706
初等教育	832	3742	1896	1046	595	205
中等教育	833	2938	1273	836	614	215
高等教育	834	447	229	101	91	26
特殊教育	835	635	281	155	143	56
技能培训、教育辅助及其他教育	839	291402	160862	58776	59417	12347
卫生和社会工作	**Q**	**110312**	**53992**	**23400**	**24758**	**8162**
卫生	84	88629	43752	17817	20468	6592
医院	841	31248	12261	7797	9023	2167

2-2 续表 13 (2021年) 单位：个

行业中类	代码	企业单位数	东部地区	中部地区	西部地区	东北地区
基层医疗卫生服务	842	47895	26724	7895	9452	3824
专业公共卫生服务	843	2480	1086	635	565	194
其他卫生活动	849	7006	3681	1490	1428	407
社会工作	85	21683	10240	5583	4290	1570
提供住宿社会工作	851	19566	9138	5114	3847	1467
不提供住宿社会工作	852	2117	1102	469	443	103
文化、体育和娱乐业	**R**	**694478**	**400762**	**149352**	**120300**	**24064**
新闻和出版业	86	7950	4643	1599	1299	409
新闻业	861	1953	1035	519	325	74
出版业	862	5997	3608	1080	974	335
广播、电视、电影和录音制作业	87	109908	65434	21865	19240	3369
广播	871	20269	9735	6766	3119	649
电视	872	2135	1376	378	290	91
影视节目制作	873	55908	37997	6848	9544	1519
广播电视集成播控	874	1183	626	247	262	48
电影和广播电视节目发行	875	4228	3046	474	596	112
电影放映	876	11561	5420	2817	2763	561
录音制作	877	14624	7234	4335	2666	389
文化艺术业	88	219012	141190	41192	30476	6154
文艺创作与表演	881	62357	32456	15374	12423	2104
艺术表演场馆	882	2076	1069	545	394	68
图书馆与档案馆	883	3516	1571	1060	795	90
文物及非物质文化遗产保护	884	2225	954	631	579	61
博物馆	885	598	326	107	117	48
烈士陵园、纪念馆	886	104	42	42	15	5
群众文体活动	887	18986	10678	4864	2880	564
其他文化艺术业	889	129150	94094	18569	13273	3214
体育	89	72701	42429	14226	13366	2680
体育组织	891	22989	12686	4955	4427	921
体育场地设施管理	892	4308	2499	775	863	171
健身休闲活动	893	38184	23117	6798	6898	1371
其他体育	899	7220	4127	1698	1178	217
娱乐业	90	284907	147066	70470	55919	11452
室内娱乐活动	901	118867	45853	34678	31622	6714
游乐园	902	5611	2386	1531	1424	270
休闲观光活动	903	20850	7735	7897	4600	618
彩票活动	904	571	298	204	55	14
文化体育娱乐活动与经纪代理服务	905	134374	88740	25286	16704	3644
其他娱乐业	909	4634	2054	874	1514	192

2-3 按行业(大类)、直辖市和省会城市以及

(2021年)

行业大类	代码	企业单位数	北京	天津	石家庄	太原	呼和浩特
总　　计	——	**11698660**	**1252742**	**376523**	**289017**	**239570**	**77093**
农、林、牧、渔业	A	**192823**	**4100**	**3237**	**5815**	**2067**	**1794**
农业	01	92460	2473	1346	2946	885	825
林业	02	15992	551	321	768	355	216
畜牧业	03	46257	690	930	1514	595	506
渔业	04	20637	130	396	53	15	15
农、林、牧、渔专业及辅助性活动	05	17477	256	244	534	217	232
采矿业	B	**7191**	**76**	**70**	**303**	**448**	**173**
煤炭开采和洗选业	06	921	6	4	36	257	21
石油和天然气开采业	07	126	4	6	1	9	2
黑色金属矿采选业	08	661	10	4	113	60	29
有色金属矿采选业	09	490	5	1	9	7	15
非金属矿采选业	10	4083	27	15	136	79	88
开采专业及辅助性活动	11	522	21	35	5	25	6
其他采矿业	12	388	3	5	3	11	12
制造业	C	**1058653**	**25844**	**44642**	**31363**	**7795**	**3749**
农副食品加工业	13	30203	620	1175	1279	238	468
食品制造业	14	23550	706	928	761	329	264
酒、饮料和精制茶制造业	15	10465	284	222	328	107	117
烟草制品业	16	118	2	1	3	1	1
纺织业	17	26561	332	627	2478	48	100
纺织服装、服饰业	18	52463	1432	1075	1322	113	123
皮革、毛皮、羽毛及其制品和制鞋业	19	19947	179	227	2142	12	26
木材加工和木、竹、藤、棕、草制品业	20	29148	473	885	1738	105	91
家具制造业	21	27283	803	832	859	124	40
造纸和纸制品业	22	27812	624	1384	606	80	60
印刷和记录媒介复制业	23	31155	1271	930	653	317	156
文教、工美、体育和娱乐用品制造业	24	33734	634	1783	806	117	48
石油、煤炭及其他燃料加工业	25	2755	137	193	125	106	22
化学原料和化学制品制造业	26	37663	1197	1743	2861	250	250
医药制造业	27	10389	614	383	464	92	127
化学纤维制造业	28	1543	24	25	110	14	4
橡胶和塑料制品业	29	64022	917	2366	1319	182	135
非金属矿物制品业	30	62678	1683	2142	3329	822	496
黑色金属冶炼和压延加工业	31	6230	115	1284	105	70	14
有色金属冶炼和压延加工业	32	7721	137	422	161	76	27

计划单列市分组的企业法人单位数

单位：个

沈阳	长春	哈尔滨	上海	南京	杭州	合肥	福州	南昌	济南	郑州	武汉	长沙	代码
220981	**111372**	**102683**	**505468**	**366073**	**561950**	**377684**	**234844**	**110557**	**397061**	**478404**	**430350**	**270008**	——
3276	**3138**	**2751**	**1266**	**1364**	**5034**	**7849**	**7626**	**3343**	**2689**	**4179**	**3434**	**6181**	A
1567	1341	1529	744	499	2803	3672	3846	1418	1216	2133	1214	3240	01
233	173	173	228	196	779	1307	685	404	237	451	467	580	02
964	1114	603	99	117	469	981	579	686	453	944	264	939	03
207	131	80	95	204	523	1277	1716	513	60	71	721	618	04
305	379	366	100	348	460	612	800	322	723	580	768	804	05
107	**163**	**295**	**4**	**39**	**137**	**73**	**87**	**47**	**229**	**366**	**97**	**147**	B
29	18	8			2		2		21	157	1	5	06
	7	2	3	1					3	1	5	1	07
6	1	8		4	7	11	6	2	69	6	5	8	08
1	1	7		5	10	19		2	13	31	4	14	09
55	119	247		24	116	32	67	34	105	157	72	107	10
11	12	15		4	2	6	7	5	9	8	5	4	11
5	5	8	1	1		5	5	4	9	6	5	8	12
25443	**11519**	**11530**	**55832**	**27333**	**55791**	**25099**	**17412**	**12161**	**30014**	**24901**	**27267**	**18189**	C
1329	886	1635	495	376	895	845	996	663	952	615	709	685	13
733	421	615	840	613	904	831	630	448	734	727	668	623	14
320	227	311	145	129	520	217	295	130	311	244	156	254	15
1	2	3	2	1	2	2	3	2	4	2	5	2	16
242	117	101	1366	279	4723	547	1768	398	589	231	458	176	17
392	156	142	3513	1177	4869	1022	679	1343	490	389	948	204	18
142	19	50	567	144	1013	239	632	94	73	78	84	50	19
830	309	769	1066	397	1069	1359	624	424	1482	1881	1734	693	20
1107	318	265	1195	585	1102	1048	707	365	483	425	537	565	21
504	151	138	1965	322	2238	521	385	224	396	485	519	380	22
716	364	401	1837	960	1322	835	557	446	798	770	1064	737	23
432	139	166	1079	643	2325	426	1248	498	684	439	459	420	24
152	90	134	90	26	97	45	52	26	96	74	98	36	25
965	391	562	2164	629	1811	672	455	433	905	1203	875	1231	26
238	225	203	572	426	475	219	189	328	330	320	445	290	27
23	16	12	70	48	386	40	94	6	70	23	16	9	28
1318	488	430	3864	1010	3377	1336	880	490	958	807	1062	631	29
1793	991	895	1784	1439	2695	2096	1457	1064	1949	4729	2232	1753	30
97	43	47	383	101	272	119	96	46	204	127	203	61	31
253	44	52	451	217	335	119	68	219	195	568	104	192	32

2-3 续表 1 (2021年)

行业大类	代码	企业单位数	北京	天津	石家庄	太原	呼和浩特
金属制品业	33	108885	2665	6243	2140	705	324
通用设备制造业	34	117885	2374	6471	2381	1108	180
专用设备制造业	35	91641	2361	3864	1769	876	224
汽车制造业	36	30455	634	1274	421	116	25
铁路、船舶、航空航天和其他运输设备制造业	37	12846	260	1775	82	65	7
电气机械和器材制造业	38	67777	1544	2198	1503	339	143
计算机、通信和其他电子设备制造业	39	65259	1331	1333	414	513	63
仪器仪表制造业	40	22495	928	982	218	194	25
其他制造业	41	12083	138	339	422	58	51
废弃资源综合利用业	42	4398	48	261	215	56	34
金属制品、机械和设备修理业	43	19489	1377	1275	349	562	104
电力、热力、燃气及水生产和供应业	D	**20983**	**1744**	**1093**	**851**	**564**	**392**
电力、热力生产和供应业	44	13147	1293	703	555	391	283
燃气生产和供应业	45	2092	102	113	134	79	23
水的生产和供应业	46	5744	349	277	162	94	86
建筑业	E	**832676**	**55148**	**30398**	**29418**	**22235**	**7811**
房屋建筑业	47	163653	14189	5714	6460	4527	1539
土木工程建筑业	48	173633	9364	7353	6245	5059	2057
建筑安装业	49	107180	4722	5120	4792	2271	1287
建筑装饰、装修和其他建筑业	50	388210	26873	12211	11921	10378	2928
批发和零售业	F	**3805960**	**321262**	**104892**	**97923**	**83125**	**23973**
批发业	51	2260220	136792	74674	61980	46792	7390
零售业	52	1545740	184470	30218	35943	36333	16583
交通运输、仓储和邮政业	G	**318374**	**22432**	**17741**	**8024**	**4459**	**2038**
铁路运输业	53	979	63	25	23	37	54
道路运输业	54	177190	14315	7756	6133	3192	1471
水上运输业	55	5989	75	368	12	65	
航空运输业	56	2423	361	131	50	65	25
管道运输业	57	253	15	18	2	4	1
多式联运和运输代理业	58	86283	4332	6494	841	454	115
装卸搬运和仓储业	59	33596	2610	2605	827	534	276
邮政业	60	11661	661	344	136	108	96
住宿和餐饮业	H	**270348**	**36694**	**6212**	**3221**	**6222**	**1204**
住宿业	61	65777	5905	1332	796	1467	387
餐饮业	62	204571	30789	4880	2425	4755	817
信息传输、软件和信息技术服务业	I	**874121**	**76131**	**18889**	**18927**	**26691**	**5194**
电信、广播电视和卫星传输服务	63	15312	1641	334	266	223	142
互联网和相关服务	64	95894	7900	1739	1436	1752	521
软件和信息技术服务业	65	762915	66590	16816	17225	24716	4531

单位：个

沈阳	长春	哈尔滨	上海	南京	杭州	合肥	福州	南昌	济南	郑州	武汉	长沙	代码
2389	768	899	7740	2990	6021	2562	1004	1081	2932	1656	3027	2185	33
4604	1599	1436	8115	3858	6053	2386	823	657	5781	2619	2155	1958	34
2025	796	747	5282	3273	3350	2226	1077	851	4781	2825	2926	1657	35
659	1423	188	1938	731	1765	849	347	409	724	481	1354	537	36
295	174	97	471	446	457	100	130	87	146	117	279	103	37
1801	393	483	3525	1968	3412	1727	707	483	1167	1294	1385	755	38
489	230	151	1892	2071	2094	1147	584	393	696	542	1751	725	39
433	218	196	1529	1288	1170	617	244	120	800	436	843	333	40
581	250	142	521	570	418	197	179	182	537	226	371	312	41
97	103	56	114	131	169	172	161	81	129	158	164	165	42
483	168	204	1257	485	452	578	341	170	618	410	636	467	43
620	**430**	**454**	**249**	**383**	**801**	**570**	**727**	**253**	**673**	**545**	**450**	**513**	D
496	290	321	106	211	508	361	492	138	388	309	235	307	44
31	55	51	31	48	66	36	29	33	82	65	53	41	45
93	85	82	112	124	227	173	206	82	203	171	162	165	46
17302	**7520**	**7651**	**21486**	**34860**	**27737**	**44645**	**16709**	**12458**	**35258**	**43898**	**52178**	**21925**	E
1827	1451	1331	2665	7490	3880	8081	6968	2846	5088	7700	10900	5399	47
4317	1676	1703	3813	8286	5906	9655	3096	2005	10197	8181	12528	3588	48
3247	1457	1281	4390	5000	2702	5415	860	1493	4418	4030	4387	2460	49
7911	2936	3336	10618	14084	15249	21494	5785	6114	15555	23987	24363	10478	50
75203	**41789**	**31460**	**165155**	**94615**	**183060**	**112186**	**79697**	**33217**	**152035**	**182728**	**118142**	**71679**	F
50063	23597	18515	120834	53061	110069	54417	54016	22286	104232	106482	57154	45088	51
25140	18192	12945	44321	41554	72991	57769	25681	10931	47803	76246	60988	26591	52
7103	**4224**	**3716**	**20681**	**9572**	**11247**	**9183**	**5852**	**2929**	**7085**	**8288**	**11233**	**6195**	G
20	24	9	17	30	12	37	27	12	61	38	41	22	53
5234	2502	2456	5972	6644	8166	6578	3333	2003	4660	5460	7005	3523	54
9	10	29	457	280	126	105	800	48	44	9	189	57	55
97	30	32	85	41	84	26	31	26	61	38	61	60	56
6	4		76	4	2	2	1	2	14	6	10	3	57
620	818	426	10548	1708	1539	1334	1007	348	1297	1410	1737	1674	58
728	629	597	2595	694	843	844	454	340	765	1114	1714	644	59
389	207	167	931	171	475	257	199	150	183	213	476	212	60
2836	**1705**	**1585**	**20736**	**8575**	**13197**	**8724**	**4558**	**2127**	**7467**	**8252**	**8348**	**6395**	H
791	457	625	4728	1857	3933	1600	1322	755	1139	2309	2268	1729	61
2045	1248	960	16008	6718	9264	7124	3236	1372	6328	5943	6080	4666	62
15892	**6618**	**7330**	**28331**	**44893**	**69511**	**31635**	**24634**	**7752**	**28171**	**37536**	**53462**	**23544**	I
488	161	185	505	631	748	393	166	248	346	468	650	318	63
1469	776	758	3379	4764	6350	3552	3495	1199	3119	3262	4660	2944	64
13935	5681	6387	24447	39498	62413	27690	20973	6305	24706	33806	48152	20282	65

2-3 续表 2 (2021年)

行业大类	代码	企业单位数	北京	天津	石家庄	太原	呼和浩特
金融业	J	**87018**	**8054**	**5040**	**1318**	**1064**	**262**
货币金融服务	66	19513	1061	3379	244	300	120
资本市场服务	67	48667	5139	1205	362	157	39
保险业	68	7390	919	201	406	161	80
其他金融业	69	11448	935	255	306	446	23
房地产业	K	**425563**	**32529**	**15101**	**12998**	**9257**	**3782**
房地产业	70	425563	32529	15101	12998	9257	3782
租赁和商务服务业	L	**1831386**	**229189**	**51792**	**36988**	**42477**	**12730**
租赁业	71	159447	14706	5701	3362	3588	1725
商务服务业	72	1671939	214483	46091	33626	38889	11005
科学研究和技术服务业	M	**1088571**	**274104**	**49757**	**26362**	**17205**	**7864**
研究和试验发展	73	132852	8173	2640	5178	1291	268
专业技术服务业	74	407071	48301	10861	6648	6929	3071
科技推广和应用服务业	75	548648	217630	36256	14536	8985	4525
水利、环境和公共设施管理业	N	**71110**	**7954**	**1883**	**1688**	**1231**	**629**
水利管理业	76	2467	109	45	94	79	47
生态保护和环境治理业	77	11013	1332	251	223	288	90
公共设施管理业	78	43170	6314	1545	1005	739	440
土地管理业	79	14460	199	42	366	125	52
居民服务、修理和其他服务业	O	**284745**	**38829**	**9471**	**4723**	**6421**	**2070**
居民服务业	80	129764	19303	3914	1915	3189	806
机动车、电子产品和日用产品修理业	81	100029	9416	3205	1930	2071	791
其他服务业	82	54952	10110	2352	878	1161	473
教育	P	**126561**	**14512**	**4698**	**1317**	**1528**	**636**
教育	83	126561	14512	4698	1317	1528	636
卫生和社会工作	Q	**49030**	**5837**	**1782**	**1090**	**1170**	**215**
卫生	84	41169	4636	1557	795	1011	157
社会工作	85	7861	1201	225	295	159	58
文化、体育和娱乐业	R	**353547**	**98303**	**9825**	**6688**	**5611**	**2577**
新闻和出版业	86	5499	1461	94	200	131	63
广播、电视、电影和录音制作业	87	55498	12116	1652	1781	952	444
文化艺术业	88	128172	57030	3885	1485	1624	1363
体育	89	36125	5865	1241	751	726	228
娱乐业	90	128253	21831	2953	2471	2178	479

单位：个

沈阳	长春	哈尔滨	上海	南京	杭州	合肥	福州	南昌	济南	郑州	武汉	长沙	代码
1057	**638**	**551**	**9589**	**1336**	**3635**	**1338**	**1450**	**434**	**1722**	**777**	**1819**	**857**	J
504	301	237	1386	293	365	367	514	136	456	225	485	201	66
198	176	124	6961	575	2360	408	610	130	624	145	924	449	67
231	106	128	508	290	247	234	126	107	316	233	242	129	68
124	55	62	734	178	663	329	200	61	326	174	168	78	69
9746	**4614**	**4309**	**23586**	**11401**	**19342**	**12676**	**6950**	**4565**	**11731**	**19440**	**17754**	**9312**	K
9746	4614	4309	23586	11401	19342	12676	6950	4565	11731	19440	17754	9312	70
31210	**15147**	**14333**	**83656**	**56568**	**84050**	**65166**	**37257**	**17325**	**59356**	**79542**	**75617**	**50659**	L
2816	2021	2191	3356	3901	5459	7011	3116	1862	5493	7465	5560	6483	71
28394	13126	12142	80300	52667	78591	58155	34141	15463	53863	72077	70057	44176	72
17623	**7368**	**9794**	**37841**	**46452**	**44683**	**33556**	**16060**	**6562**	**37461**	**42745**	**33937**	**29973**	M
4414	1579	962	2967	9396	4464	4709	3786	521	5388	3032	4853	8976	73
7284	3054	4367	19550	21139	21786	14769	6926	3747	14987	16847	19419	11065	74
5925	2735	4465	15324	15917	18433	14078	5348	2294	17086	22866	9665	9932	75
967	**898**	**716**	**2133**	**2726**	**2728**	**2930**	**1240**	**895**	**2962**	**2890**	**3369**	**2352**	N
45	38	30	128	105	116	94	47	37	246	117	84	50	76
133	64	88	303	380	557	332	218	110	299	390	287	400	77
512	330	495	1620	1229	1895	1891	802	506	1385	1477	1568	1397	78
277	466	103	82	1012	160	613	173	242	1032	906	1430	505	79
4320	**2433**	**2458**	**16824**	**7970**	**13087**	**9036**	**5264**	**2386**	**6401**	**8620**	**8088**	**6328**	O
1836	827	951	9042	3278	6938	3325	2524	835	2833	3722	3634	2883	80
1632	1007	795	5873	2808	4251	4128	1816	1059	2261	3309	2853	1719	81
852	599	712	1909	1884	1898	1583	924	492	1307	1589	1601	1726	82
1823	**1074**	**612**	**3820**	**5038**	**8062**	**4237**	**1422**	**1000**	**4097**	**3417**	**3828**	**3026**	P
1823	1074	612	3820	5038	8062	4237	1422	1000	4097	3417	3828	3026	83
1075	**415**	**650**	**2027**	**1596**	**2070**	**1057**	**1301**	**541**	**1138**	**955**	**1585**	**1081**	Q
905	321	566	1803	1318	1681	879	1047	499	897	739	1416	869	84
170	94	84	224	278	389	178	254	42	241	216	169	212	85
5378	**1679**	**2488**	**12252**	**11352**	**17778**	**7724**	**6598**	**2562**	**8572**	**9325**	**9742**	**11652**	R
149	80	45	197	261	189	175	57	73	109	137	224	148	86
804	362	270	1577	1957	3882	1529	969	406	1496	1377	1023	1893	87
1935	380	667	2205	4954	3423	2126	1906	698	2514	3024	2538	2070	88
584	167	256	2456	1142	1795	877	774	308	1058	772	1090	1204	89
1906	690	1250	5817	3038	8489	3017	2892	1077	3395	4015	4867	6337	90

2-3 续表 3 (2021年)

行业大类	代码	广州	南宁	海口	重庆	成都	贵阳
总　计	——	**803923**	**198843**	**87910**	**652158**	**326103**	**129479**
农、林、牧、渔业	A	**2584**	**6196**	**1996**	**68540**	**6729**	**6363**
农业	01	1302	2358	1058	32333	4490	3271
林业	02	202	417	147	2845	554	592
畜牧业	03	201	1947	179	20130	1006	1961
渔业	04	281	586	206	9567	305	239
农、林、牧、渔专业及辅助性活动	05	598	888	406	3665	374	300
采矿业	B	**64**	**373**	**63**	**1359**	**98**	**355**
煤炭开采和洗选业	06		9		171	3	31
石油和天然气开采业	07		2	7	19	10	2
黑色金属矿采选业	08	2	42	7	71	3	22
有色金属矿采选业	09	9	24	2	22	4	62
非金属矿采选业	10	41	224	23	1011	45	176
开采专业及辅助性活动	11	8	12	6	34	28	15
其他采矿业	12	4	60	18	31	5	47
制造业	C	**84864**	**11071**	**2586**	**63410**	**26295**	**7233**
农副食品加工业	13	894	808	137	4227	903	435
食品制造业	14	1461	686	177	2114	1040	325
酒、饮料和精制茶制造业	15	334	422	88	1794	587	340
烟草制品业	16	4	2	1	8	4	3
纺织业	17	1941	131	20	1425	319	68
纺织服装、服饰业	18	11356	184	83	1919	468	79
皮革、毛皮、羽毛及其制品和制鞋业	19	8177	60	3	836	509	28
木材加工和木、竹、藤、棕、草制品业	20	960	1117	47	2460	578	816
家具制造业	21	2572	455	111	2302	1960	261
造纸和纸制品业	22	3519	331	39	957	557	81
印刷和记录媒介复制业	23	2070	441	197	1519	887	285
文教、工美、体育和娱乐用品制造业	24	3701	234	94	1259	370	173
石油、煤炭及其他燃料加工业	25	111	49	6	172	59	19
化学原料和化学制品制造业	26	5168	622	118	1641	923	268
医药制造业	27	622	203	154	542	507	165
化学纤维制造业	28	49	8	2	38	30	2
橡胶和塑料制品业	29	5292	468	89	2395	1341	273
非金属矿物制品业	30	2154	1232	241	6538	2008	1055
黑色金属冶炼和压延加工业	31	177	58	13	446	177	52
有色金属冶炼和压延加工业	32	304	66	16	597	173	87

单位：个

昆明	拉萨	西安	兰州	西宁	银川	乌鲁木齐	大连	宁波	厦门	青岛	深圳	代码
277745	**13159**	**285986**	**58765**	**51490**	**72410**	**92741**	**179513**	**386006**	**229090**	**525565**	**925394**	——
8035	**146**	**2150**	**3744**	**1430**	**2455**	**541**	**4558**	**2938**	**732**	**4215**	**328**	A
4472	60	901	826	500	921	218	1704	1755	434	2019	141	01
987	34	290	240	203	180	61	401	244	71	376	24	02
1963	36	436	2524	645	849	90	987	272	60	508	16	03
137	1	19	55	3	69	15	1153	395	82	621	78	04
476	15	504	99	79	436	157	313	272	85	691	69	05
743	**62**	**216**	**108**	**85**	**101**	**200**	**147**	**83**	**15**	**201**	**57**	B
25		6	13	3	35	48	1	2		5	2	06
5		10	3		6	3	1			10	3	07
102	5	6	5	7	2	8	8	1		21		08
147	17	11	2	6		17	9			10	4	09
402	33	79	76	38	33	76	112	78	14	121	21	10
26	2	92	2	8	24	27	9	2		23	24	11
36	5	12	7	23	1	21	7		1	11	3	12
15712	**705**	**18577**	**4349**	**2398**	**4575**	**4479**	**24954**	**104745**	**25292**	**74594**	**126930**	C
830	64	485	346	162	313	182	1864	660	326	2403	303	13
742	37	520	181	143	233	187	626	475	520	1782	526	14
524	31	152	55	82	162	55	290	258	129	686	159	15
5		5	4			1	1		2	3	36	16
129	18	116	38	23	110	61	325	2952	655	2406	1244	17
182	18	201	59	41	55	61	1814	5088	1430	6060	3976	18
49	6	19	7	6	28	16	132	868	545	1301	1586	19
1670	4	649	65	86	132	179	910	817	541	1603	585	20
889	43	584	181	48	165	159	365	1277	854	1857	1840	21
355	8	382	60	24	72	93	389	2828	1016	1717	4402	22
745	16	632	222	74	150	192	440	2178	851	2506	3616	23
353	66	325	76	117	75	83	308	3708	1054	4309	5083	24
67	3	53	26	11	46	41	140	113	35	122	83	25
787	51	774	310	81	296	281	991	1670	723	2154	2208	26
234	24	302	77	75	62	56	173	261	155	431	406	27
12		14	3	3	9	4	18	186	45	95	35	28
786	19	503	230	61	210	265	1063	12145	2624	4460	10228	29
1711	135	1435	767	398	542	526	1294	2242	809	3890	2352	30
110	9	148	50	38	50	42	140	510	75	241	507	31
169	18	181	48	78	49	25	113	786	160	278	933	32

2-3 续表 4 (2021年)

行业大类	代码	广州	南宁	海口	重庆	成都	贵阳
金属制品业	33	6900	928	263	6634	2603	577
通用设备制造业	34	5183	380	57	5406	2782	519
专用设备制造业	35	4813	665	140	4006	2220	362
汽车制造业	36	1610	85	43	4953	903	111
铁路、船舶、航空航天和其他运输设备制造业	37	568	53	26	2632	408	36
电气机械和器材制造业	38	4741	414	125	1861	1405	242
计算机、通信和其他电子设备制造业	39	6435	409	66	2112	1145	132
仪器仪表制造业	40	1125	100	26	864	499	56
其他制造业	41	886	66	21	404	210	158
废弃资源综合利用业	42	311	76	19	407	88	55
金属制品、机械和设备修理业	43	1426	318	164	942	632	170
电力、热力、燃气及水生产和供应业	D	**758**	**360**	**176**	**2428**	**733**	**221**
电力、热力生产和供应业	44	396	209	104	1379	386	95
燃气生产和供应业	45	90	35	25	259	109	44
水的生产和供应业	46	272	116	47	790	238	82
建筑业	E	**32624**	**13202**	**9269**	**30660**	**30844**	**10191**
房屋建筑业	47	4018	2598	1509	6534	8661	1343
土木工程建筑业	48	4316	2425	1301	5280	6001	1892
建筑安装业	49	7144	1424	1355	3565	4194	1376
建筑装饰、装修和其他建筑业	50	17146	6755	5104	15281	11988	5580
批发和零售业	F	**290352**	**63715**	**25702**	**210693**	**98226**	**47000**
批发业	51	223921	36051	13359	87742	57874	22590
零售业	52	66431	27664	12343	122951	40352	24410
交通运输、仓储和邮政业	G	**22694**	**4969**	**2009**	**16746**	**8998**	**2904**
铁路运输业	53	43	26	4	39	36	12
道路运输业	54	10218	3486	994	10533	6324	1862
水上运输业	55	466	113	93	432	28	16
航空运输业	56	152	36	50	86	75	31
管道运输业	57	7	2	3	9	6	2
多式联运和运输代理业	58	7625	561	537	3242	1155	370
装卸搬运和仓储业	59	3031	501	181	1670	985	346
邮政业	60	1152	244	147	735	389	265
住宿和餐饮业	H	**18590**	**4445**	**2009**	**28162**	**9001**	**4602**
住宿业	61	4330	1173	661	6771	3175	1321
餐饮业	62	14260	3272	1348	21391	5826	3281
信息传输、软件和信息技术服务业	I	**63755**	**14055**	**6131**	**34054**	**24787**	**7205**
电信、广播电视和卫星传输服务	63	1600	317	269	747	466	130
互联网和相关服务	64	8098	1885	1560	4707	1891	1068
软件和信息技术服务业	65	54057	11853	4302	28600	22430	6007

单位：个

昆明	拉萨	西安	兰州	西宁	银川	乌鲁木齐	大连	宁波	厦门	青岛	深圳	代码
1699	63	1542	571	352	599	652	2194	12568	2887	8054	12468	33
796	10	2633	231	107	308	223	5972	16634	2401	10457	9228	34
821	13	1966	227	97	244	307	1710	8877	2830	7389	14044	35
181		313	21	19	33	79	376	5209	355	1429	860	36
41	1	414	18	8	10	18	632	909	127	1272	582	37
629	17	1361	158	104	212	316	753	12874	1332	2430	13976	38
276	7	1171	55	43	74	105	294	4590	1482	1844	28600	39
276		779	37	13	59	47	411	1993	398	936	4302	40
165	6	127	22	20	35	28	170	1293	513	920	1545	41
158	6	99	47	21	49	31	128	184	52	258	95	42
321	12	692	157	63	193	164	918	592	366	1301	1122	43
487	**66**	**578**	**172**	**170**	**363**	**298**	**492**	**940**	**201**	**807**	**421**	D
274	48	358	132	133	275	232	301	677	127	468	166	44
64	3	67	11	13	25	22	55	59	8	88	43	45
149	15	153	29	24	63	44	136	204	66	251	212	46
30059	**1329**	**47314**	**5242**	**6692**	**6698**	**5733**	**13836**	**18432**	**11514**	**45282**	**25118**	E
4769	550	10827	1141	1840	1875	796	1732	2874	1895	9014	3622	47
6927	261	13439	1285	1831	1756	1766	2262	3453	1905	9152	3352	48
2553	99	5846	843	617	683	983	2366	2160	1587	6846	4207	49
15810	419	17202	1973	2404	2384	2188	7476	9945	6127	20270	13937	50
89948	**3375**	**88097**	**21004**	**16259**	**26249**	**40908**	**56906**	**117300**	**86859**	**178933**	**372293**	F
54619	1239	45286	12661	8003	13680	29040	38691	85820	57594	131886	192722	51
35329	2136	42811	8343	8256	12569	11868	18215	31480	29265	47047	179571	52
7328	**270**	**5178**	**1639**	**1109**	**2664**	**2883**	**7333**	**12852**	**6226**	**23056**	**27514**	G
30		18	10	10	13	29	17	7	25	80	28	53
4808	173	3527	1037	747	1918	1569	3247	6669	2746	10714	10215	54
37		151	2	2		4	339	383	321	358	561	55
104	7	68	13	7	14	39	51	23	87	102	174	56
10		3	3		1	7	3	2	3	18	4	57
1177	20	647	221	148	363	736	2714	4501	2320	9808	13436	58
781	42	608	287	133	177	347	766	1024	462	1796	1646	59
381	28	156	66	62	178	152	196	243	262	180	1450	60
6829	**436**	**6194**	**2104**	**1167**	**1651**	**1365**	**3341**	**4993**	**4684**	**9258**	**13459**	H
2085	241	2147	618	457	403	365	1106	1550	1330	2091	2553	61
4744	195	4047	1486	710	1248	1000	2235	3443	3354	7167	10906	62
20762	**756**	**21468**	**2220**	**2591**	**4268**	**5944**	**9982**	**15363**	**20403**	**27210**	**68026**	I
314	87	707	97	89	88	156	181	177	209	341	1424	63
1618	60	3301	382	382	560	549	607	1244	3418	4152	7337	64
18830	609	17460	1741	2120	3620	5239	9194	13942	16776	22717	59265	65

2-3 续表 5 (2021年)

行业大类	代码	广州	南宁	海口	重庆	成都	贵阳
金融业	J	**5630**	**1616**	**581**	**2239**	**1569**	**517**
货币金融服务	66	1421	271	225	1167	402	162
资本市场服务	67	3188	563	219	602	595	179
保险业	68	398	114	83	296	228	79
其他金融业	69	623	668	54	174	344	97
房地产业	K	**33496**	**9625**	**7425**	**25316**	**13152**	**5137**
房地产业	70	33496	9625	7425	25316	13152	5137
租赁和商务服务业	L	**125877**	**36521**	**16122**	**85391**	**51753**	**20336**
租赁业	71	10019	3259	1480	14171	5240	2095
商务服务业	72	115858	33262	14642	71220	46513	18241
科学研究和技术服务业	M	**72312**	**15614**	**6196**	**27900**	**23570**	**6645**
研究和试验发展	73	19601	1510	491	1902	4039	509
专业技术服务业	74	25586	6414	3411	17088	12262	3478
科技推广和应用服务业	75	27125	7690	2294	8910	7269	2658
水利、环境和公共设施管理业	N	**2524**	**1063**	**880**	**6415**	**2186**	**1017**
水利管理业	76	88	39	39	184	49	34
生态保护和环境治理业	77	680	176	166	1055	377	137
公共设施管理业	78	1488	580	476	3167	1527	418
土地管理业	79	268	268	199	2009	233	428
居民服务、修理和其他服务业	O	**17149**	**8230**	**2364**	**19206**	**10096**	**5458**
居民服务业	80	7884	4912	883	9488	3566	2181
机动车、电子产品和日用产品修理业	81	6116	2185	980	6817	4605	2278
其他服务业	82	3149	1133	501	2901	1925	999
教育	P	**8697**	**2620**	**1279**	**8444**	**4588**	**1580**
教育	83	8697	2620	1279	8444	4588	1580
卫生和社会工作	Q	**2458**	**610**	**411**	**3761**	**3333**	**445**
卫生	84	2026	510	339	2865	2981	378
社会工作	85	432	100	72	896	352	67
文化、体育和娱乐业	R	**19495**	**4558**	**2711**	**17434**	**10145**	**2270**
新闻和出版业	86	341	69	85	157	152	71
广播、电视、电影和录音制作业	87	3003	963	728	2573	1143	361
文化艺术业	88	8538	1282	703	4856	1986	556
体育	89	2692	515	373	1938	1282	306
娱乐业	90	4921	1729	822	7910	5582	976

单位：个

昆明	拉萨	西安	兰州	西宁	银川	乌鲁木齐	大连	宁波	厦门	青岛	深圳	代码
2178	**240**	**1442**	**318**	**197**	**403**	**663**	**975**	**7577**	**1225**	**4130**	**14577**	J
737	68	511	163	115	165	279	568	284	239	494	1668	66
1071	151	435	65	21	133	215	204	7069	776	2820	9775	67
186	15	196	70	31	48	87	105	88	70	199	433	68
184	6	300	20	30	57	82	98	136	140	617	2701	69
11123	**422**	**13538**	**3015**	**2585**	**2525**	**4209**	**8268**	**10000**	**5855**	**13976**	**26803**	K
11123	422	13538	3015	2585	2525	4209	8268	10000	5855	13976	26803	70
44289	**3613**	**40610**	**7120**	**9259**	**10676**	**13418**	**26140**	**48382**	**30681**	**78971**	**139165**	L
4829	344	4017	1061	1195	1282	1591	2100	3351	2326	6061	9210	71
39460	3269	36593	6059	8064	9394	11827	24040	45031	28355	72910	129955	72
18163	**809**	**20039**	**2997**	**3884**	**4032**	**7049**	**10189**	**18844**	**15697**	**35435**	**59849**	M
1841	79	2339	225	192	222	286	1616	3763	3092	6689	11859	73
9001	478	12169	1932	2471	2156	3864	4322	8258	5563	13526	34342	74
7321	252	5531	840	1221	1654	2899	4251	6823	7042	15220	13648	75
2048	**78**	**2538**	**380**	**753**	**666**	**690**	**864**	**1685**	**1009**	**3847**	**2276**	N
61	2	76	15	28	31	40	26	55	27	94	68	76
288	17	339	58	187	115	108	122	341	332	338	432	77
1138	55	1604	259	399	348	366	669	1136	546	2259	1585	78
561	4	519	48	139	172	176	47	153	104	1156	191	79
7672	**308**	**6964**	**1843**	**1206**	**1896**	**2037**	**4069**	**6443**	**5919**	**10822**	**18334**	O
2899	111	2806	718	553	804	754	1968	2989	2652	4972	7869	80
3260	157	3011	939	481	726	981	1523	2252	2567	3408	6819	81
1513	40	1147	186	172	366	302	578	1202	700	2442	3646	82
2907	**63**	**2493**	**768**	**279**	**1334**	**681**	**1815**	**5133**	**3243**	**4177**	**12313**	P
2907	63	2493	768	279	1334	681	1815	5133	3243	4177	12313	83
1357	**46**	**1280**	**317**	**161**	**255**	**277**	**2446**	**1281**	**834**	**1301**	**2872**	Q
1186	41	1164	276	124	196	231	2199	1084	762	1037	2674	84
171	5	116	41	37	59	46	247	197	72	264	198	85
8105	**435**	**7310**	**1425**	**1265**	**1599**	**1366**	**3198**	**9015**	**8701**	**9350**	**15059**	R
112	6	175	39	26	41	22	30	25	59	162	134	86
1403	91	1610	265	492	404	303	354	1495	1817	1919	2084	87
2113	103	1721	306	260	407	338	810	2998	2193	2597	2578	88
1056	25	809	162	132	246	192	568	917	749	1030	1839	89
3421	210	2995	653	355	501	511	1436	3580	3883	3642	8424	90

2–4 按行业(中类)、登记注册

(2021年)

行业中类	代码	企业单位数	内资企业	国有企业	集体企业	股份合作企业
总　　计	— —	**28665212**	**28383434**	**78357**	**103534**	**31729**
农、林、牧、渔业	A	**946218**	**943528**	**3606**	**5873**	**609**
农业	01	429078	427612	1094	2613	261
谷物种植	011	94036	93928	430	520	44
豆类、油料和薯类种植	012	9821	9801	36	38	7
棉、麻、糖、烟草种植	013	3086	3080	49	28	1
蔬菜、食用菌及园艺作物种植	014	151450	150772	158	821	101
水果种植	015	81013	80686	158	444	61
坚果、含油果、香料和饮料作物种植	016	24517	24402	95	191	10
中药材种植	017	34504	34430	27	204	16
草种植及割草	018	2021	2013	5	19	
其他农业	019	28630	28500	136	348	21
林业	02	74784	74506	1212	659	58
林木育种和育苗	021	62303	62102	386	367	45
造林和更新	022	5808	5760	154	87	3
森林经营、管护和改培	023	3964	3944	524	152	8
木材和竹材采运	024	1910	1907	103	32	
林产品采集	025	799	793	45	21	2
畜牧业	03	278343	277932	329	881	155
牲畜饲养	031	190958	190682	243	651	98
家禽饲养	032	70863	70749	49	163	43
狩猎和捕捉动物	033	135	135	2	1	
其他畜牧业	039	16387	16366	35	66	14
渔业	04	69572	69304	265	355	53
水产养殖	041	67876	67613	250	323	51
水产捕捞	042	1696	1691	15	32	2
农、林、牧、渔专业及辅助性活动	05	94441	94174	706	1365	82
农业专业及辅助性活动	051	76902	76686	428	1236	65
林业专业及辅助性活动	052	7474	7463	150	43	7
畜牧专业及辅助性活动	053	5958	5936	70	37	6
渔业专业及辅助性活动	054	4107	4089	58	49	4
采矿业	B	**82718**	**82298**	**546**	**1232**	**108**
煤炭开采和洗选业	06	14291	14218	185	303	34
烟煤和无烟煤开采洗选	061	13069	13002	174	288	32
褐煤开采洗选	062	311	308	5	5	1
其他煤炭采选	069	911	908	6	10	1
石油和天然气开采业	07	658	637	20		
石油开采	071	403	393	11		
天然气开采	072	255	244	9		
黑色金属矿采选业	08	11058	11005	55	262	14
铁矿采选	081	10077	10033	44	226	11
锰矿、铬矿采选	082	603	599	6	29	3
其他黑色金属矿采选	089	378	373	5	7	

类型分组的企业法人单位数

单位：个

国有联营企业	集体联营企业	国有与集体联营	其他联营	国有独资公司	其他有限责任公司	股份有限公司	私营独资	私营合伙	私营有限责任公司	代码
960	**2136**	**661**	**1874**	**75091**	**1636246**	**106993**	**2105016**	**309755**	**23715289**	——
32	**176**	**15**	**121**	**2029**	**38464**	**2951**	**359018**	**7649**	**513721**	A
10	78	7	52	902	17812	1315	158097	2992	237781	01
1	16	2	17	162	2735	182	53547	535	34154	011
		1		31	357	21	4221	80	4908	012
				19	104	6	1806	22	1019	013
7	20	2	12	260	6548	461	39962	955	100192	014
2	16		9	131	2747	222	35934	813	39550	015
	6		6	59	910	73	8523	213	14120	016
	7		1	50	1840	164	8996	210	22574	017
			2	15	168	12	300	12	1450	018
	13	2	5	175	2403	174	4808	152	19814	019
7	16	2	14	317	3358	228	15248	752	51962	02
1	7	1	10	166	2756	182	13062	551	44025	021
1	3		2	49	309	24	1109	90	3869	022
4	5	1	1	84	193	18	590	87	2239	023
1	1		1	10	58	1	299	15	1365	024
				8	42	3	188	9	464	025
5	30	4	32	269	8640	742	142277	2212	120189	03
2	20	2	26	218	6142	511	97949	1545	81766	031
2	9	1	6	41	1966	201	35662	562	31497	032
					7	1	42		81	033
1	1	1		10	525	29	8624	105	6845	039
4	4		7	70	2303	218	29091	885	35549	04
4	4		7	64	2193	206	28949	875	34204	041
				6	110	12	142	10	1345	042
6	48	2	16	471	6351	448	14305	808	68240	05
5	42	1	13	400	5392	377	10770	649	56222	051
1	4	1	3	46	365	27	480	40	6200	052
	2			16	365	25	1708	66	3554	053
				9	229	19	1347	53	2264	054
7	**22**	**3**	**15**	**770**	**9044**	**693**	**11460**	**2207**	**55235**	B
3	5		2	251	2805	149	1131	307	8870	06
2	5		2	222	2622	139	1019	286	8056	061
1				15	81	6	20	2	170	062
				14	102	4	92	19	644	069
				25	154	37	10	2	384	07
				10	73	25	6	2	264	071
				15	81	12	4		120	072
	2	2	2	71	1033	70	1655	295	7455	08
	2		1	64	955	57	1563	284	6750	081
		1	1	5	45	10	51	5	434	082
		1		2	33	3	41	6	271	089

2-4 续表 1 (2021年)

行业中类	代码	企业单位数	内资企业	国有企业	集体企业	股份合作企业
有色金属矿采选业	09	7585	7503	76	136	15
常用有色金属矿采选	091	5241	5178	40	72	11
贵金属矿采选	092	1492	1477	28	49	3
稀有稀土金属矿采选	093	852	848	8	15	1
非金属矿采选业	10	40342	40186	176	496	41
土砂石开采	101	35085	34980	125	384	34
化学矿开采	102	1071	1059	13	28	2
采盐	103	296	289	23	32	
石棉及其他非金属矿采选	109	3890	3858	15	52	5
开采专业及辅助性活动	11	5812	5787	23	19	2
煤炭开采和洗选专业及辅助性活动	111	564	561	10	12	
石油和天然气开采专业及辅助性活动	112	4631	4610	10	5	2
其他开采专业及辅助性活动	119	617	616	3	2	
其他采矿业	12	2972	2962	11	16	2
其他采矿业	120	2972	2962	11	16	2
制造业	**C**	**4145287**	**4050516**	**6441**	**18452**	**11134**
农副食品加工业	13	153109	150418	1165	727	247
谷物磨制	131	24459	24305	138	93	23
饲料加工	132	17542	17020	47	44	29
植物油加工	133	11101	10926	58	83	10
制糖业	134	1121	1091	14	1	2
屠宰及肉类加工	135	28093	27720	778	222	52
水产品加工	136	12649	12174	32	82	72
蔬菜、菌类、水果和坚果加工	137	22618	22052	19	55	24
其他农副食品加工	139	35526	35130	79	147	35
食品制造业	14	92881	90548	217	282	159
焙烤食品制造	141	22280	21774	42	59	35
糖果、巧克力及蜜饯制造	142	5553	5377	10	21	20
方便食品制造	143	16122	15774	45	39	13
乳制品制造	144	2154	2015	14	7	6
罐头食品制造	145	3041	2894	7	18	6
调味品、发酵制品制造	146	10189	9930	28	57	18
其他食品制造	149	33542	32784	71	81	61
酒、饮料和精制茶制造业	15	69615	68399	206	448	115
酒的制造	151	24951	24595	76	166	68
饮料制造	152	21221	20507	60	117	31
精制茶加工	153	23443	23297	70	165	16
烟草制品业	16	261	256	19	8	2
烟叶复烤	161	46	44	4		
卷烟制造	162	107	105	9	1	
其他烟草制品制造	169	108	107	6	7	2
纺织业	17	174881	170973	182	558	288
棉纺织及印染精加工	171	55513	54141	80	217	95
毛纺织及染整精加工	172	8830	8605	9	48	25

单位：个

国有联营企业	集体联营企业	国有与集体联营	其他联营	国有独资公司	其他有限责任公司	股份有限公司	私营独资	私营合伙	私营有限责任公司	代码
1	3		1	59	1267	137	579	145	4965	09
1	1		1	34	740	83	480	106	3536	091
	2			16	328	39	72	22	889	092
				9	199	15	27	17	540	093
3	12	1	10	311	2970	246	7691	1401	26387	10
1	11	1	8	260	2369	188	7116	1302	22802	101
1	1			7	168	16	84	16	713	102
1				22	64	8	10		126	103
			2	22	369	34	481	83	2746	109
				34	483	25	190	16	4918	11
				10	64	2	52	5	400	111
				17	365	21	90	8	4030	112
				7	54	2	48	3	488	119
				19	332	29	204	41	2256	12
				19	332	29	204	41	2256	120
101	**332**	**91**	**294**	**4475**	**227064**	**19538**	**452377**	**34791**	**3229405**	**C**
13	24	14	20	463	10669	985	23320	1230	109448	13
1	2		3	100	1555	171	5413	228	16221	131
	3	2	2	32	2078	131	1302	65	12999	132
1	2	1	1	30	756	81	2249	79	7409	133
				17	153	15	214	13	650	134
8	12	8	6	95	1954	178	3813	373	19866	135
1	1	1	1	15	747	86	1649	112	9229	136
1		1		38	1360	144	3279	140	16660	137
1	4	1	7	136	2066	179	5401	220	26414	139
3	9	3	9	129	5782	561	12437	553	69183	14
	2	1	3	14	1024	73	3855	141	16340	141
	1	1	1	2	250	31	1143	46	3788	142
2	3		2	21	856	73	3434	105	10991	143
		1		21	366	49	79	7	1404	144
				6	226	25	272	47	2230	145
				11	627	75	1466	52	7442	146
1	3		3	54	2433	235	2188	155	26988	149
5	12		3	169	4583	493	13039	659	47637	15
2	3		2	65	1671	235	5509	194	16160	151
1	1			55	1732	151	2775	230	15057	152
2	8		1	49	1180	107	4755	235	16420	153
				30	72	2	14	1	107	16
				1	25	1	5		8	161
				21	33	1	3		37	162
				8	14		6	1	62	169
1	17	3	7	77	5375	472	20269	1148	140212	17
	4	1	1	40	1945	207	6704	432	43792	171
	3		1	8	300	30	1218	64	6709	172

2-4　续表 2　(2021年)

行业中类	代码	企业单位数	内资企业	国有企业	集体企业	股份合作企业
麻纺织及染整精加工	173	1084	1051	10	15	7
丝绢纺织及印染精加工	174	2623	2544	17	25	8
化纤织造及印染精加工	175	13916	13602	4	14	12
针织或钩针编织物及其制品制造	176	27143	26557	19	73	35
家用纺织制成品制造	177	37615	36996	26	66	48
产业用纺织制成品制造	178	28157	27477	17	100	58
纺织服装、服饰业	18	216870	210908	149	676	298
机织服装制造	181	91085	87890	86	378	135
针织或钩针编织服装制造	182	26982	25693	12	52	74
服饰制造	183	98803	97325	51	246	89
皮革、毛皮、羽毛及其制品和制鞋业	19	97932	95067	63	255	322
皮革鞣制加工	191	5030	4841	7	26	46
皮革制品制造	192	33604	32428	16	65	41
毛皮鞣制及制品加工	193	7929	7856	7	28	3
羽毛(绒)加工及制品制造	194	2749	2683	5	11	1
制鞋业	195	48620	47259	28	125	231
木材加工和木、竹、藤、棕、草制品业	20	176387	175468	206	402	133
木材加工	201	96296	96102	133	183	56
人造板制造	202	26281	26093	24	27	9
木质制品制造	203	41062	40684	25	125	50
竹、藤、棕、草等制品制造	204	12748	12589	24	67	18
家具制造业	21	110882	109277	35	183	89
木质家具制造	211	75662	74769	21	138	66
竹、藤家具制造	212	1182	1160	2	2	
金属家具制造	213	11197	10913	9	19	14
塑料家具制造	214	963	930		2	1
其他家具制造	219	21878	21505	3	22	8
造纸和纸制品业	22	91070	89317	71	604	384
纸浆制造	221	380	364	2	1	
造纸	222	16514	16101	29	132	74
纸制品制造	223	74176	72852	40	471	310
印刷和记录媒介复制业	23	94985	93828	540	1581	779
印刷	231	85020	83930	435	1287	679
装订及印刷相关服务	232	9536	9484	101	290	96
记录媒介复制	233	429	414	4	4	4
文教、工美、体育和娱乐用品制造业	24	147515	142912	103	485	340
文教办公用品制造	241	14054	13667	18	75	41
乐器制造	242	3462	3304	5	12	10
工艺美术及礼仪用品制造	243	89661	87565	66	325	237
体育用品制造	244	16784	16074	6	22	19
玩具制造	245	18618	17463	6	43	26
游艺器材及娱乐用品制造	246	4936	4839	2	8	7
石油、煤炭及其他燃料加工业	25	14230	13967	42	92	22
精炼石油产品制造	251	6092	5916	23	59	15

单位：个

国有联营企业	集体联营企业	国有与集体联营	其他联营	国有独资公司	其他有限责任公司	股份有限公司	私营独资	私营合伙	私营有限责任公司	代码
				2	89	9	98	6	789	173
	1			7	150	20	414	18	1822	174
	2				215	33	1897	78	10855	175
	3		2	3	597	38	2949	170	22328	176
	1	2	1	10	984	61	3809	153	31539	177
1	3		2	7	1095	74	3180	227	22378	178
1	12	1	13	205	7539	529	27691	1170	170945	18
	5		9	136	3674	270	13192	606	68617	181
	4		1	13	870	64	2796	145	21430	182
1	3	1	3	56	2995	195	11703	419	80898	183
1	8	1	6	35	3571	208	11210	642	77942	19
	3			1	329	17	386	33	3961	191
	2		3	13	1202	67	3059	154	27446	192
	1			2	119	24	716	31	6867	193
	2		1	2	131	11	306	22	2164	194
1		1	2	17	1790	89	6743	402	37504	195
1	11	2	12	84	4762	452	46324	1422	120213	20
	3	1	9	48	2282	212	29162	698	62621	201
	1	1		18	703	87	9175	165	15657	202
1	4		1	13	1403	111	5227	287	32998	203
	3		2	5	374	42	2760	272	8937	204
	3		15	15	4244	293	11177	509	91413	21
	2		7	12	2899	214	8182	339	62037	211
			1	1	36	2	154	8	937	212
	1		3		331	24	783	59	9550	213
					40	3	100	9	763	214
			4	2	938	50	1958	94	18126	219
	10	2	10	43	4446	303	11636	1186	69763	22
					104	4	20	4	223	221
	4	1	4	21	920	110	1965	223	12416	222
	6	1	6	22	3422	189	9651	959	57124	223
7	20	7	8	115	4728	387	14413	1236	69083	23
6	18	6	7	105	4231	355	12578	1110	62268	231
1	2	1	1	8	462	30	1806	122	6488	232
				2	35	2	29	4	327	233
	14	1	11	53	5362	397	19049	1089	114731	24
	2		2	7	520	37	1401	117	11333	241
				1	126	17	408	32	2655	242
	10		8	35	3103	226	12925	757	69155	243
	2	1	1	5	728	48	1062	87	13952	244
				2	741	58	3024	85	13253	245
				3	144	11	229	11	4383	246
1	1		1	51	1410	176	1080	80	10825	25
1	1		1	27	642	109	311	32	4600	251

2-4 续表 3 (2021年)

行业中类	代码	企业单位数	内资企业	国有企业	集体企业	股份合作企业
煤炭加工	252	4543	4479	17	33	6
核燃料加工	253	2	2			
生物质燃料加工	254	3593	3570	2		1
化学原料和化学制品制造业	26	133595	128466	318	1112	457
基础化学原料制造	261	17998	17120	83	223	79
肥料制造	262	18299	18026	61	70	37
农药制造	263	2565	2483	15	22	15
涂料、油墨、颜料及类似产品制造	264	23015	22047	26	176	81
合成材料制造	265	15210	14445	14	70	39
专用化学产品制造	266	32851	31586	78	351	129
炸药、火工及焰火产品制造	267	2830	2809	13	86	13
日用化学产品制造	268	20827	19950	28	114	64
医药制造业	27	37337	35798	110	97	66
化学药品原料药制造	271	3705	3506	10	13	12
化学药品制剂制造	272	3072	2745	15	7	6
中药饮片加工	273	6179	6111	19	9	7
中成药生产	274	5334	5167	25	19	6
兽用药品制造	275	2276	2222	12	10	11
生物药品制品制造	276	5390	5018	14	7	6
卫生材料及医药用品制造	277	10464	10172	14	28	17
药用辅料及包装材料	278	917	857	1	4	1
化学纤维制造业	28	8713	8343	7	22	8
纤维素纤维原料及纤维制造	281	1099	1040	1	3	1
合成纤维制造	282	6486	6207	5	18	6
生物基材料制造	283	1128	1096	1	1	1
橡胶和塑料制品业	29	239006	232627	133	1080	974
橡胶制品业	291	40866	39744	42	288	194
塑料制品业	292	198140	192883	91	792	780
非金属矿物制品业	30	333957	330429	630	2142	601
水泥、石灰和石膏制造	301	15975	15759	132	193	44
石膏、水泥制品及类似制品制造	302	80667	80119	175	333	116
砖瓦、石材等建筑材料制造	303	129695	128883	166	880	190
玻璃制造	304	7785	7599	5	18	16
玻璃制品制造	305	21422	21006	24	75	53
玻璃纤维和玻璃纤维增强塑料制品制造	306	8838	8649	15	63	27
陶瓷制品制造	307	29545	29007	48	127	65
耐火材料制品制造	308	14730	14535	23	269	37
石墨及其他非金属矿物制品制造	309	25300	24872	42	184	53
黑色金属冶炼和压延加工业	31	25123	24587	60	167	106
炼铁	311	795	784	8	19	2
炼钢	312	494	469	5	6	
钢压延加工	313	19909	19451	34	119	87
铁合金冶炼	314	3925	3883	13	23	17
有色金属冶炼和压延加工业	32	34105	33225	80	210	106

单位：个

国有联营企业	集体联营企业	国有与集体联营	其他联营	国有独资公司	其他有限责任公司	股份有限公司	私营独资	私营合伙	私营有限责任公司	代码
				19	544	51	594	37	3129	252
				1	1					253
				4	223	16	175	11	3096	254
6	25	2	28	307	11665	1370	9638	1277	100071	26
2	4		7	91	2240	299	1078	164	12519	261
	5		3	47	1740	192	887	79	14586	262
	1		1	8	333	61	77	11	1863	263
	6		4	22	1510	161	2114	187	17428	264
	2		3	39	1570	162	763	93	11440	265
3	2	2	5	62	2747	345	2514	338	24407	266
				23	205	41	647	282	1465	267
1	5		5	15	1320	109	1558	123	16363	268
3	4	4	1	88	4899	824	1398	144	27146	27
1		1		12	641	118	92	15	2456	271
	1	2	1	12	680	151	68	7	1694	272
	2	1		23	813	87	362	31	4590	273
1	1			19	831	231	179	18	3616	274
				2	296	39	125	6	1676	275
				13	832	119	91	22	3755	276
1				6	726	69	447	36	8662	277
				1	80	10	34	9	697	278
	1			18	539	86	596	75	6841	28
				2	93	21	60	3	841	281
	1			11	307	54	492	64	5127	282
				5	139	11	44	8	873	283
3	15	2	18	102	12647	885	28365	2912	182889	29
	2		6	26	2364	178	4140	454	31656	291
3	13	2	12	76	10283	707	24225	2458	151233	292
23	38	11	27	579	19795	1486	44641	3845	253240	30
4	4	1	3	112	1748	151	1992	173	11022	301
9	4	4	6	226	5906	347	11071	606	60531	302
6	20	3	11	121	6274	495	20195	2099	97143	303
	1	1		8	484	46	436	29	6452	304
	1		1	18	1071	66	1853	143	17484	305
	1			8	422	39	691	84	7199	306
3	1		2	21	1294	114	3895	331	22857	307
	2	1	1	7	766	93	1651	141	11379	308
1	4	1	3	58	1830	135	2857	239	19173	309
1	4	2	2	65	1660	159	2087	232	19774	31
				3	80	3	115	8	543	311
	1			5	68	6	32	4	339	312
1	2	2	1	46	1171	130	1690	183	15779	313
	1		1	11	341	20	250	37	3113	314
3	2		4	108	2798	312	2891	309	25936	32

2-4 续表 4 (2021年)

行业中类	代码	企业单位数	内资企业	国有企业	集体企业	股份合作企业
常用有色金属冶炼	321	4173	4079	19	33	17
贵金属冶炼	322	570	556	12	12	
稀有稀土金属冶炼	323	946	913	6	10	3
有色金属合金制造	324	8821	8590	12	46	18
有色金属压延加工	325	19595	19087	31	109	68
金属制品业	33	424448	418212	268	1865	1083
结构性金属制品制造	331	163839	162523	88	610	255
金属工具制造	332	29220	28574	35	156	70
集装箱及金属包装容器制造	333	9164	8829	13	78	23
金属丝绳及其制品制造	334	20369	20109	11	94	48
建筑、安全用金属制品制造	335	63297	62247	23	192	193
金属表面处理及热处理加工	336	17345	16864	15	139	141
搪瓷制品制造	337	3184	3146	5	17	
金属制日用品制造	338	25968	25336	9	70	53
铸造及其他金属制品制造	339	92062	90584	69	509	300
通用设备制造业	34	424920	417275	431	2090	1617
锅炉及原动设备制造	341	11384	11095	30	109	65
金属加工机械制造	342	65966	64871	90	309	176
物料搬运设备制造	343	17755	17209	24	51	40
泵、阀门、压缩机及类似机械制造	344	48617	47257	49	268	430
轴承、齿轮和传动部件制造	345	26329	25725	19	73	102
烘炉、风机、包装等设备制造	346	42001	40811	23	158	128
文化、办公用机械制造	347	3781	3488	5	4	14
通用零部件制造	348	168939	167260	150	1043	601
其他通用设备制造业	349	40148	39559	41	75	61
专用设备制造业	35	310665	303567	380	885	842
采矿、冶金、建筑专用设备制造	351	39891	39280	95	209	98
化工、木材、非金属加工专用设备制造	352	84112	82157	37	168	215
食品、饮料、烟草及饲料生产专用设备制造	353	8897	8738	14	45	65
印刷、制药、日化及日用品生产专用设备制造	354	10632	10282	12	47	47
纺织、服装和皮革加工专用设备制造	355	12450	12030	21	63	119
电子和电工机械专用设备制造	356	20093	19410	30	44	25
农、林、牧、渔专用机械制造	357	19329	19063	44	92	48
医疗仪器设备及器械制造	358	30258	28883	37	67	110
环保、邮政、社会公共服务及其他专用设备制造	359	85003	83724	90	150	115
汽车制造业	36	98170	93262	130	259	402
汽车整车制造	361	1786	1654	17	2	1
汽车用发动机制造	362	551	496	4		1
改装汽车制造	363	1407	1371	17	5	2
低速汽车制造	364	138	134		2	
电车制造	365	563	557		1	
汽车车身、挂车制造	366	10039	9876	10	6	3
汽车零部件及配件制造	367	83686	79174	82	243	395

单位：个

国有联营企业	集体联营企业	国有与集体联营	其他联营	国有独资公司	其他有限责任公司	股份有限公司	私营独资	私营合伙	私营有限责任公司	代码
				39	589	82	343	47	2851	321
1			2	12	110	21	34	2	342	322
	1			11	156	27	47	6	632	323
1				12	619	57	822	66	6825	324
1	1		2	34	1324	125	1645	188	15286	325
5	32	10	30	230	22157	1381	46041	3631	337480	33
2	9	3	8	105	9085	465	15494	802	134306	331
	3		4	13	1314	97	3935	279	22391	332
	1			13	587	53	663	59	7207	333
	1			6	544	132	1304	137	17487	334
	4	1	6	17	2717	158	8141	832	49461	335
	2	2	1	9	954	54	2293	307	12794	336
	1			1	84	4	432	17	2562	337
	1		2	5	1091	69	3098	153	20557	338
3	10	4	9	61	5781	349	10681	1045	70715	339
2	25	10	14	267	18001	1630	41341	3807	343926	34
	2		1	27	1319	114	881	77	8330	341
	4	2	2	49	3014	289	5597	496	54183	342
	1		2	31	870	96	997	87	14760	343
	3		2	41	1758	245	4023	443	39397	344
	2	2		28	801	115	2807	350	21143	345
1	3		2	17	1930	199	2739	248	34877	346
	1			1	236	34	186	10	2945	347
1	8	6	2	45	4942	371	22370	1890	134676	348
	1		3	28	3131	167	1741	206	33615	349
9	12	5	13	281	17574	1564	19183	1997	257348	35
3	4	1		107	2459	250	2113	193	33279	351
1	1	2	5	36	4656	240	7184	745	68151	352
	2		1	12	367	43	637	51	7392	353
	2		2	4	675	63	621	103	8561	354
1			1	5	376	50	1641	238	9395	355
1	1			23	1672	123	739	97	16384	356
		1		17	836	82	1566	111	16041	357
1				19	2140	245	1638	178	24011	358
2	2	1	4	58	4393	468	3044	281	74134	359
2	4	2	2	183	5935	573	6992	895	76732	36
				27	411	70	25	3	1069	361
				5	70	12	17	2	378	362
				12	250	33	27	3	982	363
					14	1	3		110	364
					41	8	30	2	469	365
			1	14	463	16	544	32	8711	366
2	4	2	1	125	4686	433	6346	853	65013	367

2-4 续表 5 (2021年)

行业中类	代码	企业单位数	内资企业	国有企业	集体企业	股份合作企业
铁路、船舶、航空航天和其他运输设备制造业	37	37553	36433	123	251	166
铁路运输设备制造	371	4576	4453	18	130	25
城市轨道交通设备制造	372	811	788	7	1	
船舶及相关装置制造	373	10598	10300	49	60	35
航空、航天器及设备制造	374	2534	2416	28	3	2
摩托车制造	375	7233	7087	5	31	91
自行车和残疾人座车制造	376	4478	4211	9	20	9
助动车制造	377	4748	4698	2	3	1
非公路休闲车及零配件制造	378	1242	1184		1	
潜水救捞及其他未列明运输设备制造	379	1333	1296	5	2	3
电气机械和器材制造业	38	242458	235390	253	835	799
电机制造	381	19050	18343	41	61	85
输配电及控制设备制造	382	85231	82960	80	355	390
电线、电缆、光缆及电工器材制造	383	32127	31090	35	182	123
电池制造	384	8965	8491	18	12	9
家用电力器具制造	385	30435	29412	17	85	62
非电力家用器具制造	386	5960	5816	7	8	6
照明器具制造	387	43285	42129	31	74	90
其他电气机械及器材制造	389	17405	17149	24	58	34
计算机、通信和其他电子设备制造业	39	165925	156534	198	234	238
计算机制造	391	15179	14110	14	18	11
通信设备制造	392	12730	12071	29	22	19
广播电视设备制造	393	3294	3098	9	9	2
雷达及配套设备制造	394	365	352	5	2	3
非专业视听设备制造	395	7223	6683	7	8	6
智能消费设备制造	396	10398	9996	4	3	8
电子器件制造	397	32135	30064	49	30	40
电子元件及电子专用材料制造	398	64530	60779	62	120	117
其他电子设备制造	399	20071	19381	19	22	32
仪器仪表制造业	40	58753	56809	88	251	252
通用仪器仪表制造	401	39827	38815	37	145	177
专用仪器仪表制造	402	8121	7842	24	46	28
钟表与计时仪器制造	403	3305	2940	8	17	10
光学仪器制造	404	3058	2892	7	11	9
衡器制造	405	1154	1114	4	16	7
其他仪器仪表制造业	409	3288	3206	8	16	21
其他制造业	41	56558	55478	60	147	105
日用杂品制造	411	19939	19302	15	69	69
核辐射加工	412	11	11			
其他未列明制造业	419	36608	36165	45	78	36
废弃资源综合利用业	42	25604	25334	46	73	22
金属废料和碎屑加工处理	421	12624	12494	26	43	9
非金属废料和碎屑加工处理	422	12980	12840	20	30	13

单位：个

国有联营企　业	集体联营企　业	国 有 与集体联营	其他联营	国有独资公　司	其他有限责任公司	股份有限公　司	私营独资	私营合伙	私营有限责任公司	代码
	1	3	1	138	2443	259	3262	286	29103	37
		1		47	477	66	248	19	3340	371
				9	131	5	14	5	610	372
		1		30	654	83	775	77	8437	373
				40	465	44	31	11	1742	374
				9	246	20	1136	97	5394	375
		1			156	19	478	35	3459	376
	1		1	2	188	13	369	30	4037	377
					44	1	65	5	1053	378
				1	82	8	146	7	1031	379
1	17	2	14	204	15104	1519	15340	1664	196519	38
	1		1	36	1095	131	1388	186	15013	381
1	7		4	91	5278	611	4006	578	70427	382
	4	1	4	23	1982	220	2053	225	25786	383
			3	18	1339	121	226	27	6575	384
	1			12	1515	109	2066	279	24959	385
				3	411	45	425	28	4784	386
	1		2	13	2580	204	4502	259	33853	387
	3	1		8	904	78	674	82	15122	389
3	5	3	13	228	16798	1322	7051	843	127260	39
1		1	1	25	1903	120	356	69	11379	391
	2		1	36	1229	160	359	44	9960	392
1				2	258	34	200	16	2493	393
				6	52	7	11	2	255	394
				4	452	50	471	33	5594	395
				14	1534	105	191	54	7897	396
1		1	3	43	3610	309	1268	188	24007	397
	2	1	6	80	4791	378	3391	318	50778	398
	1		2	18	2969	159	804	119	14897	399
1	1		3	73	3760	469	2491	348	48195	40
1			1	40	2458	291	1522	221	33316	401
	1		1	18	593	103	312	36	6528	402
			1	5	222	16	200	14	2423	403
				4	230	25	142	38	2386	404
					58	7	79	13	916	405
				6	199	27	236	26	2626	409
1		1	1	32	4575	204	4747	1270	43653	41
				6	1086	54	2210	1045	14593	411
				1	5				4	412
1		1	1	25	3484	150	2537	225	29056	419
4	2		4	53	1822	106	1744	111	21068	42
2	2		3	25	909	61	740	48	10507	421
2			1	28	913	45	1004	63	10561	422

2-4 续表 6 (2021年)

行业中类	代码	企业单位数	内资企业	国有企业	集体企业	股份合作企业
金属制品、机械和设备修理业	43	47779	47409	128	431	112
金属制品修理	431	1099	1082		12	4
通用设备修理	432	8127	8084	11	46	12
专用设备修理	433	7949	7882	30	91	18
铁路、船舶、航空航天等运输设备修理	434	7962	7852	40	118	40
电气设备修理	435	5150	5133	9	59	11
仪器仪表修理	436	987	968	5	11	5
其他机械和设备修理业	439	16505	16408	33	94	22
电力、热力、燃气及水生产和供应业	D	**129282**	**126007**	**4798**	**5413**	**485**
电力、热力生产和供应业	44	89814	88056	2377	3654	412
电力生产	441	70529	69023	1637	3486	391
电力供应	442	8554	8445	453	110	9
热力生产和供应	443	10731	10588	287	58	12
燃气生产和供应业	45	10733	9902	158	36	13
燃气生产和供应业	451	9851	9039	156	32	12
生物质燃气生产和供应业	452	882	863	2	4	1
水的生产和供应业	46	28735	28049	2263	1723	60
自来水生产和供应	461	16668	16467	1731	1607	28
污水处理及其再生利用	462	11253	10787	519	112	8
海水淡化处理	463	73	68	1	1	
其他水的处理、利用与分配	469	741	727	12	3	24
建筑业	E	**2366841**	**2363997**	**3727**	**4701**	**834**
房屋建筑业	47	525168	524714	1005	2444	262
住宅房屋建筑	471	429310	428961	840	2169	225
体育场馆建筑	472	1304	1297	4	8	2
其他房屋建筑业	479	94554	94456	161	267	35
土木工程建筑业	48	510143	509538	1895	974	157
铁路、道路、隧道和桥梁工程建筑	481	174556	174369	948	403	70
水利和水运工程建筑	482	20954	20918	491	109	8
海洋工程建筑	483	639	635	1	1	
工矿工程建筑	484	8355	8344	41	29	3
架线和管道工程建筑	485	29926	29856	112	120	14
节能环保工程施工	486	10402	10373	16	3	6
电力工程施工	487	11694	11665	32	21	4
其他土木工程建筑	489	253617	253378	254	288	52
建筑安装业	49	279758	279170	349	592	142
电气安装	491	77125	76925	95	183	29
管道和设备安装	492	70635	70485	120	213	52
其他建筑安装业	499	131998	131760	134	196	61
建筑装饰、装修和其他建筑业	50	1051772	1050575	478	691	273
建筑装饰和装修业	501	712339	711359	208	432	198
建筑物拆除和场地准备活动	502	48970	48943	98	85	17
提供施工设备服务	503	28767	28749	14	20	10
其他未列明建筑业	509	261696	261524	158	154	48

单位：个

国有联营企业	集体联营企业	国有与集体联营	其他联营	国有独资公司	其他有限责任公司	股份有限公司	私营独资	私营合伙	私营有限责任公司	代码
1	3		4	50	2349	131	2910	220	40722	43
				1	110	2	91	3	848	431
	1			2	380	19	392	21	7152	432
1	1		2	6	407	24	501	33	6705	433
			1	22	419	36	601	71	6438	434
				10	229	12	314	18	4435	435
					54	4	33	5	842	436
	1		1	9	750	34	978	69	14302	439
60	**141**	**34**	**54**	**4677**	**26499**	**1622**	**10650**	**7698**	**62420**	D
33	103	18	47	2681	18312	1174	7283	7243	43689	44
25	102	16	47	1958	14408	972	6837	7159	31198	441
5	1	1		308	1571	89	231	65	5483	442
3		1		415	2333	113	215	19	7008	443
6	2			174	2711	142	601	72	5824	45
6	1			172	2574	134	530	66	5204	451
	1			2	137	8	71	6	620	452
21	36	16	7	1822	5476	306	2766	383	12907	46
14	35	13	7	1288	2901	187	2480	335	5709	461
7	1	3		515	2455	115	226	27	6675	462
				3	17	1	1		44	463
				16	103	3	59	21	479	469
41	**69**	**31**	**106**	**5277**	**108820**	**5577**	**57504**	**3860**	**2158162**	E
14	32	14	21	1477	28097	1567	15252	912	469950	47
11	25	12	17	1215	22929	1351	9946	666	386602	471
				6	104	6	32	2	1119	472
3	7	2	4	256	5064	210	5274	244	82229	479
17	21	6	25	2880	26671	1415	12896	805	458263	48
11	7	4	12	1728	10619	576	4268	290	154183	481
1	2		4	336	1846	111	825	36	16979	482
				5	67	5	18	3	532	483
	2			70	622	22	171	16	7324	484
2	3		3	212	1977	125	601	30	26448	485
2	1			28	680	56	146	22	9323	486
1			1	51	795	38	174	19	10424	487
	6	2	5	450	10065	482	6693	389	233050	489
3	5	2	11	342	13769	698	5978	429	254856	49
1			5	102	4097	227	1481	126	70037	491
1		1	3	125	3273	188	1616	97	64326	492
1	5	1	3	115	6399	283	2881	206	120493	499
7	11	9	49	578	40283	1897	23378	1714	975093	50
4	5	6	23	194	28054	1361	15138	1159	660501	501
2	1	1	1	121	2344	115	1404	83	44415	502
1	1		10	30	880	32	763	51	26767	503
	4	2	15	233	9005	389	6073	421	243410	509

2-4 续表 7 (2021年)

行业中类	代码	企业单位数				
			内资企业			
				国有企业	集体企业	股份合作企业
批发和零售业	F	**9405079**	**9338291**	**16311**	**30569**	**6999**
批发业	51	5098368	5046416	10038	13728	3324
农、林、牧、渔产品批发	511	197092	196304	1943	1256	128
食品、饮料及烟草制品批发	512	496497	492244	2539	1305	254
纺织、服装及家庭用品批发	513	790777	777502	411	891	318
文化、体育用品及器材批发	514	182141	179756	224	230	156
医药及医疗器材批发	515	174047	172725	455	107	83
矿产品、建材及化工产品批发	516	1468598	1460823	2530	7042	1168
机械设备、五金产品及电子产品批发	517	1132014	1117319	1033	1452	871
贸易经纪与代理	518	213651	209316	373	186	80
其他批发业	519	443551	440427	530	1259	266
零售业	52	4306711	4291875	6273	16841	3675
综合零售	521	613085	610889	1234	7846	537
食品、饮料及烟草制品专门零售	522	440973	439630	1633	1660	428
纺织、服装及日用品专门零售	523	476692	473836	354	1421	326
文化、体育用品及器材专门零售	524	230782	229765	553	647	328
医药及医疗器材专门零售	525	310015	309658	498	499	385
汽车、摩托车、零配件和燃料及其他动力销售	526	430733	428942	872	1864	493
家用电器及电子产品专门零售	527	455555	453714	181	389	317
五金、家具及室内装饰材料专门零售	528	602460	601171	468	1328	532
货摊、无店铺及其他零售业	529	746416	744270	480	1187	329
交通运输、仓储和邮政业	G	**849361**	**842879**	**5838**	**3594**	**657**
铁路运输业	53	2738	2724	53	37	3
铁路旅客运输	531	439	438	10	2	
铁路货物运输	532	1567	1557	34	10	1
铁路运输辅助活动	533	732	729	9	25	2
道路运输业	54	544582	542950	1846	1770	393
城市公共交通运输	541	18290	18180	377	207	46
公路旅客运输	542	11896	11784	341	201	35
道路货物运输	543	484552	483375	440	826	263
道路运输辅助活动	544	29844	29611	688	536	49
水上运输业	55	18446	18124	164	361	24
水上旅客运输	551	1649	1627	36	66	3
水上货物运输	552	10880	10791	61	250	13
水上运输辅助活动	553	5917	5706	67	45	8
航空运输业	56	4221	4131	65	4	5
航空客货运输	561	1295	1258	21	3	
通用航空服务	562	1845	1833	18		3
航空运输辅助活动	563	1081	1040	26	1	2
管道运输业	57	571	545	13	1	1
海底管道运输	571	103	100		1	
陆地管道运输	572	468	445	13		1

单位：个

国有联营企业	集体联营企业	国有与集体联营	其他联营	国有独资公司	其他有限责任公司	股份有限公司	私营独资	私营合伙	私营有限责任公司	代码
229	**584**	**186**	**569**	**8387**	**394722**	**20932**	**661609**	**29944**	**8113500**	F
111	280	87	255	5546	225064	11362	226442	12997	4507824	51
13	35	8	16	849	10959	733	27881	929	149843	511
15	17	8	32	1109	23899	1442	26537	1637	430191	512
4	17	3	17	235	25227	1221	24264	1548	720027	513
4	3	2	4	166	7160	421	5320	435	164661	514
8	1	3	8	200	11215	574	8566	501	149583	515
46	133	33	86	2092	65250	3360	80831	3535	1286642	516
13	29	18	54	495	48629	2168	25840	2556	1028240	517
4	8	4	14	175	11841	592	3851	697	190135	518
4	37	8	24	225	20884	851	23352	1159	388502	519
118	304	99	314	2841	169658	9570	435167	16947	3605676	52
18	99	17	71	392	23524	1221	54917	2004	515422	521
14	43	6	25	650	19492	1122	43184	1786	366590	522
4	22	4	24	140	15895	867	49743	1509	401173	523
2	19	3	13	517	9541	639	14498	706	201033	524
12	22	12	41	274	12192	941	116284	2497	173790	525
47	49	41	54	408	26058	1586	43078	3387	348250	526
5	8	2	21	97	19057	977	20128	1243	408607	527
5	24	7	17	144	21250	1017	41247	1796	530124	528
11	18	7	48	219	22649	1200	52088	2019	660687	529
58	**80**	**40**	**69**	**4838**	**54773**	**3288**	**27426**	**2316**	**734037**	G
1	1			77	620	28	94	7	1781	53
				15	134	7	20		246	531
1				42	385	20	32	6	1011	532
	1			20	101	1	42	1	524	533
24	45	16	38	2246	30584	1837	16264	1351	483032	54
5	5	2	4	690	2706	176	271	58	13424	541
2	7	4	6	316	1980	185	286	47	8243	542
8	20	8	19	555	22830	1314	13940	1011	439217	543
9	13	2	9	685	3068	162	1767	235	22148	544
3	4	1	3	220	2064	158	442	59	14461	55
				35	247	18	48	16	1135	551
3	4		3	72	987	83	266	23	8936	552
		1		113	830	57	128	20	4390	553
1				183	817	61	53	11	2873	56
				29	211	15	19	2	938	561
				30	321	22	26	3	1386	562
1				124	285	24	8	6	549	563
				12	136	12	15	1	349	57
					5		4		88	571
				12	131	12	11	1	261	572

2-4 续表 8

(2021年)

行业中类	代码	企业单位数	内资企业	国有企业	集体企业	股份合作企业
多式联运和运输代理业	58	161777	159346	227	210	110
多式联运	581	9448	9407	12	18	5
运输代理业	582	152329	149939	215	192	105
装卸搬运和仓储业	59	86796	84884	2924	1181	104
装卸搬运	591	35058	34874	87	748	43
通用仓储	592	14750	13880	135	158	20
低温仓储	593	3733	3675	22	21	2
危险品仓储	594	879	803	24	7	
谷物、棉花等农产品仓储	595	10468	10436	2500	94	13
中药材仓储	596	147	146	1	1	
其他仓储业	599	21761	21070	155	152	26
邮政业	60	30230	30175	546	30	17
邮政基本服务	601	1355	1353	493	19	3
快递服务	602	28125	28081	48	11	13
其他寄递服务	609	750	741	5		1
住宿和餐饮业	**H**	**580835**	**574773**	**3271**	**2430**	**924**
住宿业	61	158313	156770	2364	1464	341
旅游饭店	611	43802	42799	1111	310	65
一般旅馆	612	88141	87687	1034	974	242
民宿服务	613	8229	8212	19	46	6
露营地服务	614	345	343	3		
其他住宿业	619	17796	17729	197	134	28
餐饮业	62	422522	418003	907	966	583
正餐服务	621	324679	321655	810	806	428
快餐服务	622	27636	27023	27	49	64
饮料及冷饮服务	623	12840	12397	6	23	28
餐饮配送及外卖送餐服务	624	13115	13049	13	3	12
其他餐饮业	629	44252	43879	51	85	51
信息传输、软件和信息技术服务业	**I**	**1480593**	**1462842**	**1285**	**535**	**529**
电信、广播电视和卫星传输服务	63	31300	30481	578	132	21
电信	631	27532	26726	398	36	13
广播电视传输服务	632	3115	3107	169	92	5
卫星传输服务	633	653	648	11	4	3
互联网和相关服务	64	210174	208877	136	45	75
互联网接入及相关服务	641	18946	18866	13	8	9
互联网信息服务	642	104116	103659	48	20	29
互联网平台	643	23150	22840	26	2	14
互联网安全服务	644	2426	2413	4	1	
互联网数据服务	645	12246	12062	26	6	11
其他互联网服务	649	49290	49037	19	8	12
软件和信息技术服务业	65	1239119	1223484	571	358	433
软件开发	651	674184	664721	191	116	192
集成电路设计	652	30742	30172	19	2	21

单位：个

国有联营企业	集体联营企业	国有与集体联营	其他联营	国有独资公司	其他有限责任公司	股份有限公司	私营独资	私营合伙	私营有限责任公司	代码
7	3	2	15	336	11047	539	5051	499	140145	58
2			1	17	389	31	525	23	8317	581
5	3	2	14	319	10658	508	4526	476	131828	582
13	27	19	10	1442	7567	413	4569	317	65671	59
3	11	7	3	67	1960	100	2008	164	29467	591
	1	2	2	121	1583	68	507	37	11141	592
	1			26	358	32	534	14	2636	593
				18	201	6	26	7	506	594
6	8	5	1	1066	1366	117	516	28	4601	595
				1	22	2	10	2	106	596
4	6	5	4	143	2077	88	968	65	17214	599
9		2	3	322	1938	240	938	71	25725	60
7		1	1	300	61	28	48	7	370	601
2		1	2	20	1811	207	841	61	24754	602
				2	66	5	49	3	601	609
29	**61**	**20**	**49**	**1461**	**37622**	**1853**	**78901**	**5894**	**438056**	H
20	35	16	18	987	13905	801	23644	2060	109831	61
11	7	6	7	624	5956	312	3440	368	30212	611
8	21	7	6	279	5857	380	16841	1448	59953	612
	4		1	20	582	28	1254	76	6126	613
				3	52	3	12	3	262	614
1	3	3	4	61	1458	78	2097	165	13278	619
9	26	4	31	474	23717	1052	55257	3834	328225	62
7	16	4	27	393	18370	816	43291	2934	251650	621
1				21	1282	56	3322	355	21659	622
	2		1	14	1015	36	2062	143	8929	623
1			1	25	765	42	578	67	11431	624
	8		2	21	2285	102	6004	335	34556	629
30	**11**	**8**	**45**	**1476**	**93300**	**5940**	**40279**	**15725**	**1291703**	I
5	1	1	3	499	2905	1000	1429	141	23431	63
4			3	350	2159	873	1294	116	21189	631
1	1	1		143	656	113	125	18	1748	632
				6	90	14	10	7	494	633
4		2	9	224	13745	840	7662	1543	182660	64
			2	18	1096	68	713	110	16661	641
1			5	90	6242	414	3874	767	91258	642
				41	2224	120	605	193	19339	643
1				3	182	14	59	15	2102	644
2		2		45	1170	73	249	137	10201	645
			2	27	2831	151	2162	321	43099	649
21	10	5	33	753	76650	4100	31188	14041	1085612	65
12	7	3	17	287	42515	2457	8996	5417	599068	651
		1	2	20	2048	120	772	264	26666	652

2-4 续表 9 (2021年)

行业中类	代码	企业单位数	内资企业	国有企业	集体企业	股份合作企业
信息系统集成和物联网技术服务	653	91306	90568	67	14	30
运行维护服务	654	13920	13743	14	12	8
信息处理和存储支持服务	655	9019	8785	14	4	8
信息技术咨询服务	656	303556	300157	208	180	130
数字内容服务	657	16568	16385	12	3	5
其他信息技术服务业	659	99824	98953	46	27	39
金融业	**J**	**147588**	**140149**	**2513**	**436**	**626**
货币金融服务	66	40700	36468	1445	367	539
货币银行服务	662	11716	10916	1273	341	523
非货币银行服务	663	28888	25462	163	24	13
银行理财服务	664	96	90	9	2	3
资本市场服务	67	68782	67800	299	29	39
证券市场服务	671	925	890	22	1	2
公开募集证券投资基金	672	1723	1667	12	2	
非公开募集证券投资基金	673	16477	16164	57	4	4
期货市场服务	674	914	901	27		1
资本投资服务	676	26696	26345	119	19	18
其他资本市场服务	679	22047	21833	62	3	14
保险业	68	20100	18161	629	18	36
人身保险	681	6206	4999	108	4	14
财产保险	682	6696	6107	458	7	15
再保险	683	33	24	2		
商业养老金	684	279	274	1	2	
保险中介服务	685	4945	4862	49	2	7
保险资产管理	686	123	119		1	
其他保险活动	689	1818	1776	11	2	
其他金融业	69	18006	17720	140	22	12
金融信托与管理服务	691	1861	1842	27	5	1
控股公司服务	692	3354	3308	15	4	1
非金融机构支付服务	693	379	377	9		
金融信息服务	694	4365	4317	11	6	4
金融资产管理公司	695	898	881	12	1	3
其他未列明金融业	699	7149	6995	66	6	3
房地产业	**K**	**1033634**	**1019466**	**7280**	**8510**	**2052**
房地产业	70	1033634	1019466	7280	8510	2052
房地产开发经营	701	277636	270315	2393	732	173
物业管理	702	334778	332379	1188	1611	300
房地产中介服务	703	318943	317985	391	320	143
房地产租赁经营	704	84660	81359	3002	5627	1422
其他房地产业	709	17617	17428	306	220	14
租赁和商务服务业	**L**	**3596440**	**3564929**	**8777**	**12087**	**2409**
租赁业	71	399700	398346	315	335	132
机械设备经营租赁	711	389898	388607	290	303	126

单位：个

国有联营企业	集体联营企业	国有与集体联营	其他联营	国有独资公司	其他有限责任公司	股份有限公司	私营独资	私营合伙	私营有限责任公司	代码
		1	2	113	5890	360	2439	990	79773	653
				30	943	67	520	170	11844	654
				44	1018	71	214	86	7223	655
7	3		10	179	16851	695	15273	6143	258512	656
				14	1149	101	344	80	14488	657
2			2	66	6236	229	2630	891	88038	659
25	**5**	**9**	**15**	**1421**	**23341**	**16378**	**1947**	**25665**	**64893**	J
12	3	5	6	260	7612	7703	469	220	16234	66
9	2	5	4	28	496	6912	29	21	482	662
3	1		2	231	7104	753	439	196	15732	663
				1	12	38	1	3	20	664
11		2	6	538	10118	453	563	23830	31347	67
		1		13	192	170	11	77	377	671
3				8	487	7	22	327	776	672
2			2	46	3631	54	49	2952	9204	673
1				11	224	22	5	163	438	674
3			2	358	3408	125	301	9320	12455	676
2		1	2	102	2176	75	175	10991	8097	679
2	2		1	158	2519	7979	730	72	5513	68
	1			10	731	3448	26	15	476	681
	1			120	528	4148	72	5	530	682
					5	4		1	12	683
					10	208	3	2	38	684
			1	22	1060	125	203	30	3279	685
				1	26	8	4	13	64	686
2				5	159	38	422	6	1114	689
		2	2	465	3092	243	185	1543	11799	69
		1	1	22	298	37	27	212	1193	691
		1	1	65	353	38	32	829	1941	692
				4	125	13	9	3	207	693
				18	572	45	38	131	3438	694
				33	174	17	7	108	516	695
				323	1570	93	72	260	4504	699
106	**107**	**57**	**76**	**8262**	**132845**	**5289**	**26270**	**4057**	**816285**	K
106	107	57	76	8262	132845	5289	26270	4057	816285	70
35	14	7	25	4525	67297	2195	2093	447	187860	701
20	33	12	21	1870	32255	1476	4485	820	285498	702
8	2	5	11	200	19561	794	16804	2073	275575	703
42	56	30	15	1328	11371	707	2597	622	53866	704
1	2	3	4	339	2361	117	291	95	13486	709
122	**276**	**66**	**210**	**18697**	**237130**	**10511**	**127162**	**135875**	**2985419**	L
2	7	1	19	511	16675	807	16579	927	359486	71
2	7	1	18	484	16173	789	16113	873	350933	711

2–4 续表 10 (2021年)

行业中类	代码	企业单位数	内资企业	国有企业	集体企业	股份合作企业
文体设备和用品出租	712	8863	8816	19	24	6
日用品出租	713	939	923	6	8	
商务服务业	72	3196740	3166583	8462	11752	2277
组织管理服务	721	529713	523236	3661	5577	662
综合管理服务	722	104191	102859	770	2216	117
法律服务	723	95464	95033	221	130	70
咨询与调查	724	1000980	985206	762	972	606
广告业	725	490812	489530	448	272	170
人力资源服务	726	383899	383487	645	1153	109
安全保护服务	727	44269	44133	398	172	21
会议、展览及相关服务	728	84281	83717	191	134	134
其他商务服务业	729	463131	459382	1366	1126	388
科学研究和技术服务业	**M**	**1925328**	**1905312**	**6938**	**3853**	**1804**
研究和试验发展	73	252124	247569	417	375	526
自然科学研究和试验发展	731	12992	12797	29	15	24
工程和技术研究和试验发展	732	178804	175852	255	155	200
农业科学研究和试验发展	733	22432	22230	83	60	45
医学研究和试验发展	734	35864	34685	35	130	223
社会人文科学研究	735	2032	2005	15	15	34
专业技术服务业	74	764442	757852	5143	1874	669
气象服务	741	1351	1346	152	70	
地震服务	742	848	846	9	5	1
海洋服务	743	1260	1212	12	2	1
测绘地理信息服务	744	15630	15618	434	184	25
质检技术服务	745	56428	55710	985	513	136
环境与生态监测检测服务	746	16304	16257	73	21	20
地质勘查	747	10452	10401	296	39	4
工程技术与设计服务	748	372557	370292	2735	660	245
工业与专业设计及其他专业技术服务	749	289612	286170	447	380	237
科技推广和应用服务业	75	908762	899891	1378	1604	609
技术推广服务	751	614303	608266	1083	1431	435
知识产权服务	752	33804	33550	32	21	29
科技中介服务	753	18645	18381	72	31	16
创业空间服务	754	8425	8328	57	11	1
其他科技推广服务业	759	233585	231366	134	110	128
水利、环境和公共设施管理业	**N**	**216253**	**215280**	**2190**	**1080**	**129**
水利管理业	76	7937	7896	475	164	5
防洪除涝设施管理	761	908	905	62	21	
水资源管理	762	2108	2092	168	56	1
天然水收集与分配	763	608	602	80	23	
水文服务	764	325	324	13	3	1
其他水利管理业	769	3988	3973	152	61	3
生态保护和环境治理业	77	29255	28879	305	64	24

单位：个

国有联营企业	集体联营企业	国有与集体联营	其他联营	国有独资公司	其他有限责任公司	股份有限公司	私营独资	私营合伙	私营有限责任公司	代码
			1	25	456	15	417	52	7752	712
				2	46	3	49	2	801	713
120	269	65	191	18186	220455	9704	110583	134948	2625933	72
57	143	29	35	12304	62274	2746	10444	73396	346627	721
8	35	8	18	930	11907	484	4307	1958	79111	722
1	3	2	20	62	4909	191	7351	4945	76179	723
17	22	6	34	884	59534	2212	40441	46297	827337	724
6	6	3	13	581	22604	1168	15053	1233	444872	725
7	22	4	26	842	17842	847	10612	1141	347738	726
4	7		5	549	3686	175	892	205	37625	727
6	8	1	7	259	5598	244	2977	449	73216	728
14	23	12	33	1775	32101	1637	18506	5324	393228	729
51	**102**	**44**	**106**	**4866**	**135621**	**6291**	**48039**	**17493**	**1664913**	M
4	15	2	14	424	19182	982	5288	2416	215786	73
	4	1	1	17	1186	59	230	109	11007	731
3	5	1	10	277	12354	579	1892	1304	157406	732
1	3		1	83	1807	124	581	156	19032	733
	3		2	40	3550	210	2431	796	26923	734
				7	285	10	154	51	1418	735
34	49	31	54	3373	49073	2664	22573	3871	662346	74
1	3	1		28	197	14	43	7	816	741
				1	50	3	45	3	726	742
				10	145	8	34	7	986	743
	1	2	3	150	904	59	260	54	13388	744
3	11	8	9	665	5828	361	1096	278	45259	745
1	1	2	1	71	1238	71	292	69	14253	746
2	2	3		171	934	60	280	27	8492	747
24	18	8	29	2035	23798	1292	11083	1805	323562	748
3	13	7	12	242	15979	796	9440	1621	254864	749
13	38	11	38	1069	67366	2645	20178	11206	786781	75
10	35	9	30	785	46108	1994	14553	6007	530743	751
1	1	1	1	34	2100	90	895	1774	28304	752
1			1	48	1342	56	653	445	15539	753
	1			69	1241	40	122	159	6531	754
1	1	1	6	133	16575	465	3955	2821	205664	759
23	**26**	**10**	**20**	**4703**	**20415**	**1023**	**7420**	**789**	**175437**	N
4	2	4	2	526	1328	49	297	43	4899	76
	1	1		77	137	3	39	2	550	761
3		2		226	440	21	75	7	1059	762
	1			60	165	7	41	10	209	763
				6	32	3	8		255	764
1		1	2	157	554	15	134	24	2826	769
4	4	1	3	341	3343	174	729	114	23462	77

2-4 续表 11 (2021年)

行业中类	代码	企业单位数	内资企业	国有企业	集体企业	股份合作企业
生态保护	771	2423	2400	98	18	4
环境治理业	772	26832	26479	207	46	20
公共设施管理业	78	132388	131879	1230	776	78
市政设施管理	781	16115	16053	378	99	9
环境卫生管理	782	24021	23912	279	193	9
城乡市容管理	783	2909	2909	36	20	2
绿化管理	784	64003	63905	194	193	38
城市公园管理	785	1411	1394	57	36	1
游览景区管理	786	23929	23706	286	235	19
土地管理业	79	46673	46626	180	76	22
土地整治服务	791	19889	19875	95	37	7
土地调查评估服务	792	6229	6226	9	4	7
土地登记服务	793	1028	1028	3	5	
土地登记代理服务	794	8354	8338	4	2	3
其他土地管理服务	799	11173	11159	69	28	5
居民服务、修理和其他服务业	**O**	**636568**	**634731**	**1188**	**2776**	**1070**
居民服务业	80	277598	276672	578	1240	436
家庭服务	801	66480	66393	28	104	27
托儿所服务	802	11199	11188	4	1	1
洗染服务	803	8403	8353	11	31	32
理发及美容服务	804	52765	52424	21	100	155
洗浴和保健养生服务	805	47317	47143	28	130	92
摄影扩印服务	806	22697	22591	50	100	74
婚姻服务	807	19982	19942	22	39	8
殡葬服务	808	8959	8910	281	415	16
其他居民服务业	809	39796	39728	133	320	31
机动车、电子产品和日用产品修理业	81	235546	235040	403	1082	503
汽车、摩托车等修理与维护	811	179203	178939	345	883	401
计算机和办公设备维修	812	24041	23910	15	44	25
家用电器修理	813	23687	23614	27	103	60
其他日用产品修理业	819	8615	8577	16	52	17
其他服务业	82	123424	123019	207	454	131
清洁服务	821	78387	78223	91	222	68
宠物服务	822	8455	8407	13	17	7
其他未列明服务业	829	36582	36389	103	215	56
教育	**P**	**318397**	**317451**	**634**	**590**	**402**
教育	83	318397	317451	634	590	402
学前教育	831	19233	19195	46	32	14
初等教育	832	3742	3734	13	4	
中等教育	833	2938	2931	9	4	3
高等教育	834	447	445	13	2	
特殊教育	835	635	633	1		1
技能培训、教育辅助及其他教育	839	291402	290513	552	548	384

单位：个

国有联营企业	集体联营企业	国有与集体联营	其他联营	国有独资公司	其他有限责任公司	股份有限公司	私营独资	私营合伙	私营有限责任公司	代码
1	3		2	59	322	19	120	15	1705	771
3	1	1	1	282	3021	155	609	99	21757	772
14	19	5	12	3310	13341	720	3253	354	107520	78
5	1		4	1369	2445	104	349	46	11115	781
4	1		3	406	2196	91	671	53	19796	782
				121	276	10	84	9	2315	783
2	7	1	1	302	3717	203	1677	147	56882	784
		1		85	270	11	29	4	875	785
3	10	3	4	1027	4437	301	443	95	16537	786
1	1		3	526	2403	80	3141	278	39556	79
				319	1098	32	892	85	17155	791
				4	194	11	570	69	5315	792
1				2	48	3	80	8	870	793
			1	3	446	16	964	73	6779	794
	1		2	198	617	18	635	43	9437	799
11	**69**	**30**	**41**	**663**	**29020**	**1555**	**58731**	**3923**	**531472**	**O**
3	29	25	20	351	12569	677	27124	1879	230041	80
	1	1	4	30	2520	142	2977	188	59990	801
				2	361	17	865	36	9862	802
		1		7	402	23	1084	77	6631	803
	6	1	1	4	2414	134	7593	529	41186	804
	3		2	31	2486	136	8202	593	35118	805
			4	4	995	64	2000	149	18999	806
				1	742	41	1540	83	17349	807
1	13	17	7	172	744	49	555	61	6494	808
2	6	5	2	100	1905	71	2308	163	34412	809
6	26	4	16	143	10080	568	26127	1457	193052	81
5	22	4	13	126	7579	439	22694	1280	143892	811
			2	7	1101	58	1119	70	21325	812
	1			5	1012	51	1747	84	20403	813
1	3		1	5	388	20	567	23	7432	819
2	14	1	5	169	6371	310	5480	587	108379	82
2	7		1	81	3601	175	3068	225	70161	821
	2			2	588	19	687	62	6936	822
	5	1	4	86	2182	116	1725	300	31282	829
7	**20**	**8**	**30**	**418**	**16584**	**988**	**15188**	**2136**	**277906**	**P**
7	20	8	30	418	16584	988	15188	2136	277906	83
	1	1	5	27	1135	70	1223	115	16288	831
			1	5	220	13	346	19	3069	832
			2	13	281	8	207	15	2345	833
1				1	47	3	14	6	353	834
				1	30		43	2	545	835
6	19	7	22	371	14871	894	13355	1979	255306	839

2-4 续表 12 (2021年)

行业中类	代码	企业单位数	内资企业	国有企业	集体企业	股份合作企业
卫生和社会工作	Q	**110312**	**109731**	**403**	**406**	**278**
卫生	84	88629	88252	282	282	263
医院	841	31248	31052	143	64	104
基层医疗卫生服务	842	47895	47790	71	186	148
专业公共卫生服务	843	2480	2463	40	20	4
其他卫生活动	849	7006	6947	28	12	7
社会工作	85	21683	21479	121	124	15
提供住宿社会工作	851	19566	19378	81	62	14
不提供住宿社会工作	852	2117	2101	40	62	1
文化、体育和娱乐业	R	**694478**	**691254**	**2611**	**997**	**680**
新闻和出版业	86	7950	7926	742	118	16
新闻业	861	1953	1946	29	4	1
出版业	862	5997	5980	713	114	15
广播、电视、电影和录音制作业	87	109908	109488	1046	164	52
广播	871	20269	20221	41	7	6
电视	872	2135	2130	37	6	2
影视节目制作	873	55908	55775	85	31	32
广播电视集成播控	874	1183	1181	8	2	1
电影和广播电视节目发行	875	4228	4204	78	3	3
电影放映	876	11561	11379	787	109	7
录音制作	877	14624	14598	10	6	1
文化艺术业	88	219012	218083	485	297	268
文艺创作与表演	881	62357	62179	194	110	71
艺术表演场馆	882	2076	2063	58	11	1
图书馆与档案馆	883	3516	3512	27	22	2
文物及非物质文化遗产保护	884	2225	2216	37	19	3
博物馆	885	598	586	27	5	8
烈士陵园、纪念馆	886	104	104	5	4	
群众文体活动	887	18986	18913	83	62	44
其他文化艺术业	889	129150	128510	54	64	139
体育	89	72701	72076	122	94	83
体育组织	891	22989	22841	36	21	21
体育场地设施管理	892	4308	4252	44	22	6
健身休闲活动	893	38184	37815	36	49	49
其他体育	899	7220	7168	6	2	7
娱乐业	90	284907	283681	216	324	261
室内娱乐活动	901	118867	118695	49	115	125
游乐园	902	5611	5537	24	18	2
休闲观光活动	903	20850	20705	43	75	4
彩票活动	904	571	568	6	2	2
文化体育娱乐活动与经纪代理服务	905	134374	133566	82	104	121
其他娱乐业	909	4634	4610	12	10	7

单位：个

国有联营企业	集体联营企业	国有与集体联营	其他联营	国有独资公司	其他有限责任公司	股份有限公司	私营独资	私营合伙	私营有限责任公司	代码
6	**17**	**3**	**15**	**272**	**9824**	**464**	**21010**	**3386**	**72465**	Q
4	13		14	151	7681	364	19170	3131	55970	84
1	4		4	71	3251	153	5706	1278	19902	841
2	8		9	35	3112	161	12701	1701	29198	842
	1		1	14	284	14	371	46	1652	843
1				31	1034	36	392	106	5218	849
2	4	3	1	121	2143	100	1840	255	16495	85
1	2	1	1	106	1958	89	1669	237	14919	851
1	2	2		15	185	11	171	18	1576	852
22	**38**	**6**	**39**	**2399**	**41158**	**2100**	**100025**	**6347**	**530260**	R
2		2	2	542	1332	90	155	22	4845	86
				26	164	6	61	7	1625	861
2		2	2	516	1168	84	94	15	3220	862
7	2	2	6	566	8435	456	5123	548	92121	87
				37	1074	40	1153	103	17613	871
				68	217	12	76	11	1679	872
		1	3	154	3907	230	2733	272	47826	873
			1	19	97	13	40	10	973	874
				32	459	25	88	25	3452	875
7	1	1	1	236	2036	101	336	58	7566	876
	1		1	20	645	35	697	69	13012	877
5	11		7	752	12939	540	10827	1407	189231	88
1	5		4	453	3497	170	6403	479	50433	881
	1			38	270	10	101	5	1553	882
				4	161	6	181	15	3074	883
1				59	226	18	114	42	1665	884
				21	76	2	58	5	379	885
				3	17		3	1	71	886
1	1		1	42	1104	44	937	112	16358	887
2	4		2	132	7588	290	3030	748	115698	889
2	6	2	3	157	4762	236	5198	456	60465	89
2				37	1575	75	1852	146	18924	891
	1	1		62	449	20	171	25	3419	892
	5	1	3	47	2304	116	2979	250	31716	893
				11	434	25	196	35	6406	899
6	19		21	382	13690	778	78722	3914	183598	90
1	6		13	15	3142	236	71090	3054	40178	901
1	1		4	36	608	44	422	42	4280	902
2	4			110	1802	132	3853	156	14284	903
			1	4	36	1	21		489	904
2	6		1	195	7760	340	2975	621	120623	905
	2		2	22	342	25	361	41	3744	909

2-4 续表 13 (2021年)

行业中类	代码	私营股份有限公司	其他	港、澳、台商投资企业	与港、澳、台商合资经营	与港、澳、台商合作经营
总　计	--	**158261**	**57532**	**146575**	**27788**	**2637**
农、林、牧、渔业	A	**4627**	**4637**	**1890**	**416**	**39**
农业	01	1935	2663	1091	234	18
谷物种植	011	259	1324	72	19	2
豆类、油料和薯类种植	012	54	47	16	3	
棉、麻、糖、烟草种植	013	7	19	4	1	
蔬菜、食用菌及园艺作物种植	014	719	554	489	107	8
水果种植	015	336	263	256	47	4
坚果、含油果、香料和饮料作物种植	016	126	70	88	11	1
中药材种植	017	220	121	61	20	2
草种植及割草	018	20	10	2		
其他农业	019	194	255	103	26	1
林业	02	415	258	192	33	10
林木育种和育苗	021	342	201	141	30	9
造林和更新	022	39	21	33	1	1
森林经营、管护和改培	023	16	22	13	2	
木材和竹材采运	024	10	11	2		
林产品采集	025	8	3	3		
畜牧业	03	1149	1018	232	70	2
牲畜饲养	031	785	724	148	44	1
家禽饲养	032	290	257	70	21	1
狩猎和捕捉动物	033	1				
其他畜牧业	039	73	37	14	5	
渔业	04	294	206	201	42	3
水产养殖	041	285	198	200	42	3
水产捕捞	042	9	8	1		
农、林、牧、渔专业及辅助性活动	05	834	492	174	37	6
农业专业及辅助性活动	051	661	425	146	30	5
林业专业及辅助性活动	052	65	31	8	1	
畜牧专业及辅助性活动	053	68	19	9	2	1
渔业专业及辅助性活动	054	40	17	11	4	
采矿业	B	**771**	**185**	**248**	**101**	**9**
煤炭开采和洗选业	06	141	32	35	19	
烟煤和无烟煤开采洗选	061	127	28	30	15	
褐煤开采洗选	062	2		3	3	
其他煤炭采选	069	12	4	2	1	
石油和天然气开采业	07	2	3	9	1	1
石油开采	071	1	1	4	1	1
天然气开采	072	1	2	5		
黑色金属矿采选业	08	76	13	36	17	1
铁矿采选	081	65	11	30	15	
锰矿、铬矿采选	082	8	1	3	1	1
其他黑色金属矿采选	089	3	1	3	1	

单位：个

港、澳、台商独资	港、澳、台商投资股份有限公司	其他港、澳、台商投资	外商投资企业	中外合资经营	中外合作经营	外资企业	外商投资股份有限公司	其他外商投资	代码
111134	**2293**	**2723**	**135203**	**33499**	**1756**	**91807**	**3340**	**4801**	——
1336	**27**	**72**	**800**	**255**	**30**	**441**	**46**	**28**	A
790	12	37	375	124	12	206	20	13	01
48	1	2	36	13	2	19	2		011
12		1	4	1		3			012
1	1	1	2	2					013
362	2	10	189	54	7	113	7	8	014
196	2	7	71	28	2	35	4	2	015
72	1	3	27	10		11	4	2	016
24	3	12	13	8	1	3	1		017
2			6	1		4		1	018
73	2	1	27	7		18	2		019
144	3	2	86	19	4	52	9	2	02
101	1		60	16	2	36	5	1	021
30	1		15	1	1	9	3	1	022
9		2	7		1	6			023
1	1		1			1			024
3			3	2			1		025
142	3	15	179	57	9	100	9	4	03
94	2	7	128	36	5	75	9	3	031
39	1	8	44	18	3	22		1	032
									033
9			7	3	1	3			039
145	3	8	67	25		35	4	3	04
144	3	8	63	24		33	3	3	041
1			4	1		2	1		042
115	6	10	93	30	5	48	4	6	05
99	6	6	70	21	4	35	4	6	051
5		2	3	1		2			052
5		1	13	4	1	8			053
6		1	7	4		3			054
115	**6**	**17**	**172**	**68**	**18**	**70**	**9**	**7**	B
9	2	5	38	20	4	13	1		06
8	2	5	37	20	4	12	1		061
									062
1			1			1			069
6		1	12	2	1	9			07
2			6	1	1	4			071
4		1	6	1		5			072
17		1	17	10	1	3	1	2	08
15			14	9		3		2	081
		1	1		1				082
2			2	1			1		089

2-4 续表 14 (2021年)

行业中类	代码	私营股份有限公司	其他	港、澳、台商投资企业	与港、澳、台商合资经营	与港、澳、台商合作经营
有色金属矿采选业	09	108	11	50	24	4
常用有色金属矿采选	091	66	7	41	19	4
贵金属矿采选	092	26	3	8	5	
稀有稀土金属矿采选	093	16	1	1		
非金属矿采选业	10	348	93	101	37	2
土砂石开采	101	300	79	69	23	2
化学矿开采	102	9	1	6	3	
采盐	103	3		5	2	
石棉及其他非金属矿采选	109	36	13	21	9	
开采专业及辅助性活动	11	61	16	11	1	1
煤炭开采和洗选专业及辅助性活动	111	4	2	3		
石油和天然气开采专业及辅助性活动	112	55	7	8	1	1
其他开采专业及辅助性活动	119	2	7			
其他采矿业	12	35	17	6	2	
其他采矿业	120	35	17	6	2	
制造业	**C**	**38771**	**7250**	**47598**	**10730**	**792**
农副食品加工业	13	1867	226	1059	372	29
谷物磨制	131	319	38	74	29	2
饲料加工	132	257	29	159	55	3
植物油加工	133	155	11	73	31	
制糖业	134	11	1	11	5	1
屠宰及肉类加工	135	310	45	169	48	7
水产品加工	136	139	7	176	71	2
蔬菜、菌类、水果和坚果加工	137	306	25	222	70	7
其他农副食品加工	139	370	70	175	63	7
食品制造业	14	1041	180	1039	287	12
焙烤食品制造	141	150	35	273	58	3
糖果、巧克力及蜜饯制造	142	47	16	93	25	3
方便食品制造	143	157	33	164	58	2
乳制品制造	144	57	4	27	4	
罐头食品制造	145	51	6	59	21	
调味品、发酵制品制造	146	141	13	91	27	1
其他食品制造	149	438	73	332	94	3
酒、饮料和精制茶制造业	15	930	100	521	185	14
酒的制造	151	408	36	125	54	4
饮料制造	152	254	43	295	107	9
精制茶加工	153	268	21	101	24	1
烟草制品业	16	1		2	2	
烟叶复烤	161			2	2	
卷烟制造	162					
其他烟草制品制造	169	1				
纺织业	17	2083	281	2442	649	35
棉纺织及印染精加工	171	563	60	940	278	17
毛纺织及染整精加工	172	116	74	165	53	2

单位：个

港、澳、台商独资	港、澳、台商投资股份有限公司	其他港、澳、台商投资	外商投资企业	中外合资经营	中外合作经营	外资企业	外商投资股份有限公司	其他外商投资	代码
20	1	1	32	12	9	8	3		09
16	1	1	22	7	6	7	2		091
3			7	3	3	1			092
1			3	2			1		093
53	1	8	55	19	3	27	3	3	10
39	1	4	36	11	2	20	1	2	101
2		1	6	2		2	1	1	102
3			2			2			103
9		3	11	6	1	3	1		109
7	1	1	14	3		8	1	2	11
2		1							111
5	1		13	3		8	1	1	112
			1					1	119
3	1		4	2		2			12
3	1		4	2		2			120
34513	**1017**	**546**	**47173**	**14601**	**647**	**30369**	**958**	**598**	**C**
615	25	18	1632	680	53	834	46	19	13
40	2	1	80	33	1	45		1	131
92	6	3	363	121	13	218	9	2	132
39	2	1	102	38	1	60	2	1	133
5			19	8	1	7	3		134
104	6	4	204	84	3	106	6	5	135
96	5	2	299	152	24	114	6	3	136
142	1	2	344	161	5	163	11	4	137
97	3	5	221	83	5	121	9	3	139
701	27	12	1294	428	21	800	29	16	14
203	6	3	233	56	7	163	4	3	141
63	2		83	18	2	59	1	3	142
98	3	3	184	71	3	106	4		143
23			112	53	2	46	8	3	144
36	2		88	44	1	42	1		145
57	6		168	51	4	112		1	146
221	8	6	426	135	2	272	11	6	149
308	8	6	695	322	9	334	19	11	15
62	1	4	231	96	1	122	9	3	151
173	5	1	419	214	8	181	9	7	152
73	2	1	45	12		31	1	1	153
			3	2				1	16
									161
			2	1				1	162
			1	1					169
1707	36	15	1466	499	17	913	28	9	17
627	12	6	432	143	6	263	14	6	171
109	1		60	31	1	28			172

2-4 续表 15

(2021年)

行业中类	代码	私营股份有限公司	其他	港、澳、台商投资企业	与港、澳、台商合资经营	与港、澳、台商合作经营
麻纺织及染整精加工	173	23	3	26	7	1
丝绢纺织及印染精加工	174	61	1	42	17	
化纤织造及印染精加工	175	486	6	207	66	1
针织或钩针编织物及其制品制造	176	294	46	403	71	6
家用纺织制成品制造	177	251	45	275	77	4
产业用纺织制成品制造	178	289	46	384	80	4
纺织服装、服饰业	18	1284	395	3745	752	47
机织服装制造	181	626	156	2023	414	27
针织或钩针编织服装制造	182	198	34	869	157	9
服饰制造	183	460	205	853	181	11
皮革、毛皮、羽毛及其制品和制鞋业	19	592	211	1925	272	44
皮革鞣制加工	191	23	9	118	28	6
皮革制品制造	192	257	103	806	86	23
毛皮鞣制及制品加工	193	42	16	42	12	2
羽毛(绒)加工及制品制造	194	21	6	42	12	3
制鞋业	195	249	77	917	134	10
木材加工和木、竹、藤、棕、草制品业	20	1029	415	504	123	15
木材加工	201	391	303	108	26	3
人造板制造	202	210	16	112	41	3
木质制品制造	203	352	87	192	36	5
竹、藤、棕、草等制品制造	204	76	9	92	20	4
家具制造业	21	1167	134	921	153	10
木质家具制造	211	773	79	520	82	4
竹、藤家具制造	212	15	2	14	2	1
金属家具制造	213	103	17	163	34	2
塑料家具制造	214	9	3	24	7	
其他家具制造	219	267	33	200	28	3
造纸和纸制品业	22	675	184	1189	255	29
纸浆制造	221	4	2	13	2	
造纸	222	176	26	269	82	6
纸制品制造	223	495	156	907	171	23
印刷和记录媒介复制业	23	737	187	763	165	19
印刷	231	673	172	722	150	17
装订及印刷相关服务	232	62	14	32	12	1
记录媒介复制	233	2	1	9	3	1
文教、工美、体育和娱乐用品制造业	24	961	316	2837	382	50
文教办公用品制造	241	86	28	202	46	1
乐器制造	242	35	3	57	16	
工艺美术及礼仪用品制造	243	545	173	1264	172	20
体育用品制造	244	115	26	369	59	5
玩具制造	245	142	83	896	80	24
游艺器材及娱乐用品制造	246	38	3	49	9	
石油、煤炭及其他燃料加工业	25	154	32	117	58	4
精炼石油产品制造	251	81	14	80	34	2

单位：个

港、澳、台商独资	港、澳、台商投资股份有限公司	其他港、澳、台商投资	外商投资企业	中外合资经营	中外合作经营	外资企业	外商投资股份有限公司	其他外商投资	代码
18			7	3		4			173
23	2		37	21		14	2		174
135	5		107	37	2	66	1	1	175
317	6	3	183	63	2	115	2	1	176
189	1	4	344	121	3	215	5		177
289	9	2	296	80	3	208	4	1	178
2891	41	14	2217	818	38	1313	23	25	18
1555	20	7	1172	449	23	675	11	14	181
689	10	4	420	167	5	243	3	2	182
647	11	3	625	202	10	395	9	9	183
1570	26	13	940	235	9	673	12	11	19
82	2		71	20	1	49		1	191
678	14	5	370	91	5	266	5	3	192
25		3	31	13		17		1	193
25	1	1	24	9		14	1		194
760	9	4	444	102	3	327	6	6	195
351	9	6	415	137	8	250	7	13	20
79			86	18		60	1	7	201
63	3	2	76	27		44	5		202
144	5	2	186	64	4	114	1	3	203
65	1	2	67	28	4	32		3	204
736	13	9	684	201	8	450	7	18	21
417	11	6	373	121	4	232	5	11	211
11			8	3		5			212
125	1	1	121	26	3	89		3	213
17			9	2		7			214
166	1	2	173	49	1	117	2	4	219
872	18	15	564	185	6	355	9	9	22
10		1	3			3			221
170	7	4	144	56	1	82	3	2	222
692	11	10	417	129	5	270	6	7	223
561	12	6	394	125	13	243	6	7	23
538	12	5	368	113	11	231	6	7	231
18		1	20	10		10			232
5			6	2	2	2			233
2318	44	43	1766	458	29	1231	23	25	24
147	5	3	185	56	3	120	3	3	241
37	2	2	101	34	2	63	1	1	242
1034	22	16	832	225	11	573	9	14	243
293	3	9	341	71	1	262	3	4	244
768	11	13	259	60	12	178	7	2	245
39	1		48	12		35		1	246
53		2	146	68	3	71	4		25
42		2	96	42	2	50	2		251

2-4 续表 16 (2021年)

行业中类	代码	私营股份有限公司	其他	港、澳、台商投资企业	与港、澳、台商合资经营	与港、澳、台商合作经营
煤炭加工	252	42	7	25	18	1
核燃料加工	253					
生物质燃料加工	254	31	11	12	6	1
化学原料和化学制品制造业	26	2005	185	2254	654	50
基础化学原料制造	261	312	19	329	134	8
肥料制造	262	295	24	119	51	5
农药制造	263	73	3	26	9	
涂料、油墨、颜料及类似产品制造	264	302	30	506	111	8
合成材料制造	265	216	34	320	91	4
专用化学产品制造	266	570	33	498	159	6
炸药、火工及焰火产品制造	267	34		10	6	
日用化学产品制造	268	203	42	446	93	19
医药制造业	27	944	70	674	281	7
化学药品原料药制造	271	128	7	83	43	2
化学药品制剂制造	272	98	3	135	61	2
中药饮片加工	273	163	4	30	12	
中成药生产	274	208	13	101	45	2
兽用药品制造	275	39	6	21	9	
生物药品制品制造	276	149	10	168	66	1
卫生材料及医药用品制造	277	140	26	114	35	
药用辅料及包装材料	278	19	1	22	10	
化学纤维制造业	28	140	10	212	83	
纤维素纤维原料及纤维制造	281	12	3	38	14	
合成纤维制造	282	118	4	160	66	
生物基材料制造	283	10	3	14	3	
橡胶和塑料制品业	29	2207	395	3690	617	64
橡胶制品业	291	329	65	547	90	6
塑料制品业	292	1878	330	3143	527	58
非金属矿物制品业	30	2887	484	1871	580	66
水泥、石灰和石膏制造	301	152	28	121	45	5
石膏、水泥制品及类似制品制造	302	651	134	338	137	6
砖瓦、石材等建筑材料制造	303	1087	193	470	116	10
玻璃制造	304	94	9	112	47	1
玻璃制品制造	305	182	35	212	63	2
玻璃纤维和玻璃纤维增强塑料制品制造	306	92	8	81	17	
陶瓷制品制造	307	213	36	305	73	38
耐火材料制品制造	308	159	6	58	23	1
石墨及其他非金属矿物制品制造	309	257	35	174	59	3
黑色金属冶炼和压延加工业	31	239	29	267	115	8
炼铁	311	3		7	5	
炼钢	312	3		15	10	2
钢压延加工	313	185	21	225	92	5
铁合金冶炼	314	48	8	20	8	1
有色金属冶炼和压延加工业	32	429	37	422	138	10

单位：个

港、澳、台商独资	港、澳、台商投资股份有限公司	其他港、澳、台商投资	外商投资企业	中外合资经营	中外合作经营	外资企业	外商投资股份有限公司	其他外商投资	代码
6			39	24	1	12	2		252
									253
5			11	2		9			254
1456	70	24	2875	963	49	1738	88	37	26
167	15	5	549	228	7	290	17	7	261
60	2	1	154	66	4	73	9	2	262
13	3	1	56	33	1	20	2		263
373	14		462	131	10	301	13	7	264
211	7	7	445	135	6	283	14	7	265
311	18	4	767	248	10	479	22	8	266
4			11	5	2	4			267
317	11	6	431	117	9	288	11	6	268
337	41	8	865	371	16	427	41	10	27
32	4	2	116	54	4	51	6	1	271
58	14		192	81	5	94	10	2	272
16	2		38	21		15	2		273
48	4	2	66	29	1	34	2		274
11	1		33	21		8	3	1	275
86	12	3	204	92	2	96	12	2	276
74	4	1	178	61	3	107	4	3	277
12			38	12	1	22	2	1	278
116	10	3	158	62		90	3	3	28
23	1		21	8		13			281
84	9	1	119	46		70	2	1	282
9		2	18	8		7	1	2	283
2920	53	36	2689	602	37	1976	43	31	29
430	11	10	575	120	9	431	11	4	291
2490	42	26	2114	482	28	1545	32	27	292
1148	43	34	1657	646	50	885	58	18	30
69	1	1	95	30	6	50	9		301
183	7	5	210	87	8	102	9	4	302
317	12	15	342	150	10	167	10	5	303
60	2	2	74	23	1	46	2	2	304
137	7	3	204	64	3	129	7	1	305
61	2	1	108	46	4	57	1		306
188	4	2	233	85	16	121	9	2	307
32	2		137	63		69	3	2	308
101	6	5	254	98	2	144	8	2	309
137	4	3	269	124	2	131	10	2	31
2			4	3				1	311
3			10	6		2	2		312
123	3	2	233	102	2	120	8	1	313
9	1	1	22	13		9			314
259	10	5	458	163	11	269	5	10	32

2-4 续表 17 (2021年)

行业中类	代码	私营股份有限公司	其他	港、澳、台商投资企业	与港、澳、台商合资经营	与港、澳、台商合作经营
常用有色金属冶炼	321	53	6	46	20	4
贵金属冶炼	322	8		9	7	
稀有稀土金属冶炼	323	14		12	5	1
有色金属合金制造	324	101	11	104	29	
有色金属压延加工	325	253	20	251	77	5
金属制品业	33	3189	810	3400	710	73
结构性金属制品制造	331	1088	203	698	159	16
金属工具制造	332	205	72	332	78	10
集装箱及金属包装容器制造	333	119	13	164	59	5
金属丝绳及其制品制造	334	268	77	124	29	4
建筑、安全用金属制品制造	335	407	95	585	122	10
金属表面处理及热处理加工	336	131	22	230	61	2
搪瓷制品制造	337	19	4	21	6	1
金属制日用品制造	338	182	46	418	65	16
铸造及其他金属制品制造	339	770	278	828	131	9
通用设备制造业	34	3564	550	2857	706	32
锅炉及原动设备制造	341	125	15	84	33	1
金属加工机械制造	342	542	118	433	87	5
物料搬运设备制造	343	231	19	204	73	1
泵、阀门、压缩机及类似机械制造	344	566	32	392	117	5
轴承、齿轮和传动部件制造	345	258	25	192	60	3
烘炉、风机、包装等设备制造	346	437	49	458	126	6
文化、办公用机械制造	347	43	9	151	18	
通用零部件制造	348	1037	118	710	139	7
其他通用设备制造业	349	325	165	233	53	4
专用设备制造业	35	2895	579	3109	666	46
采矿、冶金、建筑专用设备制造	351	409	60	193	62	1
化工、木材、非金属加工专用设备制造	352	504	212	979	154	11
食品、饮料、烟草及饲料生产专用设备制造	353	93	16	66	16	3
印刷、制药、日化及日用品生产专用设备制造	354	123	22	162	40	3
纺织、服装和皮革加工专用设备制造	355	117	3	239	45	6
电子和电工机械专用设备制造	356	208	63	317	58	4
农、林、牧、渔专用机械制造	357	206	19	84	16	2
医疗仪器设备及器械制造	358	362	75	590	135	11
环保、邮政、社会公共服务及其他专用设备制造	359	873	109	479	140	5
汽车制造业	36	1080	71	1207	379	9
汽车整车制造	361	27	2	40	18	1
汽车用发动机制造	362	5	2	7	2	
改装汽车制造	363	37	3	12	7	
低速汽车制造	364	3	1	1		
电车制造	365	6		2		
汽车车身、挂车制造	366	51	25	47	11	1
汽车零部件及配件制造	367	951	38	1098	341	7

单位：个

港、澳、台商独资	港、澳、台商投资股份有限公司	其他港、澳、台商投资	外商投资企业	中外合资经营	中外合作经营	外资企业	外商投资股份有限公司	其他外商投资	代码
19	2	1	48	19	1	26	2		321
1	1		5	2	2	1			322
6			21	15	2	4			323
71	3	1	127	41	3	79		4	324
162	4	3	257	86	3	159	3	6	325
2509	69	39	2836	847	46	1867	41	35	33
496	17	10	618	214	13	368	9	14	331
230	10	4	314	85	3	216	6	4	332
93	4	3	171	69	2	97	2	1	333
89	1	1	136	42	3	86	4	1	334
436	12	5	465	122	4	326	9	4	335
161	6		251	62	3	180	3	3	336
14			17	3		14			337
327	5	5	214	51	7	151	2	3	338
663	14	11	650	199	11	429	6	5	339
2020	70	29	4788	1411	48	3206	77	46	34
48	2		205	104	3	91	5	2	341
324	11	6	662	180	9	461	7	5	342
124	6		342	132	7	193	8	2	343
254	11	5	968	261	6	680	14	7	344
125	3	1	412	121	3	280	5	3	345
311	14	1	732	214	5	495	14	4	346
127	5	1	142	33		103	2	4	347
544	9	11	969	241	14	690	12	12	348
163	9	4	356	125	1	213	10	7	349
2281	80	36	3989	1180	51	2612	87	59	35
127	3		418	152	7	247	8	4	351
788	18	8	976	218	8	732	10	8	352
47			93	24	2	65	1	1	353
116	3		188	48	3	131	3	3	354
180	6	2	181	52	5	119	3	2	355
243	8	4	366	98	4	244	9	11	356
59	7		182	52		123	4	3	357
402	23	19	785	276	12	455	30	12	358
319	12	3	800	260	10	496	19	15	359
758	38	23	3701	1171	29	2410	61	30	36
14	6	1	92	67		19	5	1	361
4	1		48	31		16	1		362
4		1	24	18		6			363
1			3	1		2			364
2			4	2		2			365
35			116	46	2	63	3	2	366
698	31	21	3414	1006	27	2302	52	27	367

2-4 续表 18 (2021年)

行业中类	代码	私营股份有限公司	其他	港、澳、台商投资企业	与港、澳、台商合资经营	与港、澳、台商合作经营
铁路、船舶、航空航天和其他运输设备制造业	37	367	30	427	131	4
铁路运输设备制造	371	77	5	35	20	1
城市轨道交通设备制造	372	3	3	10	6	
船舶及相关装置制造	373	90	9	87	30	1
航空、航天器及设备制造	374	48	2	34	14	
摩托车制造	375	53	5	60	25	1
自行车和残疾人座车制造	376	23	2	136	22	1
助动车制造	377	49	2	25	5	
非公路休闲车及零配件制造	378	15		22	7	
潜水救捞及其他未列明运输设备制造	379	9	2	18	2	
电气机械和器材制造业	38	2761	358	3618	815	52
电机制造	381	285	20	287	83	6
输配电及控制设备制造	382	1028	104	1109	229	12
电线、电缆、光缆及电工器材制造	383	391	61	553	103	7
电池制造	384	133	10	234	77	2
家用电力器具制造	385	283	24	579	136	13
非电力家用器具制造	386	85	14	57	21	2
照明器具制造	387	424	96	678	140	8
其他电气机械及器材制造	389	132	29	121	26	2
计算机、通信和其他电子设备制造业	39	1915	423	4755	866	45
计算机制造	391	170	42	546	71	3
通信设备制造	392	197	13	313	63	2
广播电视设备制造	393	70	4	93	15	
雷达及配套设备制造	394	8	1	6	2	
非专业视听设备制造	395	48	10	327	47	2
智能消费设备制造	396	159	27	208	40	2
电子器件制造	397	417	98	1002	230	9
电子元件及电子专用材料制造	398	649	86	1885	341	26
其他电子设备制造	399	197	142	375	57	1
仪器仪表制造业	40	782	95	876	150	7
通用仪器仪表制造	401	550	56	359	90	2
专用仪器仪表制造	402	138	14	94	22	1
钟表与计时仪器制造	403	14	10	319	14	3
光学仪器制造	404	39	1	61	20	1
衡器制造	405	11	3	12	1	
其他仪器仪表制造业	409	30	11	31	3	
其他制造业	41	376	306	614	84	7
日用杂品制造	411	131	24	405	49	4
核辐射加工	412	1				
其他未列明制造业	419	244	282	209	35	3
废弃资源综合利用业	42	213	66	131	59	1
金属废料和碎屑加工处理	421	83	36	57	27	
非金属废料和碎屑加工处理	422	130	30	74	32	1

单位：个

港、澳、台商独资	港、澳、台商投资股份有限公司	其他港、澳、台商投资	外商投资企业	中外合资经营	中外合作经营	外资企业	外商投资股份有限公司	其他外商投资	代码
276	10	6	693	276	7	393	11	6	37
11	3		88	58	1	29			371
4			13	9		3		1	372
52	1	3	211	86		119	4	2	373
20			84	46	2	34	1	1	374
33	1		86	32	2	51		1	375
107	3	3	131	16	1	109	4	1	376
19	1		25	12		13			377
15			36	12		22	2		378
15	1		19	5	1	13			379
2611	95	45	3450	1046	36	2233	83	52	38
187	8	3	420	123	9	278	5	5	381
813	37	18	1162	366	9	739	33	15	382
426	11	6	484	122	5	340	6	11	383
145	6	4	240	104	4	115	11	6	384
408	18	4	444	129	4	286	19	6	385
33		1	87	36	2	46	2	1	386
507	15	8	478	120	3	340	7	8	387
92		1	135	46		89			389
3648	121	75	4636	1004	29	3427	104	72	39
455	12	5	523	83	5	419	8	8	391
229	14	5	346	86	1	235	16	8	392
73	3	2	103	17		83	2	1	393
3	1		7	3		3		1	394
267	6	5	213	52	1	153	4	3	395
154	6	6	194	68		118	2	6	396
713	29	21	1069	291	7	721	38	12	397
1455	40	23	1866	348	13	1448	29	28	398
299	10	8	315	56	2	247	5	5	399
682	28	9	1068	311	13	715	20	9	40
248	17	2	653	194	4	436	14	5	401
67	2	2	185	45	2	135	3		402
294	5	3	46	9	2	33		2	403
35	3	2	105	40	1	62	2		404
11			28	9	2	16	1		405
27	1		51	14	2	33		2	409
509	7	7	466	125	4	320	7	10	41
345	3	4	232	58	1	166	4	3	411
									412
164	4	3	234	67	3	154	3	7	419
61	7	3	139	61	2	73		3	42
26	4		73	33		40			421
35	3	3	66	28	2	33		3	422

2-4 续表 19 (2021年)

行业中类	代码	私营股份有限公司	其他	港、澳、台商投资企业	与港、澳、台商合资经营	与港、澳、台商合作经营
金属制品、机械和设备修理业	43	257	91	150	41	3
金属制品修理	431	7	4	12	3	
通用设备修理	432	33	15	23	2	
专用设备修理	433	45	18	25	6	
铁路、船舶、航空航天等运输设备修理	434	55	11	30	18	2
电气设备修理	435	25	11	8	2	
仪器仪表修理	436	6	3	11	1	1
其他机械和设备修理业	439	86	29	41	9	
电力、热力、燃气及水生产和供应业	D	**1071**	**385**	**1862**	**756**	**61**
电力、热力生产和供应业	44	763	267	1094	375	32
电力生产	441	606	181	981	323	27
电力供应	442	60	59	54	13	2
热力生产和供应	443	97	27	59	39	3
燃气生产和供应业	45	131	32	401	221	10
燃气生产和供应业	451	124	28	391	216	10
生物质燃气生产和供应业	452	7	4	10	5	
水的生产和供应业	46	177	86	367	160	19
自来水生产和供应	461	87	45	129	70	15
污水处理及其再生利用	462	86	38	228	87	4
海水淡化处理	463			4		
其他水的处理、利用与分配	469	4	3	6	3	
建筑业	E	**9911**	**5377**	**1873**	**414**	**36**
房屋建筑业	47	2471	1196	317	88	7
住宅房屋建筑	471	2090	863	251	66	7
体育场馆建筑	472	4	10	3	2	
其他房屋建筑业	479	377	323	63	20	
土木工程建筑业	48	2251	1262	373	98	8
铁路、道路、隧道和桥梁工程建筑	481	826	424	103	39	4
水利和水运工程建筑	482	134	36	25	7	
海洋工程建筑	483	1	2	3	2	
工矿工程建筑	484	35	9	3	1	
架线和管道工程建筑	485	157	52	35	16	1
节能环保工程施工	486	75	15	11	4	
电力工程施工	487	77	28	13	5	1
其他土木工程建筑	489	946	696	180	24	2
建筑安装业	49	1405	589	321	80	8
电气安装	491	400	142	110	26	3
管道和设备安装	492	361	109	69	23	1
其他建筑安装业	499	644	338	142	31	4
建筑装饰、装修和其他建筑业	50	3784	2330	862	148	13
建筑装饰和装修业	501	2788	1288	726	126	10
建筑物拆除和场地准备活动	502	189	67	18	2	
提供施工设备服务	503	72	98	13	5	
其他未列明建筑业	509	735	877	105	15	3

单位：个

港、澳、台商独资	港、澳、台商投资股份有限公司	其他港、澳、台商投资	外商投资企业	中外合资经营	中外合作经营	外资企业	外商投资股份有限公司	其他外商投资	代码
102	2	2	220	80	3	130	6	1	43
9			5	1		4			431
20		1	20	4		15	1		432
18	1		42	14	1	27			433
9		1	80	46	2	31	1		434
5	1		9	2		7			435
9			8	2		6			436
32			56	11		40	4	1	439
979	**38**	**28**	**1413**	**627**	**66**	**651**	**35**	**34**	D
645	26	16	664	274	42	308	17	23	44
593	23	15	525	225	35	233	14	18	441
37	1	1	55	15	2	36		2	442
15	2		84	34	5	39	3	3	443
162	6	2	430	237	7	166	12	8	45
157	6	2	421	232	6	163	12	8	451
5			9	5	1	3			452
172	6	10	319	116	17	177	6	3	46
40	3	1	72	31	13	25	2	1	461
125	3	9	238	82	4	146	4	2	462
4			1	1					463
3			8	2		6			469
1356	**31**	**36**	**971**	**328**	**28**	**551**	**23**	**41**	E
210	5	7	137	34	4	85	4	10	47
172	4	2	98	24	3	59	3	9	471
1			4	1		3			472
37	1	5	35	9	1	23	1	1	479
252	7	8	232	100	11	104	6	11	48
57	2	1	84	43	8	25	3	5	481
14	2	2	11	5	1	5			482
1			1			1			483
2			8	2		5		1	484
17	1		35	15	1	18	1		485
7			18	10		8			486
7			16	4		12			487
147	2	5	59	21	1	30	2	5	489
219	7	7	267	84	7	166	5	5	49
74	3	4	90	34		54		2	491
41	2	2	81	23	5	50	1	2	492
104	2	1	96	27	2	62	4	1	499
675	12	14	335	110	6	196	8	15	50
567	11	12	254	86	3	151	5	9	501
14		2	9	4		4	1		502
8			5	1	1	3			503
86	1		67	19	2	38	2	6	509

2-4 续表 20 (2021年)

行业中类	代码					
		私营股份有限公司	其他	港、澳、台商投资企业	与港、澳、台商合资经营	与港、澳、台商合作经营
批发和零售业	F	**38779**	**14971**	**31388**	**3378**	**205**
批发业	51	21737	7621	23240	2372	141
农、林、牧、渔产品批发	511	1337	374	410	78	3
食品、饮料及烟草制品批发	512	2601	658	2261	381	18
纺织、服装及家庭用品批发	513	2586	733	5036	396	26
文化、体育用品及器材批发	514	738	232	1197	106	9
医药及医疗器材批发	515	1144	277	484	119	6
矿产品、建材及化工产品批发	516	5901	2174	3793	522	27
机械设备、五金产品及电子产品批发	517	4427	1494	7084	483	24
贸易经纪与代理	518	927	429	1598	116	18
其他批发业	519	2076	1250	1377	171	10
零售业	52	17042	7350	8148	1006	64
综合零售	521	2045	1542	1104	131	10
食品、饮料及烟草制品专门零售	522	2180	817	729	123	6
纺织、服装及日用品专门零售	523	1713	641	1531	183	7
文化、体育用品及器材专门零售	524	943	323	528	46	5
医药及医疗器材专门零售	525	1348	863	120	33	2
汽车、摩托车、零配件和燃料及其他动力销售	526	2161	594	775	161	21
家用电器及电子产品专门零售	527	2126	556	1359	85	7
五金、家具及室内装饰材料专门零售	528	2323	889	846	82	5
货摊、无店铺及其他零售业	529	2203	1125	1156	162	1
交通运输、仓储和邮政业	G	**4384**	**1481**	**3728**	**750**	**474**
铁路运输业	53	7	15	9	5	
铁路旅客运输	531	1	3	1		
铁路货物运输	532	6	9	6	4	
铁路运输辅助活动	533		3	2	1	
道路运输业	54	2670	834	996	175	387
城市公共交通运输	541	172	37	56	19	15
公路旅客运输	542	117	14	85	13	61
道路货物运输	543	2244	680	736	128	258
道路运输辅助活动	544	137	103	119	15	53
水上运输业	55	126	34	164	98	15
水上旅客运输	551	21	2	13	9	2
水上货物运输	552	76	14	50	19	8
水上运输辅助活动	553	29	18	101	70	5
航空运输业	56	43	15	36	12	1
航空客货运输	561	16	4	16	4	
通用航空服务	562	17	7	7	3	
航空运输辅助活动	563	10	4	13	5	1
管道运输业	57	4	1	9	8	
海底管道运输	571	2		1	1	
陆地管道运输	572	2	1	8	7	

单位：个

港、澳、台商独资	港、澳、台商投资股份有限公司	其他港、澳、台商投资	外商投资企业	中外合资经营	中外合作经营	外资企业	外商投资股份有限公司	其他外商投资	代码
26882	**354**	**569**	**35400**	**4834**	**221**	**27977**	**663**	**1705**	F
20121	240	366	28712	3645	155	23063	400	1449	51
306	8	15	378	73	4	281	14	6	511
1787	33	42	1992	426	16	1454	47	49	512
4477	59	78	8239	656	48	6650	74	811	513
1058	8	16	1188	157	9	920	19	83	514
337	9	13	838	201	4	601	12	20	515
3156	40	48	3982	668	25	3118	84	87	516
6438	56	83	7611	953	32	6313	87	226	517
1405	15	44	2737	257	10	2321	38	111	518
1157	12	27	1747	254	7	1405	25	56	519
6761	114	203	6688	1189	66	4914	263	256	52
924	11	28	1092	141	16	882	33	20	521
569	11	20	614	122	9	420	31	32	522
1278	21	42	1325	158	4	1077	45	41	523
455	11	11	489	70	6	358	15	40	524
73	3	9	237	50	1	163	13	10	525
556	16	21	1016	269	12	639	71	25	526
1237	12	18	482	89	2	352	12	27	527
723	11	25	443	84	10	318	15	16	528
946	18	29	990	206	6	705	28	45	529
2404	**55**	**45**	**2754**	**768**	**130**	**1702**	**77**	**77**	G
3	1		5	4		1			53
	1								531
2			4	3		1			532
1			1	1					533
409	11	14	636	173	104	311	23	25	54
21		1	54	20	6	20	8		541
8	2	1	27	4	13	8	1	1	542
334	4	12	441	120	28	260	12	21	543
46	5		114	29	57	23	2	3	544
47	4		158	95	2	55	6		55
2			9	6		3			551
23			39	18		17	4		552
22	4		110	71	2	35	2		553
18	4	1	54	14	1	33	4	2	56
9	3		21	5		14	1	1	561
4			5	3		2			562
5	1	1	28	6	1	17	3	1	563
1			17	6		10	1		57
			2	1		1			571
1			15	5		9	1		572

2-4 续表 21 (2021年)

行业中类	代码	私营股份有限公司	其他	港、澳、台商投资企业	与港、澳、台商合资经营	与港、澳、台商合作经营
多式联运和运输代理业	58	825	330	1408	194	51
多式联运	581	27	40	16	1	
运输代理业	582	798	290	1392	193	51
装卸搬运和仓储业	59	470	157	1078	256	20
装卸搬运	591	158	48	99	56	3
通用仓储	592	90	15	508	90	7
低温仓储	593	25	4	34	13	2
危险品仓储	594	6	2	36	20	3
谷物、棉花等农产品仓储	595	94	21	21	6	
中药材仓储	596	1				
其他仓储业	599	96	67	380	71	5
邮政业	60	239	95	28	2	
邮政基本服务	601	3	12	1		
快递服务	602	231	79	23	2	
其他寄递服务	609	5	4	4		
住宿和餐饮业	**H**	**2948**	**1254**	**2980**	**690**	**91**
住宿业	61	938	346	890	300	53
旅游饭店	611	286	84	612	228	43
一般旅馆	612	520	117	234	61	9
民宿服务	613	28	22	9	1	
露营地服务	614	3	2			
其他住宿业	619	101	121	35	10	1
餐饮业	62	2010	908	2090	390	38
正餐服务	621	1560	543	1458	277	34
快餐服务	622	115	72	241	34	1
饮料及冷饮服务	623	75	63	186	37	
餐饮配送及外卖送餐服务	624	75	36	31	10	2
其他餐饮业	629	185	194	174	32	1
信息传输、软件和信息技术服务业	**I**	**9579**	**2397**	**10144**	**1001**	**66**
电信、广播电视和卫星传输服务	63	254	81	387	28	3
电信	631	220	71	379	26	3
广播电视传输服务	632	27	8	6	2	
卫星传输服务	633	7	2	2		
互联网和相关服务	64	1423	509	812	100	3
互联网接入及相关服务	641	129	39	58	12	
互联网信息服务	642	670	241	281	32	1
互联网平台	643	184	92	194	18	
互联网安全服务	644	27	5	7		
互联网数据服务	645	109	31	107	20	
其他互联网服务	649	304	101	165	18	2
软件和信息技术服务业	65	7902	1807	8945	873	60
软件开发	651	4746	697	5453	545	29
集成电路设计	652	149	88	242	46	3

单位：个

港、澳、台商独资	港、澳、台商投资股份有限公司	其他港、澳、台商投资	外商投资企业	中外合资经营	中外合作经营	外资企业	外商投资股份有限公司	其他外商投资	代码
1124	28	11	1023	230	10	731	22	30	58
15			25	5		18	2		581
1109	28	11	998	225	10	713	20	30	582
776	7	19	834	239	12	547	20	16	59
38		2	85	40	3	39	1	2	591
402	3	6	362	80	5	262	10	5	592
17		2	24	12	2	9		1	593
13			40	27		12		1	594
13		2	11	4		7			595
			1	1					596
293	4	7	311	75	2	218	9	7	599
26			27	7	1	14	1	4	60
1			1				1		601
21			21	7	1	11		2	602
4			5			3		2	609
2061	**46**	**92**	**3082**	**590**	**44**	**2228**	**96**	**124**	H
498	15	24	653	201	23	384	18	27	61
318	9	14	391	136	19	216	8	12	611
149	5	10	220	52	3	146	8	11	612
8			8	4	1	3			613
			2	1			1		614
23	1		32	8		19	1	4	619
1563	31	68	2429	389	21	1844	78	97	62
1079	24	44	1566	278	18	1157	44	69	621
201	2	3	372	40	1	314	11	6	622
140	1	8	257	33	1	203	12	8	623
16	1	2	35	4		29	2		624
127	3	11	199	34	1	141	9	14	629
8733	**170**	**174**	**7607**	**1814**	**56**	**5308**	**195**	**234**	I
301	43	12	432	16	4	353	43	16	63
297	42	11	427	15	3	351	42	16	631
2	1	1	2			1	1		632
2			3	1	1	1			633
670	16	23	485	156	1	297	13	18	64
44	1	1	22	7		12	3		641
232	6	10	176	41		124	5	6	642
165	4	7	116	49		60	2	5	643
6	1		6			5		1	644
86	1		77	30		43	2	2	645
137	3	5	88	29	1	53	1	4	649
7762	111	139	6690	1642	51	4658	139	200	65
4739	69	71	4010	1053	28	2748	82	99	651
177	7	9	328	100	5	205	10	8	652

2-4 续表 22 (2021年)

行业中类	代码	私营股份有限公司	其他	港、澳、台商投资企业	与港、澳、台商合资经营	与港、澳、台商合作经营
信息系统集成和物联网技术服务	653	699	190	337	53	4
运行维护服务	654	101	34	82	5	1
信息处理和存储支持服务	655	88	15	125	21	1
信息技术咨询服务	656	1482	484	2124	144	18
数字内容服务	657	176	13	92	10	1
其他信息技术服务业	659	461	286	490	49	3
金融业	**J**	**2430**	**445**	**3718**	**1824**	**32**
货币金融服务	66	1499	94	2881	1630	24
货币银行服务	662	751	40	211	10	2
非货币银行服务	663	747	54	2667	1620	22
银行理财服务	664	1		3		
资本市场服务	67	354	211	480	83	6
证券市场服务	671	13	11	14	6	
公开募集证券投资基金	672	12	11	13	6	
非公开募集证券投资基金	673	96	63	139	24	2
期货市场服务	674	4	5	9	4	
资本投资服务	676	148	69	189	32	2
其他资本市场服务	679	81	52	116	11	2
保险业	68	408	94	192	52	
人身保险	681	142	24	130	23	
财产保险	682	188	35	29	14	
再保险	683			1		
商业养老金	684	9	1			
保险中介服务	685	56	28	24	14	
保险资产管理	686	1	1			
其他保险活动	689	12	5	8	1	
其他金融业	69	169	46	165	59	2
金融信托与管理服务	691	13	5	11	3	
控股公司服务	692	18	10	22	2	
非金融机构支付服务	693	6	1	1		
金融信息服务	694	41	13	24	1	
金融资产管理公司	695	4	6	11	4	1
其他未列明金融业	699	87	11	96	49	1
房地产业	**K**	**6106**	**2164**	**9236**	**2654**	**450**
房地产业	70	6106	2164	9236	2654	450
房地产开发经营	701	1996	523	4786	1718	270
物业管理	702	1971	819	1506	312	60
房地产中介服务	703	1440	658	638	102	16
房地产租赁经营	704	583	91	2190	494	88
其他房地产业	709	116	73	116	28	16
租赁和商务服务业	**L**	**17638**	**8550**	**18004**	**2470**	**152**
租赁业	71	1705	845	878	359	11
机械设备经营租赁	711	1664	831	839	350	10

单位：个

港、澳、台商独资	港、澳、台商投资股份有限公司	其他港、澳、台商投资	外商投资企业	中外合资经营	中外合作经营	外资企业	外商投资股份有限公司	其他外商投资	代码
266	7	7	401	102	3	276	11	9	653
74		2	95	20	2	69		4	654
101	2		109	31	1	71	1	5	655
1903	19	40	1275	247	8	936	18	66	656
79	1	1	91	16	1	69	4	1	657
423	6	9	381	73	3	284	13	8	659
1687	**67**	**108**	**3721**	**1275**	**13**	**1788**	**524**	**121**	J
1155	52	20	1351	444	4	676	190	37	66
193	5	1	589	93		351	144	1	662
959	47	19	759	349	4	324	46	36	663
3			3	2		1			664
347	9	35	502	160	7	249	15	71	67
5	2	1	21	11		7	3		671
7			43	38		4	1		672
98	3	12	174	60	3	97	3	11	673
2	1	2	4	1		3			674
141	2	12	162	34	3	87	7	31	676
94	1	8	98	16	1	51	1	29	679
86	4	50	1747	632	1	791	316	7	68
55	2	50	1077	506		409	159	3	681
14	1		560	98		315	146	1	682
1			8			4	1	3	683
			5				5		684
10			59	26		28	5		685
			4	2		2			686
6	1		34		1	33			689
99	2	3	121	39	1	72	3	6	69
7		1	8	5		2	1		691
18	1	1	24	6		15	1	2	692
1			1		1				693
23			24	4		19		1	694
4	1	1	6	2		3		1	695
46			58	22		33	1	2	699
5863	**127**	**142**	**4932**	**1620**	**158**	**2890**	**120**	**144**	K
5863	127	142	4932	1620	158	2890	120	144	70
2659	65	74	2535	1003	90	1318	53	71	701
1082	22	30	893	215	20	589	35	34	702
499	5	16	320	77	4	214	9	16	703
1559	32	17	1111	292	38	742	20	19	704
64	3	5	73	33	6	27	3	4	709
14634	**183**	**565**	**13507**	**2266**	**124**	**9665**	**265**	**1187**	L
477	20	11	476	138	2	301	16	19	71
448	20	11	452	135	2	282	15	18	711

2-4 续表 23 (2021年)

行业中类	代码	私营股份有限公司	其他	港、澳、台商投资企业	与港、澳、台商合资经营	与港、澳、台商合作经营
文体设备和用品出租	712	36	13	30	6	1
日用品出租	713	5	1	9	3	
商务服务业	72	15933	7705	17126	2111	141
组织管理服务	721	3337	1944	3370	524	34
综合管理服务	722	615	375	773	132	10
法律服务	723	261	688	205	28	2
咨询与调查	724	4628	1454	9024	730	42
广告业	725	2393	708	879	82	13
人力资源服务	726	1544	955	211	43	
安全保护服务	727	269	125	69	18	3
会议、展览及相关服务	728	368	125	300	62	5
其他商务服务业	729	2518	1331	2295	492	32
科学研究和技术服务业	**M**	**10830**	**4361**	**9869**	**1541**	**87**
研究和试验发展	73	1686	452	2130	431	20
自然科学研究和试验发展	731	86	29	102	22	1
工程和技术研究和试验发展	732	1108	303	1485	260	14
农业科学研究和试验发展	733	199	55	119	40	
医学研究和试验发展	734	284	58	412	107	5
社会人文科学研究	735	9	7	12	2	
专业技术服务业	74	4421	1677	3403	393	32
气象服务	741	7	7	2		
地震服务	742	2	1			
海洋服务	743	6	1	15	2	1
测绘地理信息服务	744	124	30	6	2	1
质检技术服务	745	480	78	214	41	2
环境与生态监测检测服务	746	110	34	24	5	
地质勘查	747	70	21	22	6	2
工程技术与设计服务	748	2052	946	1252	131	10
工业与专业设计及其他专业技术服务	749	1570	559	1868	206	16
科技推广和应用服务业	75	4723	2232	4336	717	35
技术推广服务	751	3515	1528	2829	533	26
知识产权服务	752	155	112	139	18	
科技中介服务	753	134	43	153	7	
创业空间服务	754	75	21	59	15	1
其他科技推广服务业	759	844	528	1156	144	8
水利、环境和公共设施管理业	**N**	**1315**	**700**	**579**	**217**	**24**
水利管理业	76	49	49	21	8	
防洪除涝设施管理	761	7	5	1	1	
水资源管理	762	14	20	8	1	
天然水收集与分配	763	4	2	4	2	
水文服务	764	2	1	1		
其他水利管理业	769	22	21	7	4	
生态保护和环境治理业	77	235	76	192	83	8

单位：个

港、澳、台商独资	港、澳、台商投资股份有限公司	其他港、澳、台商投资	外商投资企业	中外合资经营	中外合作经营	外资企业	外商投资股份有限公司	其他外商投资	代码
23			17	2		13	1	1	712
6			7	1		6			713
14157	163	554	13031	2128	122	9364	249	1168	72
2533	51	228	3107	534	40	1895	85	553	721
599	12	20	559	102	5	410	12	30	722
161	4	10	226	31	3	166	5	21	723
7979	57	216	6750	933	46	5263	84	424	724
757	10	17	403	90	2	279	12	20	725
157	7	4	201	52	4	130	4	11	726
47		1	67	21	2	39		5	727
228	2	3	264	75	2	175	6	6	728
1696	20	55	1454	290	18	1007	41	98	729
7931	**112**	**198**	**10147**	**3419**	**112**	**6067**	**241**	**308**	**M**
1591	31	57	2425	1005	20	1255	69	76	73
72	2	5	93	37		50	3	3	731
1156	19	36	1467	553	10	814	42	48	732
75	2	2	83	32	2	45	3	1	733
282	7	11	767	376	8	338	21	24	734
6	1	3	15	7		8			735
2888	28	62	3187	839	27	2179	58	84	74
2			3	2		1			741
			2			2			742
12			33	6		25		2	743
3			6	1		5			744
163	2	6	504	144	7	335	8	10	745
19			23	12		7	2	2	746
12		2	29	8	3	16		2	747
1076	10	25	1013	261	5	704	15	28	748
1601	16	29	1574	405	12	1084	33	40	749
3452	53	79	4535	1575	65	2633	114	148	75
2176	38	56	3208	1225	41	1753	76	113	751
114	1	6	115	22		87	1	5	752
141	5		111	20	3	78	2	8	753
41		2	38	14	1	18	2	3	754
980	9	15	1063	294	20	697	33	19	759
318	**13**	**7**	**394**	**157**	**11**	**202**	**9**	**15**	**N**
13			20	9		10		1	76
			2	2					761
7			8	2		5		1	762
2			2	2					763
1									764
3			8	3		5			769
92	8	1	184	87	7	82	2	6	77

2-4 续表 24 (2021年)

行业中类	代码	私营股份有限公司	其他	港、澳、台商投资企业	与港、澳、台商合资经营	与港、澳、台商合作经营
生态保护	771	25	9	8	1	3
环境治理业	772	210	67	184	82	5
公共设施管理业	78	897	350	345	122	15
市政设施管理	781	72	57	52	18	6
环境卫生管理	782	147	63	56	26	1
城乡市容管理	783	24	12			
绿化管理	784	369	172	72	8	1
城市公园管理	785	16	9	11	5	1
游览景区管理	786	269	37	154	65	6
土地管理业	79	134	225	21	4	1
土地整治服务	791	64	91	5	1	
土地调查评估服务	792	19	24	2		
土地登记服务	793	2	6			
土地登记代理服务	794	15	32	6	1	
其他土地管理服务	799	34	72	8	2	1
居民服务、修理和其他服务业	**O**	**3061**	**1121**	**955**	**211**	**25**
居民服务业	80	1254	446	490	114	17
家庭服务	801	293	88	58	13	
托儿所服务	802	17	22	6	1	
洗染服务	803	40	14	26	6	2
理发及美容服务	804	232	48	139	26	1
洗浴和保健养生服务	805	238	84	103	35	4
摄影扩印服务	806	131	21	62	9	2
婚姻服务	807	98	19	23	2	1
殡葬服务	808	59	26	34	16	7
其他居民服务业	809	146	124	39	6	
机动车、电子产品和日用产品修理业	81	1230	343	261	50	6
汽车、摩托车等修理与维护	811	981	275	135	34	4
计算机和办公设备维修	812	116	28	75	11	
家用电器修理	813	100	21	29	1	2
其他日用产品修理业	819	33	19	22	4	
其他服务业	82	577	332	204	47	2
清洁服务	821	389	132	97	24	1
宠物服务	822	30	44	16	6	1
其他未列明服务业	829	158	156	91	17	
教育	**P**	**1853**	**687**	**431**	**94**	**10**
教育	83	1853	687	431	94	10
学前教育	831	139	99	17	3	1
初等教育	832	18	26	2		
中等教育	833	22	22	4	1	
高等教育	834	4	1			
特殊教育	835	3	7			
技能培训、教育辅助及其他教育	839	1667	532	408	90	9

单位：个

港、澳、台商独资	港、澳、台商投资股份有限公司	其他港、澳、台商投资	外商投资企业	中外合资经营	中外合作经营	外资企业	外商投资股份有限公司	其他外商投资	代码
3		1	15	5	3	5	1	1	771
89	8		169	82	4	77	1	5	772
199	4	5	164	51	4	95	6	8	78
28			10	6		3		1	781
28		1	53	10	2	37	2	2	782
									783
61	2		26	9	1	12		4	784
5			6	1		5			785
77	2	4	69	25	1	38	4	1	786
14	1	1	26	10		15	1		79
4			9	2		6	1		791
1	1		1			1			792
									793
4		1	10	4		6			794
5			6	4		2			799
669	**14**	**36**	**882**	**201**	**19**	**575**	**27**	**60**	O
333	8	18	436	98	11	283	12	32	80
42	2	1	29	10		14	3	2	801
4		1	5	2		2		1	802
18			24	8	1	12	3		803
107	1	4	202	27	2	153	3	17	804
57	2	5	71	31	1	33	2	4	805
45	2	4	44	4	2	36		2	806
19		1	17	4		11		2	807
10		1	15	4	4	3		4	808
31	1	1	29	8	1	19	1		809
190	4	11	245	53	4	159	14	15	81
86	2	9	129	38	3	69	9	10	811
63	1		56	6		45	2	3	812
24	1	1	44	6		36	1	1	813
17		1	16	3	1	9	2	1	819
146	2	7	201	50	4	133	1	13	82
71		1	67	20	2	42		3	821
9			32	6	1	24		1	822
66	2	6	102	24	1	67	1	9	829
311	**5**	**11**	**515**	**128**	**13**	**347**	**14**	**13**	P
311	5	11	515	128	13	347	14	13	83
13			21	8		11	2		831
2			6	2		4			832
3			3			3			833
			2			2			834
			2			2			835
293	5	11	481	118	13	325	12	13	839

2-4 续表 25 (2021年)

行业中类	代码	私营股份有限公司	其他	港、澳、台商投资企业	与港、澳、台商合资经营	与港、澳、台商合作经营
卫生和社会工作	**Q**	**739**	**443**	**264**	**127**	**16**
卫生	84	546	381	158	80	11
医院	841	246	125	85	44	10
基层医疗卫生服务	842	238	220	47	24	1
专业公共卫生服务	843	8	8	7	3	
其他卫生活动	849	54	28	19	9	
社会工作	85	193	62	106	47	5
提供住宿社会工作	851	181	57	101	47	5
不提供住宿社会工作	852	12	5	5		
文化、体育和娱乐业	**R**	**3448**	**1124**	**1808**	**414**	**68**
新闻和出版业	86	35	23	9	5	
新闻业	861	8	15	1		
出版业	862	27	8	8	5	
广播、电视、电影和录音制作业	87	716	244	253	65	7
广播	871	66	81	28	4	3
电视	872	17	5	3	1	
影视节目制作	873	439	62	65	20	1
广播电视集成播控	874	8	9			
电影和广播电视节目发行	875	34	5	18	3	1
电影放映	876	105	28	126	34	1
录音制作	877	47	54	13	3	1
文化艺术业	88	928	386	503	96	7
文艺创作与表演	881	227	132	103	24	1
艺术表演场馆	882	7	8	10	5	2
图书馆与档案馆	883	13	7	2		
文物及非物质文化遗产保护	884	24	8	7	2	1
博物馆	885	5		7	1	
烈士陵园、纪念馆	886					
群众文体活动	887	97	27	37	7	2
其他文化艺术业	889	555	204	337	57	1
体育	89	366	124	286	75	35
体育组织	891	95	57	64	19	2
体育场地设施管理	892	24	8	26	5	
健身休闲活动	893	218	42	175	45	32
其他体育	899	29	17	21	6	1
娱乐业	90	1403	347	757	173	19
室内娱乐活动	901	474	197	94	38	7
游乐园	902	46	9	39	16	3
休闲观光活动	903	202	38	103	32	2
彩票活动	904	5	1			
文化体育娱乐活动与经纪代理服务	905	651	85	503	82	5
其他娱乐业	909	25	17	18	5	2

单位：个

港、澳、台商独资	港、澳、台商投资股份有限公司	其他港、澳、台商投资	外商投资企业	中外合资经营	中外合作经营	外资企业	外商投资股份有限公司	其他外商投资	代码
106	**3**	**12**	**317**	**142**	**25**	**134**	**5**	**11**	Q
56	1	10	219	98	21	91	2	7	84
27	1	3	111	49	14	46	1	1	841
17		5	58	28	5	19	1	5	842
3		1	10	4		5		1	843
9		1	40	17	2	21			849
50	2	2	98	44	4	43	3	4	85
45	2	2	87	42	4	36	3	2	851
5			11	2		7		2	852
1236	**25**	**65**	**1416**	**406**	**41**	**842**	**33**	**94**	R
3		1	15	6		8		1	86
1			6	1		4		1	861
2		1	9	5		4			862
169	3	9	167	61	6	71	8	21	87
18		3	20	4		11	1	4	871
2			2			1		1	872
39		5	68	28	2	25	2	11	873
			2			1	1		874
14			6	2		3		1	875
87	3	1	56	24	3	22	4	3	876
9			13	3	1	8		1	877
377	5	18	426	112	3	279	12	20	88
74	1	3	75	20		43		12	881
3			3			3			882
2			2	1		1			883
4			2			2			884
6			5	1	1	3			885
									886
25		3	36	7	1	24	1	3	887
263	4	12	303	83	1	203	11	5	889
162	5	9	339	104	23	196	3	13	89
39	1	3	84	25	6	49		4	891
20	1		30	11	1	15		3	892
89	3	6	194	60	15	111	3	5	893
14			31	8	1	21		1	899
525	12	28	469	123	9	288	10	39	90
38	2	9	78	20	4	41	3	10	901
19		1	35	12	2	18	2	1	902
63	4	2	42	12		25	2	3	903
			3	1		2			904
394	6	16	305	78	2	197	3	25	905
11			6		1	5			909

2-5 按地区、登记注册类型

(2021年)

地区	企业单位数	内资企业	国有企业	集体企业	股份合作企业	国有联营企业	集体联营企业
全国	**28665212**	**28383434**	**78357**	**103534**	**31729**	**960**	**2136**
北京	1252742	1234206	2342	8615	6487	94	169
天津	376523	370085	1470	1445	332	27	49
河北	1376514	1373618	3545	5385	1177	12	38
山西	729478	728624	2656	4033	99	7	8
内蒙古	381862	381187	901	845	113	1	8
辽宁	670131	663711	3483	6214	1239	36	87
吉林	229570	228698	1510	1074	150	9	29
黑龙江	256859	255968	2576	1711	601	15	31
上海	505468	471734	1806	3012	953	34	81
江苏	2892203	2857415	5018	6433	1499	89	128
浙江	2310258	2282729	1842	5121	7773	19	26
安徽	1150433	1147967	2314	2515	397	44	126
福建	1265024	1247960	2361	4012	419	21	35
江西	741284	738633	3967	2048	395	38	53
山东	2928918	2913248	4847	5563	668	49	94
河南	1631330	1628590	4124	6603	515	16	36
湖北	1139615	1135102	4127	4204	297	26	78
湖南	738648	736680	2223	2131	147	39	95
广东	3319738	3234448	8715	12168	4953	153	409
广西	684474	681568	2618	3780	345	10	20
海南	166723	165643	1079	523	318	21	18
重庆	652158	649419	815	1523	477	7	37
四川	762856	759763	2562	2659	962	63	119
贵州	519698	518939	1698	3103	155	15	104
云南	646660	644730	2025	3373	360	33	70
西藏	32161	32092	487	237	19	15	32
陕西	593201	591097	2851	3042	393	25	75
甘肃	217733	217496	1477	1056	201	15	49
青海	86872	86710	526	308	96	3	10
宁夏	129018	128815	304	278	20	3	1
新疆	277060	276559	2088	520	169	21	21

分组的企业法人单位数

单位：个

国有与集体联营	其他联营	国有独资公司	其他有限责任公司	股份有限公司	私营独资	私营合伙	私营有限责任公司
661	**1874**	**75091**	**1636246**	**106993**	**2105016**	**309755**	**23715289**
17	38	1425	104711	3694	28888	18054	1054648
19	23	1122	42861	2789	17221	7368	289851
17	66	3747	83197	3522	116954	9933	1137908
2	11	2675	20352	1051	40680	2237	652529
1	5	2133	21765	995	11751	1620	339409
26	58	1854	61426	5895	90816	3609	481002
3	4	1303	22857	2344	17711	846	178209
8	23	1102	17923	2207	17605	1094	207254
86	60	2250	60311	3004	37547	10219	348402
59	166	3988	80336	10090	132427	29277	2568111
23	26	4843	57209	3493	146317	62033	1983444
21	50	2032	83286	4353	100393	9205	929233
8	38	2521	24250	1875	87532	14137	1106582
17	196	1617	33128	3024	57460	18750	609400
22	72	3961	105926	8045	181676	18937	2568108
12	51	2722	67152	3110	107234	5667	1426927
14	34	2033	46803	2945	89492	10622	969220
16	34	2305	30209	2946	54035	12409	622209
157	586	4936	351009	19325	188649	38536	2562594
5	19	2669	30266	1068	64059	5032	570354
11	13	411	46685	1220	6282	2526	102839
6	32	1601	7615	1304	157849	4441	471974
16	95	7214	59245	5186	87069	7569	578149
18	31	4937	26020	1246	113567	3606	363186
18	45	2421	36866	3541	66712	3538	521459
5	6	372	13603	685	6076	762	8772
24	24	2448	34093	2307	26100	2536	509919
16	26	1276	35594	3353	25189	957	142475
2	5	449	5508	456	7505	762	70279
		543	2840	319	8118	833	114725
12	37	2181	23200	1601	12102	2640	226118

2-5 续表 (2021年)

地区	私营股份有限公司	其他	港、澳、台商投资企业	与港、澳、台商合资经营	与港、澳、台商合作经营	港、澳、台商独资	港、澳、台商投资股份有限公司
全国	**158261**	**57532**	**146575**	**27788**	**2637**	**111134**	**2293**
北京	4755	269	7169	1266	141	5637	72
天津	2265	3243	2561	1023	30	1397	61
河北	5454	2663	1033	414	32	553	23
山西	2220	64	339	126	13	185	12
内蒙古	1399	241	251	81	9	156	4
辽宁	4505	3461	1829	692	50	1029	27
吉林	1845	804	230	82	4	130	9
黑龙江	2337	1481	331	104	8	200	7
上海	3422	547	12901	2226	236	10100	184
江苏	14426	5368	15065	3876	98	10606	234
浙江	10171	389	9596	3189	85	6065	194
安徽	9104	4894	1043	344	12	619	30
福建	4165	4	11481	2622	83	8413	191
江西	6821	1719	1714	326	27	1302	28
山东	10954	4326	5088	1673	96	3122	90
河南	3269	1152	1177	401	32	714	19
湖北	4344	863	1911	601	25	1224	33
湖南	7022	860	1050	379	15	598	29
广东	27975	14283	64678	6430	1481	54799	870
广西	1317	6	1453	441	44	921	25
海南	2421	1276	647	186	17	355	22
重庆	1738		1240	250	16	923	30
四川	7396	1459	1256	364	34	798	33
贵州	1192	61	403	129	12	250	8
云南	4032	237	737	227	15	459	23
西藏	600	421	19	3		14	1
陕西	4196	3064	930	165	14	330	16
甘肃	3643	2169	100	43	2	52	1
青海	722	79	58	22	1	31	3
宁夏	768	63	89	29	2	50	4
新疆	3783	2066	196	74	3	102	10

单位：个

其他港、澳、台商投资	外商投资企业	中外合资经营	中外合作经营	外资企业	外商投资股份有限公司	其他外商投资
2723	**135203**	**33499**	**1756**	**91807**	**3340**	**4801**
53	11367	3007	175	7908	216	61
50	3877	1030	53	2534	100	160
11	1863	715	64	1048	29	7
3	515	207	19	253	32	4
1	424	154	20	233	10	7
31	4591	1482	88	2889	53	79
5	642	233	13	358	23	15
12	560	177	12	297	56	18
155	20833	3412	268	16674	204	275
251	19723	5161	134	13506	270	652
63	17933	4734	139	11471	207	1382
38	1423	465	8	812	98	40
172	5583	1433	34	3935	81	100
31	937	298	14	537	32	56
107	10582	2901	139	7133	186	223
11	1563	485	29	760	264	25
28	2602	818	20	1540	147	77
29	918	346	24	463	33	52
1098	20612	3863	347	14506	737	1159
22	1453	390	29	787	239	8
67	433	140	17	203	22	51
21	1499	448	11	939	67	34
27	1837	601	44	1035	53	104
4	356	104	9	216	18	9
13	1193	262	21	813	38	59
1	50	19	1	11	1	18
405	1174	388	10	658	61	57
2	137	51	2	49	14	21
1	104	25	5	45	25	4
4	114	48	1	55	3	7
7	305	102	6	139	21	37

2–6 按行业(中类)、成立时间

行业中类	代码	企业单位数	1949年及以前	1950–1977年	1978–1991年	1992–1995年
总　计	——	**28665212**	**1024**	**13986**	**107971**	**144090**
农、林、牧、渔业	A	**946218**	**42**	**628**	**1828**	**1617**
农业	01	429078	15	222	440	570
谷物种植	011	94036	4	99	108	102
豆类、油料和薯类种植	012	9821	3	7	6	11
棉、麻、糖、烟草种植	013	3086		19	23	11
蔬菜、食用菌及园艺作物种植	014	151450	3	16	97	191
水果种植	015	81013	2	27	84	126
坚果、含油果、香料和饮料作物种植	016	24517		21	59	48
中药材种植	017	34504	2	6	16	21
草种植及割草	018	2021		2	2	3
其他农业	019	28630	1	25	45	57
林业	02	74784	9	210	589	257
林木育种和育苗	021	62303	5	48	154	110
造林和更新	022	5808		21	77	41
森林经营、管护和改培	023	3964	4	109	266	77
木材和竹材采运	024	1910		13	73	20
林产品采集	025	799		19	19	9
畜牧业	03	278343	12	45	182	259
牲畜饲养	031	190958	8	35	111	153
家禽饲养	032	70863	4	6	47	87
狩猎和捕捉动物	033	135			1	
其他畜牧业	039	16387		4	23	19
渔业	04	69572	3	30	248	243
水产养殖	041	67876	3	28	219	227
水产捕捞	042	1696		2	29	16
农、林、牧、渔专业及辅助性活动	05	94441	3	121	369	288
农业专业及辅助性活动	051	76902	3	78	237	202
林业专业及辅助性活动	052	7474		19	66	35
畜牧专业及辅助性活动	053	5958		20	21	20
渔业专业及辅助性活动	054	4107		4	45	31
采矿业	B	**82718**	**23**	**203**	**1041**	**859**
煤炭开采和洗选业	06	14291	8	118	376	234
烟煤和无烟煤开采洗选	061	13069	8	112	360	225
褐煤开采洗选	062	311		6	10	4
其他煤炭采选	069	911			6	5
石油和天然气开采业	07	658	1	2	8	10
石油开采	071	403	1	2	7	7
天然气开采	072	255			1	3
黑色金属矿采选业	08	11058	3	8	121	139
铁矿采选	081	10077	3	6	90	127
锰矿、铬矿采选	082	603			22	10
其他黑色金属矿采选	089	378		2	9	2

分组的企业法人单位数

单位：个

1996年	1997年	1998年	1999年	2000年	2001年	2002年	2003年	2004年	2005年	代码
46913	**55252**	**80046**	**96074**	**126905**	**155878**	**190604**	**239292**	**257587**	**271808**	——
477	**662**	**940**	**908**	**1598**	**1822**	**2207**	**2875**	**2901**	**3882**	A
170	224	345	334	540	657	807	944	1003	1248	01
36	35	52	52	62	66	64	108	105	187	011
1	5	4	3	6	11	9	14	15	19	012
3	3	11	5	3	8	9	9	7	9	013
50	86	135	153	245	308	425	423	478	487	014
45	53	74	57	120	132	155	191	194	275	015
16	14	26	26	37	41	56	62	63	90	016
4	4	12	12	31	37	46	70	70	82	017
	2	5	3	4	7	4	6	8	7	018
15	22	26	23	32	47	39	61	63	92	019
76	98	137	146	245	265	350	491	418	492	02
35	53	83	92	197	213	287	390	316	366	021
6	11	12	15	22	22	26	51	49	61	022
24	28	34	24	18	22	31	37	33	41	023
7	4	5	11	5	6	2	8	8	16	024
4	2	3	4	3	2	4	5	12	8	025
93	161	221	175	393	442	510	723	771	1188	03
56	101	155	108	255	300	342	525	586	838	031
29	50	56	46	90	111	132	144	143	284	032
					1				1	033
8	10	10	21	48	30	36	54	42	65	039
71	102	105	123	201	234	229	292	303	422	04
63	99	95	116	194	218	220	283	289	404	041
8	3	10	7	7	16	9	9	14	18	042
67	77	132	130	219	224	311	425	406	532	05
44	52	93	94	154	180	238	320	287	343	051
10	10	13	11	19	17	26	47	35	46	052
8	7	14	12	27	16	29	31	45	51	053
5	8	12	13	19	11	18	27	39	92	054
331	**361**	**561**	**572**	**819**	**1121**	**1290**	**2060**	**2861**	**2995**	B
94	124	185	182	227	343	342	671	789	730	06
88	115	183	173	220	324	329	643	760	705	061
2	5	1	5	4	10	6	13	11	15	062
4	4	1	4	3	9	7	15	18	10	069
3	7	3	18	17	9	14	14	5	9	07
1	7	1	16	14	7	12	9	4	8	071
2		2	2	3	2	2	5	1	1	072
58	46	101	92	148	215	236	449	855	821	08
49	40	93	82	133	200	218	411	804	752	081
8	4	6	9	10	9	16	32	36	49	082
1	2	2	1	5	6	2	6	15	20	089

2-6 续表 1

行业中类	代码	企业单位数	1949年及以前	1950—1977年	1978—1991年	1992—1995年
有色金属矿采选业	09	7585	2	26	165	140
常用有色金属矿采选	091	5241	1	18	99	86
贵金属矿采选	092	1492		6	52	42
稀有稀土金属矿采选	093	852	1	2	14	12
非金属矿采选业	10	40342	6	44	336	288
土砂石开采	101	35085	3	24	236	220
化学矿开采	102	1071	1	4	28	18
采盐	103	296	2	11	22	19
石棉及其他非金属矿采选	109	3890		5	50	31
开采专业及辅助性活动	11	5812		3	21	34
煤炭开采和洗选专业及辅助性活动	111	564			8	6
石油和天然气开采专业及辅助性活动	112	4631		3	11	25
其他开采专业及辅助性活动	119	617			2	3
其他采矿业	12	2972	3	2	14	14
其他采矿业	120	2972	3	2	14	14
制造业	**C**	**4145287**	**210**	**3066**	**32181**	**49442**
农副食品加工业	13	153109	5	225	1384	1635
谷物磨制	131	24459	2	30	134	218
饲料加工	132	17542		3	109	231
植物油加工	133	11101	1	12	92	109
制糖业	134	1121		13	31	28
屠宰及肉类加工	135	28093	1	131	594	293
水产品加工	136	12649		6	165	315
蔬菜、菌类、水果和坚果加工	137	22618	1	7	85	232
其他农副食品加工	139	35526		23	174	209
食品制造业	14	92881	5	84	743	1167
焙烤食品制造	141	22280	1	18	139	262
糖果、巧克力及蜜饯制造	142	5553	1	6	91	180
方便食品制造	143	16122		12	92	136
乳制品制造	144	2154	1	12	37	37
罐头食品制造	145	3041		1	54	82
调味品、发酵制品制造	146	10189	1	21	140	153
其他食品制造	149	33542	1	14	190	317
酒、饮料和精制茶制造业	15	69615	10	104	705	895
酒的制造	151	24951	9	71	418	455
饮料制造	152	21221		8	114	280
精制茶加工	153	23443	1	25	173	160
烟草制品业	16	261	5	5	26	18
烟叶复烤	161	46			1	4
卷烟制造	162	107	5	4	13	8
其他烟草制品制造	169	108		1	12	6
纺织业	17	174881	5	87	1185	1813
棉纺织及印染精加工	171	55513	3	40	503	632
毛纺织及染整精加工	172	8830	1	4	108	194

单位：个

1996年	1997年	1998年	1999年	2000年	2001年	2002年	2003年	2004年	2005年	代码
65	56	89	95	127	175	218	244	360	440	09
39	36	58	66	91	117	146	155	223	280	091
21	13	26	19	30	39	49	59	81	84	092
5	7	5	10	6	19	23	30	56	76	093
100	115	157	164	263	324	408	606	745	855	10
66	76	103	118	188	245	313	467	596	676	101
13	17	19	18	24	29	29	30	42	42	102
7	4	7	4	7	6	10	14	11	14	103
14	18	28	24	44	44	56	95	96	123	109
9	10	22	15	28	35	49	54	73	86	11
1	1	2	3	3	3	6	6	15	13	111
7	9	19	12	22	27	38	47	56	68	112
1		1		3	5	5	1	2	5	119
2	3	4	6	9	20	23	22	34	54	12
2	3	4	6	9	20	23	22	34	54	120
16633	**18840**	**26650**	**34762**	**42916**	**54304**	**65373**	**77917**	**78951**	**78461**	C
563	731	1127	1374	1773	2110	2336	2955	3174	3397	13
44	91	202	233	345	370	405	657	677	745	131
115	148	203	231	251	270	303	321	410	516	132
36	36	73	104	127	156	182	269	281	246	133
3	6	8	8	20	34	27	34	28	19	134
120	162	212	256	324	347	447	506	598	611	135
91	92	129	184	227	297	282	311	275	344	136
81	103	153	204	261	359	340	433	498	459	137
73	93	147	154	218	277	350	424	407	457	139
459	494	688	758	986	1096	1206	1394	1462	1450	14
96	93	153	133	197	199	209	250	259	255	141
51	72	90	89	91	100	127	112	158	120	142
39	41	79	85	123	128	159	171	180	221	143
16	22	26	34	48	73	72	91	73	73	144
25	41	40	53	74	76	88	107	106	119	145
85	83	123	129	202	175	190	220	225	212	146
147	142	177	235	251	345	361	443	461	450	149
338	473	662	794	965	978	1072	1259	1185	1210	15
182	278	360	442	488	439	460	567	501	439	151
94	136	188	228	312	338	377	434	393	438	152
62	59	114	124	165	201	235	258	291	333	153
3	3	5	9	4	3	6	14	8	8	16
1		2	3	1			6	1	1	161
2		3	1	1		3	6	4	2	162
	3		5	2	3	3	2	3	5	169
716	866	1253	1860	2611	3011	4243	4867	4074	3954	17
267	315	487	732	1009	1180	1797	2005	1599	1688	171
76	72	87	160	153	206	241	219	208	182	172

2-6 续表 2

行业中类	代码	企业单位数	1949年及以前	1950—1977年	1978—1991年	1992—1995年
麻纺织及染整精加工	173	1084		3	21	12
丝绢纺织及印染精加工	174	2623	1	9	56	88
化纤织造及印染精加工	175	13916		1	56	91
针织或钩针编织物及其制品制造	176	27143		7	154	268
家用纺织制成品制造	177	37615		9	100	221
产业用纺织制成品制造	178	28157		14	187	307
纺织服装、服饰业	18	216870	10	100	1182	2337
机织服装制造	181	91085	7	53	629	1215
针织或钩针编织服装制造	182	26982	2	15	191	508
服饰制造	183	98803	1	32	362	614
皮革、毛皮、羽毛及其制品和制鞋业	19	97932	4	41	672	1386
皮革鞣制加工	191	5030	2	5	58	111
皮革制品制造	192	33604		4	126	311
毛皮鞣制及制品加工	193	7929	1	5	20	57
羽毛(绒)加工及制品制造	194	2749			26	49
制鞋业	195	48620	1	27	442	858
木材加工和木、竹、藤、棕、草制品业	20	176387	5	36	483	645
木材加工	201	96296	2	18	202	178
人造板制造	202	26281			49	96
木质制品制造	203	41062	3	9	146	261
竹、藤、棕、草等制品制造	204	12748		9	86	110
家具制造业	21	110882	1	17	285	632
木质家具制造	211	75662	1	15	194	410
竹、藤家具制造	212	1182			4	14
金属家具制造	213	11197		1	34	102
塑料家具制造	214	963			5	8
其他家具制造	219	21878		1	48	98
造纸和纸制品业	22	91070	3	42	869	1316
纸浆制造	221	380			2	4
造纸	222	16514		27	245	296
纸制品制造	223	74176	3	15	622	1016
印刷和记录媒介复制业	23	94985	24	147	2637	2808
印刷	231	85020	22	120	2251	2461
装订及印刷相关服务	232	9536	2	27	377	335
记录媒介复制	233	429			9	12
文教、工美、体育和娱乐用品制造业	24	147515	3	81	956	1672
文教办公用品制造	241	14054	1	14	121	199
乐器制造	242	3462		5	30	53
工艺美术及礼仪用品制造	243	89661	2	53	552	948
体育用品制造	244	16784		5	81	140
玩具制造	245	18618		4	152	298
游艺器材及娱乐用品制造	246	4936			20	34
石油、煤炭及其他燃料加工业	25	14230	5	27	134	193
精炼石油产品制造	251	6092	4	23	95	142

单位：个

1996年	1997年	1998年	1999年	2000年	2001年	2002年	2003年	2004年	2005年	代码
3	12	13	19	32	13	35	57	48	32	173
21	33	58	72	113	135	132	157	132	129	174
35	84	133	175	347	356	545	695	507	337	175
104	125	166	264	384	403	608	630	531	580	176
89	109	136	195	270	304	426	531	527	504	177
121	116	173	243	303	414	459	573	522	502	178
663	743	986	1417	2328	2431	2930	3375	3303	3246	18
340	391	522	715	1158	1225	1402	1769	1729	1662	181
138	157	186	301	452	507	643	601	599	589	182
185	195	278	401	718	699	885	1005	975	995	183
437	432	472	620	804	959	1233	1299	1310	1437	19
36	39	42	41	49	69	130	108	108	138	191
97	111	142	187	229	266	348	398	422	484	192
15	21	24	21	62	59	78	90	108	123	193
18	17	21	30	59	59	57	49	47	62	194
271	244	243	341	405	506	620	654	625	630	195
225	245	370	458	735	870	1094	1467	1526	1695	20
59	70	114	110	204	196	269	421	436	546	201
39	46	71	115	175	188	278	407	434	380	202
89	96	134	171	246	344	418	451	470	573	203
38	33	51	62	110	142	129	188	186	196	204
244	291	384	443	528	652	773	1008	1113	1147	21
157	200	242	290	346	444	486	672	704	747	211
1	3	2	4	9	2	10	14	10	11	212
35	38	61	69	93	97	133	157	176	172	213
4	5	3	7	7	8	13	18	18	18	214
47	45	76	73	73	101	131	147	205	199	219
456	514	712	806	1068	1407	1849	2092	2055	1956	22
1	1	1	2	6	1	7	12	9	8	221
94	117	171	195	267	329	469	528	516	477	222
361	396	540	609	795	1077	1373	1552	1530	1471	223
858	1006	1300	1567	1840	2444	3030	3475	3185	2787	23
757	877	1167	1406	1645	2220	2715	3142	2857	2493	231
96	125	126	150	188	220	309	318	314	287	232
5	4	7	11	7	4	6	15	14	7	233
498	535	746	1056	1320	1590	2033	2408	2393	2330	24
88	74	118	169	204	227	257	341	313	292	241
12	19	30	40	41	66	58	72	86	75	242
282	298	425	611	765	915	1220	1375	1338	1410	243
44	51	70	86	129	146	200	236	294	221	244
62	72	80	125	156	204	258	319	302	284	245
10	21	23	25	25	32	40	65	60	48	246
68	56	103	132	159	189	243	319	287	272	25
52	42	72	103	118	125	163	182	158	158	251

2-6 续表 3

行业中类	代码	企业单位数	1949年及以前	1950—1977年	1978—1991年	1992—1995年
煤炭加工	252	4543	1	4	38	51
核燃料加工	253	2				
生物质燃料加工	254	3593			1	
化学原料和化学制品制造业	26	133595	11	206	1802	2798
基础化学原料制造	261	17998	3	37	350	454
肥料制造	262	18299	1	40	107	150
农药制造	263	2565		9	103	102
涂料、油墨、颜料及类似产品制造	264	23015	4	24	310	566
合成材料制造	265	15210	1	8	110	211
专用化学产品制造	266	32851		35	523	825
炸药、火工及焰火产品制造	267	2830	1	37	87	51
日用化学产品制造	268	20827	1	16	212	439
医药制造业	27	37337	13	101	503	922
化学药品原料药制造	271	3705	1	11	70	110
化学药品制剂制造	272	3072	6	28	123	226
中药饮片加工	273	6179		6	39	53
中成药生产	274	5334	4	40	123	220
兽用药品制造	275	2276		6	33	53
生物药品制品制造	276	5390	2	3	41	118
卫生材料及医药用品制造	277	10464		6	65	120
药用辅料及包装材料	278	917		1	9	22
化学纤维制造业	28	8713		2	68	126
纤维素纤维原料及纤维制造	281	1099		1	7	23
合成纤维制造	282	6486		1	57	98
生物基材料制造	283	1128			4	5
橡胶和塑料制品业	29	239006	5	103	1957	3344
橡胶制品业	291	40866	1	34	444	686
塑料制品业	292	198140	4	69	1513	2658
非金属矿物制品业	30	333957	15	245	2606	3381
水泥、石灰和石膏制造	301	15975	5	72	289	315
石膏、水泥制品及类似制品制造	302	80667	1	32	433	484
砖瓦、石材等建筑材料制造	303	129695	5	57	865	1107
玻璃制造	304	7785		10	35	82
玻璃制品制造	305	21422	1	11	143	200
玻璃纤维和玻璃纤维增强塑料制品制造	306	8838		3	104	125
陶瓷制品制造	307	29545	1	24	240	429
耐火材料制品制造	308	14730	2	22	294	354
石墨及其他非金属矿物制品制造	309	25300		14	203	285
黑色金属冶炼和压延加工业	31	25123	2	48	252	442
炼铁	311	795		1	14	14
炼钢	312	494		2	7	28
钢压延加工	313	19909	2	39	193	359
铁合金冶炼	314	3925		6	38	41
有色金属冶炼和压延加工业	32	34105	3	44	319	547

单位：个

1996年	1997年	1998年	1999年	2000年	2001年	2002年	2003年	2004年	2005年	代码
16	13	31	28	36	60	75	133	126	103	252
										253
	1		1	5	4	5	4	3	11	254
989	1107	1681	2021	2403	2983	3366	3950	4054	3969	26
174	171	316	359	406	488	594	756	772	824	261
80	98	133	127	184	226	315	334	402	415	262
29	46	80	101	90	107	85	89	81	108	263
219	204	325	392	477	606	723	829	755	702	264
75	81	134	158	182	230	294	347	333	325	265
265	300	442	594	697	840	915	1078	1189	1115	266
16	22	33	28	80	157	96	127	112	119	267
131	185	218	262	287	329	344	390	410	361	268
274	305	454	447	601	748	827	954	915	818	27
40	39	63	68	88	97	118	131	110	118	271
56	56	87	61	107	116	134	134	118	86	272
16	18	29	27	37	55	74	107	136	130	273
76	82	123	101	135	168	164	209	172	97	274
15	34	40	60	61	81	72	69	89	95	275
30	31	35	39	70	89	100	106	107	119	276
38	37	66	70	84	119	133	166	163	149	277
3	8	11	21	19	23	32	32	20	24	278
34	54	74	103	168	171	245	342	284	216	28
5	3	7	16	23	15	26	35	25	28	281
28	47	62	83	135	146	208	287	245	175	282
1	4	5	4	10	10	11	20	14	13	283
1121	1268	1828	2537	3084	4147	4912	5414	5373	5484	29
250	238	377	515	600	733	834	957	998	1066	291
871	1030	1451	2022	2484	3414	4078	4457	4375	4418	292
1067	1174	1884	2403	2725	3423	4403	5533	5433	5328	30
83	109	203	199	229	286	339	463	443	383	301
173	171	271	295	458	503	877	1096	925	909	302
329	338	557	702	798	944	1195	1614	1475	1641	303
24	21	31	50	46	83	100	115	137	138	304
72	79	108	163	219	260	307	354	370	377	305
44	55	76	89	111	129	192	216	229	230	306
115	156	199	314	300	425	486	578	583	520	307
110	119	214	290	226	364	415	515	610	538	308
117	126	225	301	338	429	492	582	661	592	309
165	165	223	313	362	474	598	1079	1024	932	31
7	5	13	9	14	14	31	60	58	46	311
5	2	4	3	7	12	26	44	18	24	312
136	137	185	271	298	370	470	744	733	733	313
17	21	21	30	43	78	71	231	215	129	314
198	217	309	392	483	728	715	886	951	1014	32

2-6 续表 4

行业中类	代码	企业单位数	1949年及以前	1950—1977年	1978—1991年	1992—1995年
常用有色金属冶炼	321	4173	3	15	61	79
贵金属冶炼	322	570		7	13	15
稀有稀土金属冶炼	323	946		2	11	24
有色金属合金制造	324	8821		7	61	115
有色金属压延加工	325	19595		13	173	314
金属制品业	33	424448	10	204	2849	4290
结构性金属制品制造	331	163839	3	51	688	1101
金属工具制造	332	29220	4	30	234	379
集装箱及金属包装容器制造	333	9164		11	155	208
金属丝绳及其制品制造	334	20369		13	143	181
建筑、安全用金属制品制造	335	63297		17	326	576
金属表面处理及热处理加工	336	17345	1	13	333	309
搪瓷制品制造	337	3184		3	23	19
金属制日用品制造	338	25968		11	149	349
铸造及其他金属制品制造	339	92062	2	55	798	1168
通用设备制造业	34	424920	18	362	3604	5351
锅炉及原动设备制造	341	11384	1	49	217	279
金属加工机械制造	342	65966	9	55	469	635
物料搬运设备制造	343	17755	1	23	173	265
泵、阀门、压缩机及类似机械制造	344	48617	2	71	608	967
轴承、齿轮和传动部件制造	345	26329		30	241	379
烘炉、风机、包装等设备制造	346	42001		25	321	611
文化、办公用机械制造	347	3781		1	28	65
通用零部件制造	348	168939	4	94	1431	1947
其他通用设备制造业	349	40148	1	14	116	203
专用设备制造业	35	310665	12	205	1868	2815
采矿、冶金、建筑专用设备制造	351	39891	3	53	344	407
化工、木材、非金属加工专用设备制造	352	84112	3	20	360	608
食品、饮料、烟草及饲料生产专用设备制造	353	8897		13	89	164
印刷、制药、日化及日用品生产专用设备制造	354	10632	3	12	100	182
纺织、服装和皮革加工专用设备制造	355	12450		23	194	259
电子和电工机械专用设备制造	356	20093	1	6	87	110
农、林、牧、渔专用机械制造	357	19329	1	23	155	148
医疗仪器设备及器械制造	358	30258	1	20	185	388
环保、邮政、社会公共服务及其他专用设备制造	359	85003		35	354	549
汽车制造业	36	98170	7	107	886	1465
汽车整车制造	361	1786	1	5	26	33
汽车用发动机制造	362	551	1	1	5	6
改装汽车制造	363	1407	2	9	37	36
低速汽车制造	364	138				1
电车制造	365	563			2	2
汽车车身、挂车制造	366	10039		6	25	32
汽车零部件及配件制造	367	83686	3	86	791	1355

单位：个

1996年	1997年	1998年	1999年	2000年	2001年	2002年	2003年	2004年	2005年	代码
36	30	47	49	78	95	105	150	191	201	321
7	13	8	12	11	20	22	25	25	30	322
9	8	15	13	27	31	23	41	40	53	323
29	51	70	90	108	137	154	173	179	209	324
117	115	169	228	259	445	411	497	516	521	325
1447	1714	2360	3205	3804	5020	6057	7193	7584	7520	33
390	469	705	888	1087	1411	1758	2165	2251	2217	331
128	168	225	304	404	436	593	633	631	698	332
52	83	101	141	119	156	213	231	254	260	333
74	76	117	145	152	216	241	317	384	378	334
208	241	316	399	554	780	903	970	1056	1041	335
112	122	180	229	289	351	410	519	492	462	336
7	10	8	19	16	34	19	31	30	39	337
106	114	132	187	205	318	342	376	452	455	338
370	431	576	893	978	1318	1578	1951	2034	1970	339
1912	2050	3005	3938	4532	5883	7167	8709	9268	9226	34
103	108	186	232	206	250	260	334	337	348	341
211	262	364	477	590	803	947	1298	1304	1352	342
97	107	139	145	167	270	343	422	423	387	343
338	357	523	607	770	958	1179	1323	1354	1230	344
170	175	207	309	377	507	550	640	674	637	345
227	236	352	463	489	662	809	884	939	969	346
17	23	24	36	41	74	62	68	86	89	347
656	693	1066	1469	1671	2072	2680	3285	3633	3704	348
93	89	144	200	221	287	337	455	518	510	349
989	1201	1611	2230	2616	3558	4203	5045	5597	5634	35
146	204	245	309	363	567	690	845	958	1056	351
220	240	314	477	628	857	1098	1288	1509	1595	352
51	60	82	87	90	129	137	184	156	173	353
57	75	118	127	141	193	196	262	304	254	354
107	107	150	249	329	377	489	494	454	392	355
49	44	70	108	127	183	221	275	302	309	356
59	57	103	113	145	160	213	269	268	286	357
115	149	177	210	256	347	379	425	484	479	358
185	265	352	550	537	745	780	1003	1162	1090	359
457	526	714	915	1078	1525	1921	2423	2446	2350	36
11	22	17	12	14	16	27	27	20	25	361
4	2	8	2	3	9	7	15	10	19	362
9	15	19	13	23	32	52	29	53	50	363
1	2	2	1	3	2	2	1	1	1	364
		4			3	2	3	5	9	365
10	11	18	23	38	42	65	58	73	75	366
422	474	646	864	997	1421	1766	2290	2284	2171	367

2-6 续表 5

行业中类	代码	企业单位数	1949年及以前	1950—1977年	1978—1991年	1992—1995年
铁路、船舶、航空航天和其他运输设备制造业	37	37553	9	67	454	695
铁路运输设备制造	371	4576	3	21	157	120
城市轨道交通设备制造	372	811		1	2	1
船舶及相关装置制造	373	10598	5	26	134	163
航空、航天器及设备制造	374	2534		7	13	27
摩托车制造	375	7233		8	90	258
自行车和残疾人座车制造	376	4478	1	2	34	81
助动车制造	377	4748			10	19
非公路休闲车及零配件制造	378	1242			1	15
潜水救捞及其他未列明运输设备制造	379	1333		2	13	11
电气机械和器材制造业	38	242458	12	158	1823	3189
电机制造	381	19050	1	35	179	344
输配电及控制设备制造	382	85231	5	59	800	1231
电线、电缆、光缆及电工器材制造	383	32127	5	20	340	582
电池制造	384	8965	1	7	38	82
家用电力器具制造	385	30435		18	156	396
非电力家用器具制造	386	5960		1	32	65
照明器具制造	387	43285		10	181	353
其他电气机械及器材制造	389	17405		8	97	136
计算机、通信和其他电子设备制造业	39	165925	2	61	664	1618
计算机制造	391	15179		1	36	115
通信设备制造	392	12730	1	8	62	174
广播电视设备制造	393	3294		2	23	55
雷达及配套设备制造	394	365		5	3	10
非专业视听设备制造	395	7223		3	35	112
智能消费设备制造	396	10398		1	11	27
电子器件制造	397	32135	1	16	108	242
电子元件及电子专用材料制造	398	64530		23	337	762
其他电子设备制造	399	20071		2	49	121
仪器仪表制造业	40	58753	4	83	564	986
通用仪器仪表制造	401	39827	2	47	339	591
专用仪器仪表制造	402	8121		12	101	129
钟表与计时仪器制造	403	3305		8	49	94
光学仪器制造	404	3058	1	4	16	74
衡器制造	405	1154	1	3	26	34
其他仪器仪表制造业	409	3288		9	33	64
其他制造业	41	56558	1	23	219	426
日用杂品制造	411	19939		14	132	263
核辐射加工	412	11				1
其他未列明制造业	419	36608	1	9	87	162
废弃资源综合利用业	42	25604		6	81	83
金属废料和碎屑加工处理	421	12624		3	46	49
非金属废料和碎屑加工处理	422	12980		3	35	34

单位：个

1996年	1997年	1998年	1999年	2000年	2001年	2002年	2003年	2004年	2005年	代码
238	240	310	490	509	648	694	779	845	957	37
43	35	49	81	83	109	107	133	124	150	371
2	1	2	5	3	1	1	8	9	5	372
47	48	73	97	101	131	140	162	231	272	373
15	13	9	20	20	22	30	27	34	44	374
76	95	107	191	157	195	213	194	227	257	375
30	27	37	44	72	94	78	103	93	93	376
14	11	17	32	36	60	84	89	74	74	377
4	4	4	7	21	16	18	37	29	23	378
7	6	12	13	16	20	23	26	24	39	379
1128	1227	1703	2277	2658	3527	3990	4688	4697	4615	38
121	129	169	237	267	371	395	486	541	470	381
429	481	649	893	1038	1317	1513	1862	1793	1773	382
219	245	348	420	449	695	702	769	720	855	383
23	34	43	44	71	90	104	127	120	137	384
155	123	198	277	317	405	483	539	555	497	385
23	30	44	42	63	82	86	105	99	121	386
111	142	177	244	323	406	513	551	604	525	387
47	43	75	120	130	161	194	249	265	237	389
475	573	755	996	1352	1882	2166	2494	2749	2798	39
30	41	68	70	106	157	174	202	230	263	391
61	73	90	126	152	194	192	212	207	236	392
21	16	27	47	45	60	77	83	90	70	393
2	4	5	4	3	3	11	9	8	10	394
28	47	42	54	59	97	135	135	153	151	395
14	9	23	28	25	43	53	65	85	87	396
57	82	87	108	185	306	289	386	441	452	397
227	252	343	480	671	893	1058	1199	1290	1275	398
35	49	70	79	106	129	177	203	245	254	399
320	336	508	635	693	952	969	1198	1198	1188	40
211	212	327	426	450	607	627	741	743	756	401
47	47	72	80	95	143	138	196	194	167	402
19	28	23	26	35	40	51	57	63	68	403
15	18	28	36	55	67	62	76	91	73	404
12	15	21	25	20	31	35	59	39	43	405
16	16	37	42	38	64	56	69	68	81	409
134	144	165	258	364	436	522	596	636	642	41
92	94	100	160	232	272	341	342	393	359	411
						1	1			412
42	50	65	98	132	164	180	253	243	283	419
31	29	55	65	74	127	151	230	259	266	42
17	20	37	34	38	61	90	147	169	154	421
14	9	18	31	36	66	61	83	90	112	422

2-6 续表 6

行业中类	代码	企业单位数	1949年及以前	1950—1977年	1978—1991年	1992—1995年
金属制品、机械和设备修理业	43	47779	1	45	401	447
金属制品修理	431	1099		1	8	9
通用设备修理	432	8127		5	38	61
专用设备修理	433	7949		11	91	77
铁路、船舶、航空航天等运输设备修理	434	7962		16	145	131
电气设备修理	435	5150		5	36	57
仪器仪表修理	436	987		1	10	11
其他机械和设备修理业	439	16505	1	6	73	101
电力、热力、燃气及水生产和供应业	D	**129282**	**39**	**757**	**3414**	**2099**
电力、热力生产和供应业	44	89814	18	498	2011	1343
电力生产	441	70529	7	392	1710	1066
电力供应	442	8554	11	102	201	141
热力生产和供应	443	10731		4	100	136
燃气生产和供应业	45	10733	1	3	88	116
燃气生产和供应业	451	9851	1	3	87	114
生物质燃气生产和供应业	452	882			1	2
水的生产和供应业	46	28735	20	256	1315	640
自来水生产和供应	461	16668	20	256	1300	592
污水处理及其再生利用	462	11253			7	28
海水淡化处理	463	73				1
其他水的处理、利用与分配	469	741			8	19
建筑业	E	**2366841**	**56**	**1939**	**8401**	**10880**
房屋建筑业	47	525168	30	1401	4651	3726
住宅房屋建筑	471	429310	28	1301	4184	3301
体育场馆建筑	472	1304	1	6	21	28
其他房屋建筑业	479	94554	1	94	446	397
土木工程建筑业	48	510143	9	395	1874	2408
铁路、道路、隧道和桥梁工程建筑	481	174556	5	158	760	1113
水利和水运工程建筑	482	20954		122	413	337
海洋工程建筑	483	639			2	2
工矿工程建筑	484	8355		19	89	74
架线和管道工程建筑	485	29926	1	41	235	277
节能环保工程施工	486	10402		1	21	34
电力工程施工	487	11694	1	27	46	56
其他土木工程建筑	489	253617	2	27	308	515
建筑安装业	49	279758	8	90	1029	1894
电气安装	491	77125	3	18	342	602
管道和设备安装	492	70635	3	31	329	578
其他建筑安装业	499	131998	2	41	358	714
建筑装饰、装修和其他建筑业	50	1051772	9	53	847	2852
建筑装饰和装修业	501	712339	3	27	587	2313
建筑物拆除和场地准备活动	502	48970	2	2	76	239
提供施工设备服务	503	28767		4	20	42
其他未列明建筑业	509	261696	4	20	164	258

单位：个

1996年	1997年	1998年	1999年	2000年	2001年	2002年	2003年	2004年	2005年	代码
126	121	203	243	289	332	419	472	563	615	43
3	4	6	4	4	7	4	14	11	11	431
28	20	35	38	40	50	70	73	111	90	432
26	16	30	41	56	59	74	77	94	114	433
29	35	55	66	57	76	85	91	101	143	434
10	12	17	27	34	33	52	54	60	58	435
2	1	4	7	9	10	12	18	11	17	436
28	33	56	60	89	97	122	145	175	182	439
724	**822**	**1095**	**1088**	**1385**	**1720**	**2494**	**3883**	**3958**	**3372**	D
502	573	774	730	973	1247	1836	3007	3131	2532	44
443	502	651	644	848	1079	1641	2685	2861	2236	441
36	36	52	37	27	58	68	105	64	79	442
23	35	71	49	98	110	127	217	206	217	443
45	49	73	73	97	137	186	262	200	248	45
43	49	70	72	94	134	181	256	196	239	451
2		3	1	3	3	5	6	4	9	452
177	200	248	285	315	336	472	614	627	592	46
164	183	210	253	244	266	310	437	433	395	461
7	12	33	28	59	62	151	164	183	186	462
						2		1	1	463
6	5	5	4	12	8	9	13	10	10	469
3303	**3684**	**5367**	**5444**	**6594**	**9064**	**10206**	**11402**	**13117**	**14082**	E
975	1067	1594	1450	1722	2909	2760	2308	2566	2858	47
854	978	1413	1308	1525	2593	2424	1958	2149	2455	471
4	5	4	6	6	13	10	4	11	17	472
117	84	177	136	191	303	326	346	406	386	479
596	724	1137	1211	1451	1964	2180	2803	3065	3118	48
270	302	484	483	580	733	826	1093	1129	1133	481
54	75	102	139	127	186	177	167	196	207	482
		2	2	5	2	2	3	8	7	483
23	16	31	39	47	55	68	84	77	93	484
73	99	155	160	156	302	242	343	428	394	485
16	15	29	29	35	47	40	58	73	95	486
18	13	25	33	37	48	67	74	75	89	487
142	204	309	326	464	591	758	981	1079	1100	489
663	772	1112	1177	1351	1733	2015	2323	2680	2873	49
229	271	390	423	470	620	694	777	852	915	491
186	208	290	304	363	498	552	658	754	799	492
248	293	432	450	518	615	769	888	1074	1159	499
1069	1121	1524	1606	2070	2458	3251	3968	4806	5233	50
906	949	1216	1290	1650	1948	2423	2896	3355	3716	501
66	57	116	121	155	196	322	478	563	511	502
10	15	27	31	37	46	64	95	111	146	503
87	100	165	164	228	268	442	499	777	860	509

2-6 续表 7

行业中类	代码	企业单位数	1949年及以前	1950–1977年	1978–1991年	1992–1995年
批发和零售业	F	**9405079**	**323**	**3397**	**27834**	**30940**
批发业	51	5098368	106	1511	14529	18566
农、林、牧、渔产品批发	511	197092	13	217	1524	892
食品、饮料及烟草制品批发	512	496497	12	257	2092	1823
纺织、服装及家庭用品批发	513	790777	7	106	1164	1861
文化、体育用品及器材批发	514	182141	9	38	352	607
医药及医疗器材批发	515	174047	2	77	587	800
矿产品、建材及化工产品批发	516	1468598	40	595	5455	6459
机械设备、五金产品及电子产品批发	517	1132014	15	114	1779	4382
贸易经纪与代理	518	213651	1	19	409	650
其他批发业	519	443551	7	88	1167	1092
零售业	52	4306711	217	1886	13305	12374
综合零售	521	613085	72	990	5452	1671
食品、饮料及烟草制品专门零售	522	440973	6	236	1720	1101
纺织、服装及日用品专门零售	523	476692	10	124	1230	1049
文化、体育用品及器材专门零售	524	230782	93	201	819	819
医药及医疗器材专门零售	525	310015	9	113	693	593
汽车、摩托车、零配件和燃料及其他动力销售	526	430733	5	56	1063	2920
家用电器及电子产品专门零售	527	455555	4	23	395	1050
五金、家具及室内装饰材料专门零售	528	602460	9	81	1065	1894
货摊、无店铺及其他零售业	529	746416	9	62	868	1277
交通运输、仓储和邮政业	G	**849361**	**95**	**907**	**4983**	**4891**
铁路运输业	53	2738	2	6	46	32
铁路旅客运输	531	439	1	3	4	9
铁路货物运输	532	1567	1	3	18	20
铁路运输辅助活动	533	732			24	3
道路运输业	54	544582	36	401	2122	2506
城市公共交通运输	541	18290	4	125	380	778
公路旅客运输	542	11896	19	127	410	299
道路货物运输	543	484552	12	92	1040	1073
道路运输辅助活动	544	29844	1	57	292	356
水上运输业	55	18446	7	68	456	320
水上旅客运输	551	1649	1	13	76	37
水上货物运输	552	10880	4	39	289	203
水上运输辅助活动	553	5917	2	16	91	80
航空运输业	56	4221		2	28	50
航空客货运输	561	1295		1	12	20
通用航空服务	562	1845			5	10
航空运输辅助活动	563	1081		1	11	20
管道运输业	57	571			2	3
海底管道运输	571	103			1	
陆地管道运输	572	468			1	3

单位：个

1996年	1997年	1998年	1999年	2000年	2001年	2002年	2003年	2004年	2005年	代码
11587	**14656**	**22514**	**26338**	**35192**	**41800**	**53008**	**66428**	**70132**	**75241**	**F**
7051	8917	13852	16589	21838	26648	33010	42441	44645	47789	51
261	331	509	721	758	1025	1224	1406	1448	1962	511
631	750	1248	1461	1887	2100	2369	2958	2918	3242	512
757	1036	1512	1737	3035	3126	3818	4741	5036	5856	513
271	347	493	592	798	1002	1185	1567	1845	1743	514
298	365	600	685	855	1090	1356	1911	2004	2233	515
2393	2988	4590	5610	6916	8653	10795	13775	14116	14791	516
1831	2376	3840	4592	5900	7698	9646	12285	12575	13172	517
218	247	333	376	582	665	942	1284	1566	1659	518
391	477	727	815	1107	1289	1675	2514	3137	3131	519
4536	5739	8662	9749	13354	15152	19998	23987	25487	27452	52
546	702	967	1013	1266	1417	1656	2003	1924	1981	521
391	469	698	897	1285	1219	1445	1815	1925	2223	522
500	596	823	936	1313	1405	1634	2075	2255	2569	523
301	371	515	652	876	952	1268	1513	1598	1707	524
203	215	455	512	687	797	1716	2263	2546	2741	525
848	1130	1711	1929	2603	2947	4455	4376	4571	4682	526
558	736	1180	1377	1923	2563	3029	4059	4338	4727	527
723	945	1463	1478	1844	2372	2882	3535	3757	4047	528
466	575	850	955	1557	1480	1913	2348	2573	2775	529
1422	**1737**	**2813**	**2765**	**3337**	**4492**	**5556**	**6731**	**9285**	**10590**	**G**
7	12	15	12	15	25	23	17	34	30	53
3	3	1		1	3	2	1	2	7	531
3	8	11	8	8	18	16	14	24	19	532
1	1	3	4	6	4	5	2	8	4	533
791	974	1389	1421	1845	2675	3371	3918	5129	5355	54
221	264	317	319	319	377	433	460	470	378	541
101	135	227	156	247	415	370	385	391	368	542
345	437	670	745	1076	1618	2241	2631	3829	4129	543
124	138	175	201	203	265	327	442	439	480	544
97	103	143	144	171	234	292	349	520	484	55
16	15	20	20	24	37	38	47	41	23	551
53	66	79	89	98	144	198	207	352	311	552
28	22	44	35	49	53	56	95	127	150	553
15	13	34	22	23	31	34	57	63	50	56
9	2	13	8	12	12	15	25	25	23	561
1	5	6	7	3	4	9	9	10	9	562
5	6	15	7	8	15	10	23	28	18	563
1	1	1	2	10	7	8	8	22	14	57
				1		1				571
1	1	1	2	9	7	7	8	22	14	572

2-6 续表 8

行业中类	代码	企业单位数	1949年及以前	1950–1977年	1978–1991年	1992–1995年
多式联运和运输代理业	58	161777	1	19	338	713
多式联运	581	9448		2	14	14
运输代理业	582	152329	1	17	324	699
装卸搬运和仓储业	59	86796	34	394	1945	1220
装卸搬运	591	35058	9	60	521	283
通用仓储	592	14750		21	220	199
低温仓储	593	3733		5	40	32
危险品仓储	594	879			15	39
谷物、棉花等农产品仓储	595	10468	24	285	936	410
中药材仓储	596	147		1	3	1
其他仓储业	599	21761	1	22	210	256
邮政业	60	30230	15	17	46	47
邮政基本服务	601	1355	15	17	34	28
快递服务	602	28125			11	18
其他寄递服务	609	750			1	1
住宿和餐饮业	H	**580835**	**32**	**345**	**3040**	**2717**
住宿业	61	158313	17	215	2129	1627
旅游饭店	611	43802	12	136	879	723
一般旅馆	612	88141	5	68	1079	785
民宿服务	613	8229			22	12
露营地服务	614	345			1	
其他住宿业	619	17796		11	148	107
餐饮业	62	422522	15	130	911	1090
正餐服务	621	324679	14	114	782	890
快餐服务	622	27636		7	43	89
饮料及冷饮服务	623	12840	1	2	9	16
餐饮配送及外卖送餐服务	624	13115			8	15
其他餐饮业	629	44252		7	69	80
信息传输、软件和信息技术服务业	I	**1480593**	**7**	**21**	**449**	**1593**
电信、广播电视和卫星传输服务	63	31300	5	8	86	183
电信	631	27532	3	3	42	88
广播电视传输服务	632	3115	2	5	39	89
卫星传输服务	633	653			5	6
互联网和相关服务	64	210174		2	44	108
互联网接入及相关服务	641	18946			6	18
互联网信息服务	642	104116		2	19	41
互联网平台	643	23150			2	14
互联网安全服务	644	2426			2	2
互联网数据服务	645	12246			4	9
其他互联网服务	649	49290			11	24
软件和信息技术服务业	65	1239119	2	11	319	1302
软件开发	651	674184	1	6	147	644
集成电路设计	652	30742	1		2	20

单位：个

1996年	1997年	1998年	1999年	2000年	2001年	2002年	2003年	2004年	2005年	代码
249	292	376	407	533	722	930	1260	2158	3042	58
7	7	6	6	8	9	6	15	19	23	581
242	285	370	401	525	713	924	1245	2139	3019	582
249	315	604	571	582	704	800	998	1141	1378	59
64	73	124	99	163	192	206	260	344	368	591
44	59	73	76	100	144	173	244	237	279	592
10	15	21	21	34	41	50	70	75	59	593
10	9	9	10	12	15	23	22	35	44	594
74	99	297	281	155	144	149	180	206	319	595
		1				1	1	1	2	596
47	60	79	84	118	168	198	221	243	307	599
13	27	251	186	158	94	98	124	218	237	60
5	16	218	150	97	21	15	8	14	18	601
7	9	29	35	60	70	81	113	201	211	602
1	2	4	1	1	3	2	3	3	8	609
926	**1130**	**1473**	**1617**	**2158**	**2368**	**2691**	**3481**	**4016**	**4771**	H
490	614	770	778	935	1012	1167	1590	1881	2165	61
221	278	324	335	394	391	474	624	676	798	611
228	280	387	377	478	555	609	844	1075	1216	612
7	5	8	6	11	7	19	14	13	26	613
								1		614
34	51	51	60	52	59	65	108	116	125	619
436	516	703	839	1223	1356	1524	1891	2135	2606	62
366	415	574	697	1024	1113	1247	1557	1777	2138	621
39	46	56	60	87	96	105	111	128	161	622
6	10	18	22	28	46	59	73	66	91	623
3	8	7	10	20	20	31	33	37	55	624
22	37	48	50	64	81	82	117	127	161	629
614	**848**	**1352**	**1956**	**3347**	**4132**	**4508**	**6039**	**7275**	**7834**	I
55	73	166	308	429	616	440	610	638	422	63
34	51	112	253	346	524	368	520	534	325	631
14	20	51	44	77	86	65	81	86	85	632
7	2	3	11	6	6	7	9	18	12	633
46	62	101	150	354	394	456	678	885	828	64
8	10	20	35	56	87	78	113	156	124	641
27	28	38	58	182	165	215	330	405	426	642
2	5	11	19	21	28	30	44	67	68	643
	3	6	3	13	9	5	14	16	13	644
7	4	4	7	10	18	21	36	49	37	645
2	12	22	28	72	87	107	141	192	160	649
513	713	1085	1498	2564	3122	3612	4751	5752	6584	65
282	404	608	885	1512	1862	2188	2824	3487	3960	651
11	11	21	17	34	74	68	91	111	117	652

2-6 续表 9

行业中类	代码	企业单位数	1949年及以前	1950—1977年	1978—1991年	1992—1995年
信息系统集成和物联网技术服务	653	91306		3	32	139
运行维护服务	654	13920			6	31
信息处理和存储支持服务	655	9019			7	7
信息技术咨询服务	656	303556		1	102	338
数字内容服务	657	16568			4	31
其他信息技术服务业	659	99824		1	19	92
金融业	**J**	**147588**	**8**	**89**	**1655**	**1156**
货币金融服务	66	40700	7	87	1482	794
货币银行服务	662	11716	7	85	1426	640
非货币银行服务	663	28888		1	45	153
银行理财服务	664	96		1	11	1
资本市场服务	67	68782		1	54	220
证券市场服务	671	925			12	30
公开募集证券投资基金	672	1723				1
非公开募集证券投资基金	673	16477			4	10
期货市场服务	674	914			2	85
资本投资服务	676	26696		1	22	55
其他资本市场服务	679	22047			14	39
保险业	68	20100	1		55	77
人身保险	681	6206	1		3	10
财产保险	682	6696			48	56
再保险	683	33				
商业养老金	684	279				
保险中介服务	685	4945			2	7
保险资产管理	686	123				1
其他保险活动	689	1818			2	3
其他金融业	69	18006		1	64	65
金融信托与管理服务	691	1861		1	39	20
控股公司服务	692	3354			20	22
非金融机构支付服务	693	379				1
金融信息服务	694	4365			2	5
金融资产管理公司	695	898			1	2
其他未列明金融业	699	7149			2	15
房地产业	**K**	**1033634**	**32**	**1003**	**9613**	**15280**
房地产业	70	1033634	32	1003	9613	15280
房地产开发经营	701	277636	3	29	1546	6037
物业管理	702	334778	4	83	904	2611
房地产中介服务	703	318943	4	20	212	727
房地产租赁经营	704	84660	21	854	6787	5533
其他房地产业	709	17617		17	164	372
租赁和商务服务业	**L**	**3596440**	**73**	**558**	**6189**	**10940**
租赁业	71	399700	5	27	328	566
机械设备经营租赁	711	389898	5	26	305	534

单位：个

1996年	1997年	1998年	1999年	2000年	2001年	2002年	2003年	2004年	2005年	代码
50	83	134	165	286	350	358	479	523	558	653
7	9	23	31	49	56	58	82	96	91	654
6	3	10	7	17	19	24	32	39	60	655
126	144	212	291	468	531	666	865	1061	1273	656
4	7	9	18	45	52	54	89	104	122	657
27	52	68	84	153	178	196	289	331	403	659
827	**759**	**512**	**446**	**380**	**532**	**1237**	**1606**	**1400**	**1977**	J
479	388	302	270	145	142	318	298	246	601	66
437	326	184	212	101	101	79	64	155	288	662
42	61	118	58	43	41	239	234	90	312	663
	1			1				1	1	664
72	76	72	72	108	167	147	210	229	231	67
12	10	5	3	6	15	20	12	6	9	671
		5	6		3	9	11	12	13	672
2	14	8	9	18	31	15	29	62	35	673
24	1			1	2	2	6	3	3	674
20	26	45	41	55	81	70	101	103	114	676
14	25	9	13	28	35	31	51	43	57	679
263	274	119	46	51	156	675	939	772	978	68
118	133	39	18	17	70	386	424	190	180	681
134	134	77	22	15	46	233	263	255	519	682
1				1			4	6		683
	1			1	2			1	1	684
3	2	1	3	10	32	44	233	303	264	685
	1						2		4	686
7	3	2	3	7	6	12	13	17	10	689
13	21	19	58	76	67	97	159	153	167	69
2	3	2	2	6	9	12	13	5	6	691
6	8	6	8	11	14	17	15	12	18	692
1		1	4	3	3	7	7	10	10	693
	3	2	5	2	3	3	4	10	3	694
			8	5	1	2	3	2	5	695
4	7	8	31	49	37	56	117	114	125	699
3603	**4232**	**6077**	**6518**	**8756**	**10746**	**11936**	**14960**	**14626**	**15478**	K
3603	4232	6077	6518	8756	10746	11936	14960	14626	15478	70
1138	1422	2389	2305	3603	4205	4341	5235	4887	5911	701
975	1125	1525	1828	2385	2859	3368	4528	4682	4904	702
202	280	371	507	719	1156	1278	1659	1874	1856	703
1198	1319	1680	1762	1911	2346	2695	3235	2888	2554	704
90	86	112	116	138	180	254	303	295	253	709
2999	**3636**	**4892**	**6463**	**10135**	**10569**	**12358**	**17127**	**21270**	**23680**	L
210	234	305	320	478	659	758	968	1220	1416	71
199	218	287	302	454	634	713	919	1156	1362	711

2-6 续表 10

行业中类	代码	企业单位数	1949年及以前	1950–1977年	1978–1991年	1992–1995年
文体设备和用品出租	712	8863			14	28
日用品出租	713	939		1	9	4
商务服务业	72	3196740	68	531	5861	10374
组织管理服务	721	529713	21	331	2526	3655
综合管理服务	722	104191	7	72	627	666
法律服务	723	95464	6	3	199	313
咨询与调查	724	1000980	10	22	559	1740
广告业	725	490812	7	9	205	1426
人力资源服务	726	383899	7	11	336	425
安全保护服务	727	44269		1	257	275
会议、展览及相关服务	728	84281		3	60	169
其他商务服务业	729	463131	10	79	1092	1705
科学研究和技术服务业	**M**	**1925328**	**24**	**469**	**3128**	**6303**
研究和试验发展	73	252124	3	55	221	532
自然科学研究和试验发展	731	12992	1	2	13	28
工程和技术研究和试验发展	732	178804	1	44	137	346
农业科学研究和试验发展	733	22432		5	25	50
医学研究和试验发展	734	35864	1	4	37	101
社会人文科学研究	735	2032			9	7
专业技术服务业	74	764442	9	345	2261	4283
气象服务	741	1351		1	12	41
地震服务	742	848			2	4
海洋服务	743	1260			4	13
测绘地理信息服务	744	15630		4	43	93
质检技术服务	745	56428	1	20	213	419
环境与生态监测检测服务	746	16304		2	12	31
地质勘查	747	10452	2	19	131	155
工程技术与设计服务	748	372557	5	263	1530	2812
工业与专业设计及其他专业技术服务	749	289612	1	36	314	715
科技推广和应用服务业	75	908762	12	69	646	1488
技术推广服务	751	614303	11	64	542	1203
知识产权服务	752	33804		2	21	56
科技中介服务	753	18645			18	44
创业空间服务	754	8425		1	10	13
其他科技推广服务业	759	233585	1	2	55	172
水利、环境和公共设施管理业	**N**	**216253**	**1**	**64**	**486**	**928**
水利管理业	76	7937		27	103	138
防洪除涝设施管理	761	908			9	12
水资源管理	762	2108		11	29	45
天然水收集与分配	763	608		10	18	17
水文服务	764	325			2	4
其他水利管理业	769	3988		6	45	60
生态保护和环境治理业	77	29255		16	78	89

单位：个

1996年	1997年	1998年	1999年	2000年	2001年	2002年	2003年	2004年	2005年	代码
9	13	16	14	18	20	35	41	55	46	712
2	3	2	4	6	5	10	8	9	8	713
2789	3402	4587	6143	9657	9910	11600	16159	20050	22264	72
747	943	1100	1156	1612	1857	2045	2908	3081	3363	721
219	227	382	417	533	614	748	1251	1063	1232	722
77	72	111	152	259	444	315	276	297	291	723
525	648	850	1828	3417	2380	3163	4231	5816	6833	724
573	757	996	1125	1563	1891	2153	2895	3951	4305	725
72	103	165	199	358	341	599	953	1431	1487	726
52	67	79	94	128	201	193	320	353	381	727
44	55	94	127	204	279	415	510	752	812	728
480	530	810	1045	1583	1903	1969	2815	3306	3560	729
1759	**1938**	**2799**	**3556**	**5177**	**6641**	**7956**	**10355**	**12131**	**13210**	**M**
160	150	250	346	520	615	737	931	1076	1132	73
4	6	10	10	20	25	31	35	42	53	731
96	91	152	219	339	387	469	613	702	797	732
22	13	29	41	38	52	63	75	79	64	733
36	39	55	71	112	140	164	195	243	210	734
2	1	4	5	11	11	10	13	10	8	735
1181	1287	1842	2356	3141	4288	5158	6564	7660	8220	74
11	13	10	15	17	33	25	57	43	58	741
4	1	1	1	1	3	2	1	3	6	742
	3	3		6	9	21	14	22	20	743
17	26	27	67	105	137	229	336	323	366	744
109	105	166	219	260	352	470	766	979	1033	745
8	7	13	21	21	34	40	67	81	81	746
22	29	42	46	47	70	60	100	145	173	747
788	774	1145	1443	1912	2543	3096	3523	3975	4137	748
222	329	435	544	772	1107	1215	1700	2089	2346	749
418	501	707	854	1516	1738	2061	2860	3395	3858	75
303	378	539	639	971	1197	1486	1883	2327	2768	751
24	29	31	41	48	185	139	381	350	277	752
15	9	20	28	35	37	49	80	77	92	753
2	5	8	9	19	21	22	29	34	21	754
74	80	109	137	443	298	365	487	607	700	759
242	**310**	**448**	**589**	**816**	**1005**	**1325**	**1677**	**1573**	**1759**	**N**
38	28	41	65	46	76	82	98	114	120	76
5	11	6	14	10	12	12	14	12	13	761
12	8	13	24	11	15	26	24	36	31	762
8	3	7	6	5	11	9	14	12	13	763
		1	2	1	3	2	3	4	6	764
13	6	14	19	19	35	33	43	50	57	769
18	35	39	67	97	102	145	208	218	216	77

2-6 续表 11

行业中类	代码	企业单位数	1949年及以前	1950—1977年	1978—1991年	1992—1995年
生态保护	771	2423		16	35	21
环境治理业	772	26832			43	68
公共设施管理业	78	132388	1	19	282	618
市政设施管理	781	16115		3	52	133
环境卫生管理	782	24021	1	2	20	55
城乡市容管理	783	2909		1	2	9
绿化管理	784	64003		8	97	251
城市公园管理	785	1411		1	24	31
游览景区管理	786	23929		4	87	139
土地管理业	79	46673		2	23	83
土地整治服务	791	19889			4	26
土地调查评估服务	792	6229			1	11
土地登记服务	793	1028			1	2
土地登记代理服务	794	8354			3	3
其他土地管理服务	799	11173		2	14	41
居民服务、修理和其他服务业	**O**	**636568**	**10**	**114**	**1845**	**2673**
居民服务业	80	277598	6	55	536	784
家庭服务	801	66480	2	2	22	41
托儿所服务	802	11199			1	
洗染服务	803	8403		2	30	48
理发及美容服务	804	52765		17	85	80
洗浴和保健养生服务	805	47317	3	4	59	112
摄影扩印服务	806	22697	1	11	120	132
婚姻服务	807	19982			3	21
殡葬服务	808	8959		6	106	223
其他居民服务业	809	39796		13	110	127
机动车、电子产品和日用产品修理业	81	235546	2	48	1097	1559
汽车、摩托车等修理与维护	811	179203	2	40	927	1289
计算机和办公设备维修	812	24041			24	92
家用电器修理	813	23687		3	89	133
其他日用产品修理业	819	8615		5	57	45
其他服务业	82	123424	2	11	212	330
清洁服务	821	78387	1	2	92	194
宠物服务	822	8455			8	9
其他未列明服务业	829	36582	1	9	112	127
教育	**P**	**318397**	**5**	**29**	**207**	**356**
教育	83	318397	5	29	207	356
学前教育	831	19233	1	16	27	23
初等教育	832	3742		3	1	3
中等教育	833	2938		1	1	4
高等教育	834	447			2	1
特殊教育	835	635				1
技能培训、教育辅助及其他教育	839	291402	4	9	176	324

单位：个

1996年	1997年	1998年	1999年	2000年	2001年	2002年	2003年	2004年	2005年	代码
5	11	5	7	15	16	17	16	20	13	771
13	24	34	60	82	86	128	192	198	203	772
174	234	341	425	593	742	1001	1232	1141	1295	78
21	23	59	53	67	85	106	154	127	154	781
15	17	37	43	62	73	119	117	164	207	782
2	4	7	7	7	6	6	17	8	22	783
79	115	141	201	301	402	528	642	564	598	784
7	12	12	11	14	22	20	29	22	21	785
50	63	85	110	142	154	222	273	256	293	786
12	13	27	32	80	85	97	139	100	128	79
4	3	8	8	34	12	27	44	29	48	791
4	3	7	5	31	38	40	43	42	47	792
	2	1	2	1		1	1	3		793
1		1	3	3	4	2	3	7	5	794
3	5	10	14	11	31	27	48	19	28	799
949	**1020**	**1580**	**1943**	**2378**	**2795**	**3424**	**4525**	**4955**	**5377**	**O**
266	332	555	649	810	965	1244	1529	1720	1773	80
13	13	38	43	81	90	134	181	243	266	801
1		1	1	2		2	2	3		802
20	21	42	44	77	84	112	98	102	94	803
35	52	97	152	174	244	379	441	454	503	804
39	69	122	154	140	198	258	349	365	359	805
60	64	109	108	132	153	144	152	197	182	806
16	14	20	23	31	27	35	52	70	85	807
45	61	72	60	88	72	75	127	140	141	808
37	38	54	64	85	97	105	127	146	143	809
585	562	829	1026	1199	1367	1612	2234	2332	2538	81
467	446	638	806	903	990	1204	1635	1699	1744	811
49	47	70	96	136	161	187	304	289	355	812
53	49	89	97	123	180	177	226	278	364	813
16	20	32	27	37	36	44	69	66	75	819
98	126	196	268	369	463	568	762	903	1066	82
56	71	136	196	276	331	397	515	628	726	821
4	3	6	8	13	12	19	21	21	41	822
38	52	54	64	80	120	152	226	254	299	829
103	**138**	**204**	**258**	**388**	**430**	**628**	**816**	**1283**	**1815**	**P**
103	138	204	258	388	430	628	816	1283	1815	83
12	15	18	20	36	23	43	33	41	54	831
		1	1	1	1	3	5	2	4	832
1	2	3	1	4	9	5	9	6	6	833
	2		1	2	2	1	4			834
								1	2	835
90	119	182	235	345	395	576	765	1233	1749	839

2-6 续表 12

行业中类	代码	企业单位数	1949年及以前	1950—1977年	1978—1991年	1992—1995年
卫生和社会工作	Q	**110312**	**9**	**134**	**237**	**188**
卫生	84	88629	9	127	201	152
医院	841	31248	5	58	59	43
基层医疗卫生服务	842	47895	3	65	126	88
专业公共卫生服务	843	2480	1	3	9	13
其他卫生活动	849	7006		1	7	8
社会工作	85	21683		7	36	36
提供住宿社会工作	851	19566		5	21	19
不提供住宿社会工作	852	2117		2	15	17
文化、体育和娱乐业	R	**694478**	**35**	**263**	**1440**	**1228**
新闻和出版业	86	7950	11	54	415	289
新闻业	861	1953		2	8	11
出版业	862	5997	11	52	407	278
广播、电视、电影和录音制作业	87	109908	13	133	675	273
广播	871	20269		1	10	10
电视	872	2135		2	8	18
影视节目制作	873	55908	2	7	25	90
广播电视集成播控	874	1183			3	3
电影和广播电视节目发行	875	4228	2	10	53	12
电影放映	876	11561	8	113	570	131
录音制作	877	14624	1		6	9
文化艺术业	88	219012	6	60	188	196
文艺创作与表演	881	62357	4	46	68	61
艺术表演场馆	882	2076	1	7	39	13
图书馆与档案馆	883	3516		1	7	9
文物及非物质文化遗产保护	884	2225			6	13
博物馆	885	598		1	9	5
烈士陵园、纪念馆	886	104				2
群众文体活动	887	18986		5	35	28
其他文化艺术业	889	129150	1		24	65
体育	89	72701	1	2	50	152
体育组织	891	22989			5	17
体育场地设施管理	892	4308		1	10	27
健身休闲活动	893	38184		1	33	107
其他体育	899	7220	1		2	1
娱乐业	90	284907	4	14	112	318
室内娱乐活动	901	118867	2	2	53	152
游乐园	902	5611		2	14	21
休闲观光活动	903	20850		4	13	30
彩票活动	904	571			2	2
文化体育娱乐活动与经纪代理服务	905	134374	2	6	26	98
其他娱乐业	909	4634			4	15

单位：个

1996年	1997年	1998年	1999年	2000年	2001年	2002年	2003年	2004年	2005年	代码
79	**69**	**110**	**84**	**172**	**184**	**386**	**716**	**742**	**923**	Q
69	60	76	62	145	157	363	672	708	881	84
18	24	19	21	40	69	178	271	308	378	841
41	28	49	34	97	72	160	373	347	456	842
8	5	2	3	5	7	6	11	28	16	843
2	3	6	4	3	9	19	17	25	31	849
10	9	34	22	27	27	23	44	34	42	85
6	6	21	17	20	18	16	34	25	34	851
4	3	13	5	7	9	7	10	9	8	852
335	**410**	**659**	**767**	**1357**	**2153**	**4021**	**6694**	**7111**	**6361**	R
54	31	70	83	92	111	99	120	157	150	86
3	4	1	2	3	4		6	7	7	861
51	27	69	81	89	107	99	114	150	143	862
54	86	103	104	160	154	230	282	375	430	87
3	2	10	4	14	8	6	12	15	25	871
3	9	6	9	5	11	7	19	27	22	872
23	44	45	59	100	91	142	163	230	276	873
3	3		1	2	3	3	4	3	5	874
4	5	11	4	8	16	19	18	25	17	875
15	20	30	27	22	18	42	49	49	58	876
3	3	1		9	7	11	17	26	27	877
63	75	122	161	275	297	343	474	633	800	88
25	16	50	43	84	94	99	120	181	201	881
2	2	3	5	2	4	10	6	6	6	882
1	2	4	3	4	5	9	6	13	10	883
2	3	6	12	9	7	15	10	8	21	884
1	2	1	3	6	5	8	6	10	7	885
1		1	1	2		4	3		2	886
5	9	14	24	34	41	45	73	94	106	887
26	41	43	70	134	141	153	250	321	447	889
35	45	63	77	104	139	181	264	278	347	89
9	12	12	20	21	17	38	56	53	66	891
4	4	10	9	14	18	29	28	21	37	892
19	27	37	45	66	98	106	174	189	233	893
3	2	4	3	3	6	8	6	15	11	899
129	173	301	342	726	1452	3168	5554	5668	4634	90
70	102	185	192	502	1197	2808	5116	4971	3848	901
7	5	14	9	19	17	24	20	26	22	902
8	10	21	23	30	46	43	60	82	97	903
1	1	1	1	1	2	6	1	3		904
41	46	71	107	162	179	273	337	561	649	905
2	9	9	10	12	11	14	20	25	18	909

2-6 续表 13

行业中类	代码	2006年	2007年	2008年	2009年	2010年	2011年
总　　计	——	**311942**	**321635**	**349109**	**449806**	**577370**	**670619**
农、林、牧、渔业	A	**4271**	**5256**	**8556**	**11152**	**14208**	**20841**
农业	01	1551	1659	2510	3512	5121	7962
谷物种植	011	178	156	282	399	576	699
豆类、油料和薯类种植	012	33	35	58	96	134	166
棉、麻、糖、烟草种植	013	9	7	7	16	26	36
蔬菜、食用菌及园艺作物种植	014	664	756	1163	1595	2399	3702
水果种植	015	331	336	473	669	924	1652
坚果、含油果、香料和饮料作物种植	016	103	153	186	264	376	596
中药材种植	017	104	96	137	201	325	626
草种植及割草	018	3	10	16	18	30	46
其他农业	019	126	110	188	254	331	439
林业	02	588	674	927	1414	1823	2762
林木育种和育苗	021	467	499	745	1147	1506	2346
造林和更新	022	63	103	103	175	182	281
森林经营、管护和改培	023	31	47	55	68	106	93
木材和竹材采运	024	12	16	12	11	11	22
林产品采集	025	15	9	12	13	18	20
畜牧业	03	1263	1876	3685	4391	4803	6252
牲畜饲养	031	869	1352	2821	3373	3418	4192
家禽饲养	032	302	443	725	858	1149	1718
狩猎和捕捉动物	033	1		3	2		3
其他畜牧业	039	91	81	136	158	236	339
渔业	04	391	487	679	872	1165	2428
水产养殖	041	382	481	665	860	1149	2396
水产捕捞	042	9	6	14	12	16	32
农、林、牧、渔专业及辅助性活动	05	478	560	755	963	1296	1437
农业专业及辅助性活动	051	349	403	494	667	935	1044
林业专业及辅助性活动	052	46	55	69	99	123	132
畜牧专业及辅助性活动	053	46	61	133	128	134	137
渔业专业及辅助性活动	054	37	41	59	69	104	124
采矿业	B	**3105**	**3003**	**3470**	**3367**	**3621**	**3778**
煤炭开采和洗选业	06	530	517	677	660	767	722
烟煤和无烟煤开采洗选	061	497	488	643	622	717	667
褐煤开采洗选	062	13	17	14	17	15	15
其他煤炭采选	069	20	12	20	21	35	40
石油和天然气开采业	07	16	16	15	26	12	19
石油开采	071	10	12	12	18	5	9
天然气开采	072	6	4	3	8	7	10
黑色金属矿采选业	08	641	647	804	507	575	589
铁矿采选	081	589	584	756	461	527	556
锰矿、铬矿采选	082	29	34	30	27	29	23
其他黑色金属矿采选	089	23	29	18	19	19	10

单位：个

2012年	2013年	2014年	2015年	2016年	2017年	2018年	2019年	2020年	2021年	代码
724996	**953401**	**1438647**	**1756775**	**2370482**	**2897200**	**3309860**	**3335518**	**3639028**	**3771394**	——
34581	**47663**	**68736**	**86436**	**103740**	**103853**	**77278**	**91777**	**122479**	**123004**	A
12900	20728	33404	43054	48133	49057	36093	44829	53394	57652	01
1267	4557	7604	10773	12129	11568	8201	9409	11344	13814	011
205	349	630	928	1067	1031	638	852	1362	2123	012
211	241	197	354	472	249	176	270	251	444	013
4969	6985	11148	12513	14679	15974	12013	16335	20970	22488	014
3276	4667	6914	9308	9693	9634	6608	7844	8443	8706	015
1101	1380	2051	2790	2670	2698	1873	2448	2542	2727	016
1270	1550	2903	3789	4213	4437	3447	3367	3916	3710	017
58	73	155	210	264	248	182	191	241	223	018
543	926	1802	2389	2946	3218	2955	4113	4325	3417	019
3970	5072	6470	6653	6856	7375	5859	7140	6643	6775	02
3417	4325	5806	5819	6047	6528	5182	5998	5366	4756	021
380	547	437	530	482	518	374	401	433	385	022
119	132	137	182	187	191	171	442	427	828	023
22	36	42	56	71	64	78	220	338	721	024
32	32	48	66	69	74	54	79	79	85	025
12200	14387	19524	24580	33531	31466	18150	23389	40729	32942	03
8675	10508	14705	16624	21460	21308	11482	14254	28589	23755	031
2856	2980	3601	6115	9550	7884	5098	7547	10679	8129	032
2	2	10	6	15	17	16	27	16	12	033
667	897	1208	1835	2506	2257	1554	1561	1445	1046	039
3534	4547	4537	6023	6886	6351	5285	6479	7804	9498	04
3466	4456	4455	5925	6705	6216	5169	6298	7527	9268	041
68	91	82	98	181	135	116	181	277	230	042
1977	2929	4801	6126	8334	9604	11891	9940	13909	16137	05
1369	2109	3691	4935	6599	7807	9769	8314	11822	14270	051
209	240	399	462	533	706	876	924	1165	1082	052
244	283	445	432	670	660	740	464	610	470	053
155	297	266	297	532	431	506	238	312	315	054
3938	**3911**	**4216**	**4079**	**4489**	**4861**	**5619**	**6125**	**5698**	**4341**	B
699	525	494	454	578	677	633	660	617	658	06
657	484	444	407	525	587	538	523	492	533	061
12	8	8	10	7	15	17	20	11	20	062
30	33	42	37	46	75	78	117	114	105	069
26	29	32	30	32	26	46	90	69	54	07
15	16	12	13	14	19	30	56	40	26	071
11	13	20	17	18	7	16	34	29	28	072
457	437	432	276	321	329	399	383	516	453	08
427	403	390	246	292	286	350	334	458	410	081
12	26	24	17	17	23	35	24	25	17	082
18	8	18	13	12	20	14	25	33	26	089

2-6 续表 14

行业中类	代码	2006年	2007年	2008年	2009年	2010年	2011年
有色金属矿采选业	09	594	593	453	319	294	311
常用有色金属矿采选	091	428	431	318	209	198	208
贵金属矿采选	092	102	111	89	71	64	71
稀有稀土金属矿采选	093	64	51	46	39	32	32
非金属矿采选业	10	1136	1013	1258	1595	1745	1826
土砂石开采	101	903	817	1042	1375	1517	1587
化学矿开采	102	66	49	61	60	49	37
采盐	103	17	6	7	12	14	6
石棉及其他非金属矿采选	109	150	141	148	148	165	196
开采专业及辅助性活动	11	124	141	166	185	140	188
煤炭开采和洗选专业及辅助性活动	111	2	9	10	19	18	14
石油和天然气开采专业及辅助性活动	112	112	117	140	152	106	157
其他开采专业及辅助性活动	119	10	15	16	14	16	17
其他采矿业	12	64	76	97	75	88	123
其他采矿业	120	64	76	97	75	88	123
制造业	**C**	**91392**	**87731**	**84487**	**103488**	**133268**	**142921**
农副食品加工业	13	3617	3523	3845	4078	4575	5523
谷物磨制	131	726	681	905	894	914	1230
饲料加工	132	536	415	481	578	645	598
植物油加工	133	271	250	352	406	390	422
制糖业	134	22	25	17	15	17	37
屠宰及肉类加工	135	633	713	777	731	847	991
水产品加工	136	333	345	289	313	369	455
蔬菜、菌类、水果和坚果加工	137	561	532	487	544	687	838
其他农副食品加工	139	535	562	537	597	706	952
食品制造业	14	1679	1608	1672	1696	2012	3133
焙烤食品制造	141	341	353	408	321	515	1042
糖果、巧克力及蜜饯制造	142	197	186	154	143	159	258
方便食品制造	143	232	239	271	295	325	512
乳制品制造	144	64	56	44	53	48	47
罐头食品制造	145	109	76	81	88	97	123
调味品、发酵制品制造	146	256	263	236	246	255	371
其他食品制造	149	480	435	478	550	613	780
酒、饮料和精制茶制造业	15	1329	1325	1326	1423	1612	1931
酒的制造	151	466	384	432	415	485	560
饮料制造	152	496	493	505	558	562	807
精制茶加工	153	367	448	389	450	565	564
烟草制品业	16	8	4	3	9	5	9
烟叶复烤	161	2	1		5	2	3
卷烟制造	162	4	1	2	1	2	2
其他烟草制品制造	169	2	2	1	3	1	4
纺织业	17	4763	3914	3167	4237	5839	5852
棉纺织及印染精加工	171	1909	1492	1154	1397	1971	1910
毛纺织及染整精加工	172	211	182	143	171	265	308

单位：个

2012年	2013年	2014年	2015年	2016年	2017年	2018年	2019年	2020年	2021年	代码
317	262	290	250	288	288	279	273	284	288	09
235	184	211	177	201	210	212	194	194	216	091
48	50	52	41	44	57	43	46	47	35	092
34	28	27	32	43	21	24	33	43	37	093
2098	2262	2451	2446	2776	2924	3306	3589	3348	2158	10
1830	2027	2215	2246	2520	2673	3030	3284	2944	1744	101
72	40	37	32	39	31	47	47	42	48	102
2	5	5	5	16	13	9	17	6	18	103
194	190	194	163	201	207	220	241	356	348	109
216	269	382	431	295	425	656	856	479	420	11
19	18	20	26	19	27	48	61	81	106	111
176	226	330	368	239	354	549	719	328	214	112
21	25	32	37	37	44	59	76	70	100	119
125	127	135	192	199	192	300	274	385	310	12
125	127	135	192	199	192	300	274	385	310	120
143406	**179883**	**223306**	**238786**	**302854**	**383781**	**387421**	**341048**	**372638**	**349171**	C
7108	8141	8851	10947	12206	12224	12281	10871	12557	9973	13
1656	1830	1644	1780	1729	1528	1476	1018	1238	1057	131
744	724	1113	1009	1050	1192	1123	1051	1490	1682	132
551	641	697	888	1004	929	743	641	652	540	133
56	46	38	91	73	140	123	61	62	39	134
1310	1372	1468	1905	2012	1945	2050	2248	2717	1772	135
509	676	660	694	784	842	982	1160	925	595	136
1031	1224	1382	1764	2034	2130	1859	1646	1651	1032	137
1251	1628	1849	2816	3520	3518	3925	3046	3822	3256	139
3914	4686	5131	6801	7309	7628	7492	7611	9752	8765	14
1214	1526	1531	1781	1832	1878	1694	1836	2109	1635	141
404	423	359	377	346	333	312	311	195	108	142
762	923	1045	1439	1434	1420	1332	1557	1792	1078	143
41	76	99	116	135	137	153	154	171	145	144
150	131	138	180	184	161	148	194	193	122	145
481	583	553	780	759	777	686	632	757	595	146
862	1024	1406	2128	2619	2922	3167	2927	4535	5082	149
2862	3323	4007	5478	5675	5646	5384	5594	6257	5793	15
834	783	1004	1595	1882	1904	1965	2424	2513	2196	151
1083	1259	1553	2042	1671	1582	1478	1374	1356	1062	152
945	1281	1450	1841	2122	2160	1941	1796	2388	2535	153
11	4	11	6	7	11	7	9	18	22	16
3	1	1	1	4			1	1	1	161
5	1	5	1	2	3	2	5	12	7	162
3	2	5	4	1	8	5	3	5	14	169
5019	6722	7817	9107	12436	14655	14523	12529	19002	14754	17
1509	2148	2299	3018	3905	4445	4510	3732	4240	3617	171
265	337	467	758	839	750	818	533	455	417	172

2-6 续表 15

行业中类	代码	2006年	2007年	2008年	2009年	2010年	2011年
麻纺织及染整精加工	173	32	17	21	33	30	31
丝绢纺织及印染精加工	174	122	101	66	78	93	91
化纤织造及印染精加工	175	454	370	248	463	714	724
针织或钩针编织物及其制品制造	176	799	647	519	707	991	1011
家用纺织制成品制造	177	552	501	480	641	851	952
产业用纺织制成品制造	178	684	604	536	747	924	825
纺织服装、服饰业	18	3732	3723	3239	4017	6077	6717
机织服装制造	181	1914	2007	1614	1969	3135	3519
针织或钩针编织服装制造	182	653	560	479	651	910	885
服饰制造	183	1165	1156	1146	1397	2032	2313
皮革、毛皮、羽毛及其制品和制鞋业	19	1632	1514	1423	2066	2922	3311
皮革鞣制加工	191	114	78	77	116	147	178
皮革制品制造	192	563	519	508	701	979	1202
毛皮鞣制及制品加工	193	150	100	104	250	282	248
羽毛(绒)加工及制品制造	194	65	53	59	61	80	90
制鞋业	195	740	764	675	938	1434	1593
木材加工和木、竹、藤、棕、草制品业	20	2063	2131	2138	2586	3491	3540
木材加工	201	630	596	716	891	1204	1305
人造板制造	202	552	587	474	557	785	745
木质制品制造	203	669	729	734	880	1168	1165
竹、藤、棕、草等制品制造	204	212	219	214	258	334	325
家具制造业	21	1412	1377	1356	1995	2724	2811
木质家具制造	211	881	871	870	1317	1800	1950
竹、藤家具制造	212	17	20	10	18	30	28
金属家具制造	213	231	196	194	251	307	274
塑料家具制造	214	19	25	19	23	30	32
其他家具制造	219	264	265	263	386	557	527
造纸和纸制品业	22	2351	2230	1976	2794	3323	3201
纸浆制造	221	6	13	9	4	4	15
造纸	222	546	500	448	580	690	632
纸制品制造	223	1799	1717	1519	2210	2629	2554
印刷和记录媒介复制业	23	2837	2547	2267	2749	3220	3148
印刷	231	2536	2326	2063	2492	2925	2854
装订及印刷相关服务	232	289	214	195	250	290	290
记录媒介复制	233	12	7	9	7	5	4
文教、工美、体育和娱乐用品制造业	24	2707	2658	2349	2973	4000	4408
文教办公用品制造	241	297	326	233	323	403	445
乐器制造	242	67	68	52	71	89	119
工艺美术及礼仪用品制造	243	1659	1592	1458	1797	2477	2727
体育用品制造	244	284	261	248	315	382	402
玩具制造	245	335	346	283	386	509	594
游艺器材及娱乐用品制造	246	65	65	75	81	140	121
石油、煤炭及其他燃料加工业	25	331	324	337	401	402	414
精炼石油产品制造	251	195	178	152	220	210	224

单位：个

2012年	2013年	2014年	2015年	2016年	2017年	2018年	2019年	2020年	2021年	代码
32	38	57	51	66	107	100	66	57	46	173
82	98	99	114	105	136	107	91	65	39	174
497	674	628	590	954	1028	1208	790	665	547	175
890	1174	1330	1412	1802	2147	2200	2353	2346	2591	176
989	1262	1678	1928	3145	3837	3444	3143	5475	5316	177
755	991	1259	1236	1620	2205	2136	1821	5699	2181	178
6565	9671	11964	13376	17222	21605	25000	19258	18752	20901	18
3071	4578	5367	5844	7335	8940	10487	6103	6036	6349	181
951	1333	1468	1569	1965	2406	2746	1855	1832	1830	182
2543	3760	5129	5963	7922	10259	11767	11300	10884	12722	183
3253	5111	6577	5963	7545	9417	9937	8160	7855	10140	19
216	302	315	400	448	493	429	224	233	324	191
1275	1759	2027	2268	2955	3761	3714	2839	2766	2643	192
299	586	798	556	850	719	787	576	504	436	193
119	109	96	133	190	216	278	223	242	241	194
1344	2355	3341	2606	3102	4228	4729	4298	4110	6496	195
4478	5499	6375	7733	10333	15186	17722	26447	28278	28533	20
2145	2167	2593	3461	4552	6532	10508	18535	18993	18643	201
712	1028	1042	1222	1721	3091	2050	2502	3548	3387	202
1242	1782	2137	2266	3121	4469	3869	4170	4379	4871	203
379	522	603	784	939	1094	1295	1240	1358	1632	204
3600	4726	6603	7125	9919	14800	12688	10121	11531	10576	21
2386	3164	4573	5024	7032	10795	9007	6978	7398	6708	211
41	57	64	72	104	138	123	143	105	128	212
322	441	520	557	763	1093	1010	919	1363	1588	213
34	40	59	54	62	85	75	102	118	72	214
817	1024	1387	1418	1958	2689	2473	1979	2547	2080	219
3294	4255	5001	5042	6003	8169	8479	7057	6824	5926	22
14	14	22	44	47	22	16	31	31	34	221
655	800	856	830	1053	1473	1296	910	876	638	222
2625	3441	4123	4168	4903	6674	7167	6116	5917	5254	223
2960	3707	4193	4650	5547	6911	6482	5452	5742	5465	23
2671	3315	3763	4139	4897	6155	5826	4942	5138	4845	231
283	382	415	490	634	739	631	467	546	547	232
6	10	15	21	16	17	25	43	58	73	233
4998	6684	8745	9951	12892	15151	14412	13150	12392	12424	24
441	637	741	834	1016	1225	1248	1176	1188	1103	241
116	145	160	228	308	366	352	284	251	199	242
3274	4307	5589	6269	7953	9459	8622	8079	7175	7030	243
443	595	951	1038	1423	1571	1627	1430	1931	2180	244
592	826	1025	1241	1703	1943	2103	1694	1368	1354	245
132	174	279	341	489	587	460	487	479	558	246
489	491	748	790	1059	1339	1556	1110	1121	1131	25
259	229	282	283	348	405	444	411	432	383	251

2-6 续表 16

行业中类	代码	2006年	2007年	2008年	2009年	2010年	2011年
煤炭加工	252	112	118	164	149	154	143
核燃料加工	253	1					
生物质燃料加工	254	23	28	21	32	38	47
化学原料和化学制品制造业	26	4436	3820	3611	4318	4627	4711
基础化学原料制造	261	846	740	666	705	667	713
肥料制造	262	402	363	481	601	616	675
农药制造	263	94	83	44	71	61	56
涂料、油墨、颜料及类似产品制造	264	790	664	615	756	860	804
合成材料制造	265	389	386	331	425	522	552
专用化学产品制造	266	1257	1058	1019	1204	1252	1203
炸药、火工及焰火产品制造	267	187	122	91	80	130	155
日用化学产品制造	268	471	404	364	476	519	553
医药制造业	27	769	631	584	860	948	983
化学药品原料药制造	271	120	107	91	123	142	131
化学药品制剂制造	272	71	49	55	73	81	85
中药饮片加工	273	97	116	92	145	179	225
中成药生产	274	78	62	66	74	88	101
兽用药品制造	275	111	61	56	83	81	62
生物药品制品制造	276	104	90	104	137	164	157
卫生材料及医药用品制造	277	160	123	99	200	185	204
药用辅料及包装材料	278	28	23	21	25	28	18
化学纤维制造业	28	373	270	182	246	439	400
纤维素纤维原料及纤维制造	281	44	26	27	33	41	42
合成纤维制造	282	308	232	142	200	379	339
生物基材料制造	283	21	12	13	13	19	19
橡胶和塑料制品业	29	6480	6194	5627	7099	8694	8633
橡胶制品业	291	1128	1120	1025	1178	1479	1475
塑料制品业	292	5352	5074	4602	5921	7215	7158
非金属矿物制品业	30	6770	6731	7414	9290	11818	13722
水泥、石灰和石膏制造	301	431	467	615	665	691	670
石膏、水泥制品及类似制品制造	302	1327	1499	1568	2232	3241	3959
砖瓦、石材等建筑材料制造	303	2389	2252	2743	3308	4078	5109
玻璃制造	304	178	150	157	233	344	337
玻璃制品制造	305	411	434	400	490	694	786
玻璃纤维和玻璃纤维增强塑料制品制造	306	222	236	227	279	281	285
陶瓷制品制造	307	639	624	481	759	1049	958
耐火材料制品制造	308	513	427	505	589	545	556
石墨及其他非金属矿物制品制造	309	660	642	718	735	895	1062
黑色金属冶炼和压延加工业	31	885	830	789	868	1010	989
炼铁	311	35	40	38	41	31	35
炼钢	312	19	22	17	14	14	14
钢压延加工	313	735	651	615	715	871	845
铁合金冶炼	314	96	117	119	98	94	95
有色金属冶炼和压延加工业	32	1103	1210	1035	1056	1260	1249

单位：个

2012年	2013年	2014年	2015年	2016年	2017年	2018年	2019年	2020年	2021年	代码
144	185	286	269	361	477	380	269	316	301	252
			1							253
86	77	180	237	350	457	732	430	373	447	254
4753	5351	6595	7452	8428	9628	9606	8291	9217	7411	26
695	674	760	795	865	965	1020	872	777	534	261
700	747	1032	1310	1428	1504	1519	1339	1553	1417	262
58	73	95	96	104	110	124	133	147	186	263
830	1055	1164	1226	1424	1674	1460	1227	1323	1007	264
509	578	733	756	908	1274	1352	1289	1456	1261	265
1203	1329	1543	1660	1840	2175	2151	1806	1833	1500	266
117	159	129	184	109	132	103	47	68	51	267
641	736	1139	1425	1750	1794	1877	1578	2060	1455	268
1038	1215	1483	1917	2261	2617	2695	2513	6545	2396	27
121	131	157	151	167	221	250	273	277	179	271
88	77	96	107	145	133	187	140	186	161	272
229	321	349	561	614	688	672	428	484	252	273
103	115	180	221	331	432	383	419	524	443	274
95	54	70	109	76	96	107	129	168	210	275
156	239	254	344	438	506	551	464	440	352	276
220	247	346	386	455	498	491	591	4318	725	277
26	31	31	38	35	43	54	69	148	74	278
244	330	321	380	404	575	673	502	702	785	28
29	37	43	59	56	72	77	61	121	117	281
195	254	241	276	287	414	476	362	375	434	282
20	39	37	45	61	89	120	79	206	234	283
8622	10884	12785	13232	16978	21225	20482	16834	18964	15696	29
1473	1895	2270	2412	3078	3606	3513	2316	2831	2334	291
7149	8989	10515	10820	13900	17619	16969	14518	16133	13362	292
13890	15779	18009	17443	22401	30550	31773	31732	31024	25991	30
559	622	724	726	903	1153	1089	1168	1230	844	301
4085	4373	4664	4104	5516	7604	7379	7514	8421	6553	302
5560	6373	7348	7196	8861	12782	13939	12424	13011	10695	303
330	434	481	419	557	803	750	567	606	567	304
746	1152	1188	1189	1561	1950	1946	1876	1987	1948	305
288	321	424	433	602	655	697	672	794	819	306
922	1105	1401	1500	1971	2458	2368	4626	2204	2110	307
515	465	566	607	776	1015	1155	957	841	625	308
885	934	1213	1269	1654	2130	2450	1928	1930	1830	309
846	954	1145	1087	1464	2093	1819	1447	1557	1261	31
15	11	14	21	27	38	30	50	42	41	311
16	17	10	12	12	27	26	35	30	27	312
729	856	1044	974	1302	1795	1590	857	937	723	313
86	70	77	80	123	233	173	505	548	470	314
1242	1450	1681	1626	2082	2808	2772	1999	2062	2664	32

2-6 续表 17

行业中类	代码	2006年	2007年	2008年	2009年	2010年	2011年
常用有色金属冶炼	321	209	230	181	149	161	166
贵金属冶炼	322	18	26	20	19	18	13
稀有稀土金属冶炼	323	51	62	40	30	31	46
有色金属合金制造	324	227	247	222	235	283	302
有色金属压延加工	325	598	645	572	623	767	722
金属制品业	33	8834	8642	8377	10055	12953	14162
结构性金属制品制造	331	2794	2718	2872	3629	4781	5220
金属工具制造	332	740	747	679	749	1058	1100
集装箱及金属包装容器制造	333	262	224	221	273	344	348
金属丝绳及其制品制造	334	393	384	370	484	444	512
建筑、安全用金属制品制造	335	1329	1320	1243	1525	1960	2253
金属表面处理及热处理加工	336	497	454	390	438	615	608
搪瓷制品制造	337	43	45	46	47	72	67
金属制日用品制造	338	538	448	457	609	735	741
铸造及其他金属制品制造	339	2238	2302	2099	2301	2944	3313
通用设备制造业	34	10659	10625	10126	11347	15366	16272
锅炉及原动设备制造	341	322	341	301	384	439	431
金属加工机械制造	342	1586	1568	1425	1666	2505	2552
物料搬运设备制造	343	482	453	417	470	674	645
泵、阀门、压缩机及类似机械制造	344	1430	1354	1311	1544	1841	1921
轴承、齿轮和传动部件制造	345	731	731	652	642	898	939
烘炉、风机、包装等设备制造	346	1019	1041	969	1206	1460	1583
文化、办公用机械制造	347	108	105	81	104	134	158
通用零部件制造	348	4363	4400	4280	4412	6163	6621
其他通用设备制造业	349	618	632	690	919	1252	1422
专用设备制造业	35	6613	6324	6308	7978	10413	10861
采矿、冶金、建筑专用设备制造	351	1129	1115	1023	1202	1388	1467
化工、木材、非金属加工专用设备制造	352	1922	1892	1794	2129	3079	3286
食品、饮料、烟草及饲料生产专用设备制造	353	186	173	177	292	311	283
印刷、制药、日化及日用品生产专用设备制造	354	278	270	289	416	508	479
纺织、服装和皮革加工专用设备制造	355	450	342	290	378	523	544
电子和电工机械专用设备制造	356	367	401	376	511	636	729
农、林、牧、渔专用机械制造	357	371	328	375	508	718	686
医疗仪器设备及器械制造	358	515	475	462	639	808	818
环保、邮政、社会公共服务及其他专用设备制造	359	1395	1328	1522	1903	2442	2569
汽车制造业	36	2594	2540	2352	2722	4023	3869
汽车整车制造	361	26	22	16	27	51	44
汽车用发动机制造	362	13	15	11	8	10	16
改装汽车制造	363	48	30	32	50	58	51
低速汽车制造	364	1	1	2		7	4
电车制造	365	5	9	9	10	21	15
汽车车身、挂车制造	366	70	84	91	86	121	123
汽车零部件及配件制造	367	2431	2379	2191	2541	3755	3616

单位：个

2012年	2013年	2014年	2015年	2016年	2017年	2018年	2019年	2020年	2021年	代码
156	105	123	152	185	248	238	250	178	302	321
28	18	22	15	25	18	20	26	38	38	322
38	25	30	26	37	48	60	42	33	50	323
301	367	430	431	557	791	793	480	628	1144	324
719	935	1076	1002	1278	1703	1661	1201	1185	1130	325
14055	18725	24541	25052	32818	42496	42675	34754	37834	35218	33
5227	6899	9347	9986	13371	16910	17411	14269	16910	16311	331
1044	1415	1680	1698	2174	2688	2680	2037	1984	1880	332
363	398	466	410	548	674	688	533	749	679	333
918	1661	2057	1755	1707	1662	1596	1055	1511	1423	334
2086	2960	3500	3458	4693	6612	6677	5973	5738	4583	335
518	724	823	799	912	1346	1330	1199	1377	1493	336
91	95	162	146	201	259	289	456	423	484	337
788	1003	1362	1413	1824	2332	2526	2853	3018	2125	338
3020	3570	5144	5387	7388	10013	9478	6379	6124	6240	339
13917	16628	22144	22460	28207	39399	38424	33060	33991	37270	34
365	437	616	718	976	638	631	568	669	638	341
2243	2629	3510	3533	4216	5955	6041	5042	5957	6762	342
596	688	923	993	1283	1485	1349	1634	1653	1048	343
1524	1867	2336	2255	2542	3747	3593	3355	3788	3922	344
732	913	1053	1087	1238	2391	2082	2506	2077	2761	345
1416	1757	2188	2178	2709	3495	3423	3073	3660	3837	346
148	165	207	207	264	337	308	231	268	342	347
5488	6644	8662	8564	11026	16492	16484	13383	12948	14604	348
1405	1528	2649	2925	3953	4859	4513	3268	2971	3356	349
10379	12940	16391	17110	21879	29928	29786	25912	31885	28374	35
1418	1357	1666	1489	1885	2611	3037	3928	4924	4062	351
3135	4163	4990	5261	6959	9902	8684	5677	5620	6402	352
284	314	439	474	601	720	671	791	943	823	353
388	528	585	546	690	793	783	618	740	697	354
451	570	584	534	607	833	774	639	640	667	355
686	840	962	999	1290	1565	1808	2130	2606	2295	356
693	822	1078	1164	1444	1797	1752	1465	2251	1877	357
845	1236	1455	1529	1986	2395	2477	2386	5263	3354	358
2479	3110	4632	5114	6417	9312	9800	8278	8898	8197	359
3433	4435	5418	5365	6912	8974	8296	6552	6797	7068	36
47	49	81	103	189	212	237	141	148	137	361
12	11	22	29	32	39	40	88	66	47	362
44	45	78	65	88	110	118	77	74	60	363
4	6	2	6	11	15	11	19	18	14	364
20	26	52	47	68	45	44	57	70	35	365
122	133	226	227	315	507	704	1970	2407	2377	366
3184	4165	4957	4888	6209	8046	7142	4200	4014	4398	367

2-6 续表 18

行业中类	代码	2006年	2007年	2008年	2009年	2010年	2011年
铁路、船舶、航空航天和其他运输设备制造业	37	1112	1046	1048	1150	1456	1347
铁路运输设备制造	371	144	159	131	162	185	153
城市轨道交通设备制造	372	11	10	10	9	20	21
船舶及相关装置制造	373	352	369	407	401	472	397
航空、航天器及设备制造	374	51	49	59	49	73	87
摩托车制造	375	237	200	216	225	296	281
自行车和残疾人座车制造	376	98	95	88	105	149	133
助动车制造	377	157	97	81	133	177	174
非公路休闲车及零配件制造	378	19	31	23	22	32	43
潜水救捞及其他未列明运输设备制造	379	43	36	33	44	52	58
电气机械和器材制造业	38	5661	5606	5491	7217	9188	9745
电机制造	381	543	504	558	662	859	834
输配电及控制设备制造	382	2108	2051	2060	2613	3356	3548
电线、电缆、光缆及电工器材制造	383	1009	975	844	1016	1176	1222
电池制造	384	183	146	154	234	264	297
家用电力器具制造	385	675	658	605	854	1074	1102
非电力家用器具制造	386	139	153	220	277	284	291
照明器具制造	387	688	770	737	1114	1614	1815
其他电气机械及器材制造	389	316	349	313	447	561	636
计算机、通信和其他电子设备制造业	39	3408	3337	3331	4387	5950	6428
计算机制造	391	300	285	274	411	518	595
通信设备制造	392	265	275	278	387	431	511
广播电视设备制造	393	100	76	97	129	147	146
雷达及配套设备制造	394	12	11	6	10	15	15
非专业视听设备制造	395	167	166	155	244	279	326
智能消费设备制造	396	86	106	111	142	200	243
电子器件制造	397	532	547	545	731	1046	1089
电子元件及电子专用材料制造	398	1610	1549	1499	1866	2634	2733
其他电子设备制造	399	336	322	366	467	680	770
仪器仪表制造业	40	1304	1279	1172	1567	1813	2128
通用仪器仪表制造	401	820	821	747	1015	1199	1370
专用仪器仪表制造	402	221	202	181	241	279	324
钟表与计时仪器制造	403	58	75	69	89	104	170
光学仪器制造	404	68	66	73	74	79	110
衡器制造	405	52	52	37	52	54	43
其他仪器仪表制造业	409	85	63	65	96	98	111
其他制造业	41	872	704	693	892	1190	1350
日用杂品制造	411	500	441	353	477	590	608
核辐射加工	412	1					2
其他未列明制造业	419	371	263	340	415	600	740
废弃资源综合利用业	42	317	341	391	389	538	559
金属废料和碎屑加工处理	421	175	174	206	199	282	280
非金属废料和碎屑加工处理	422	142	167	185	190	256	279

单位：个

2012年	2013年	2014年	2015年	2016年	2017年	2018年	2019年	2020年	2021年	代码
1252	1705	2246	2145	2763	2837	2570	2305	2815	2821	37
139	169	231	219	285	311	275	268	273	257	371
26	28	42	44	65	90	79	86	115	114	372
313	374	565	563	613	613	658	774	1014	1083	373
79	108	140	146	218	233	290	250	208	213	374
261	393	366	319	405	424	328	265	477	472	375
134	206	287	261	409	435	348	294	342	305	376
206	307	426	406	570	513	400	215	212	154	377
47	65	100	111	122	124	113	75	72	64	378
47	55	89	76	76	94	79	78	102	159	379
8910	10908	13706	13620	17576	22017	21538	17574	19351	18658	38
700	813	973	970	1156	1429	1287	1230	1342	1445	381
2801	3272	4425	4278	5705	7074	6889	6058	7165	7985	382
1169	1543	1837	1713	2062	2672	2416	1908	2247	1949	383
290	366	414	527	744	1009	995	875	822	724	384
1166	1442	1872	1846	2276	2852	3018	2378	2592	1906	385
260	278	345	372	479	637	525	338	291	278	386
2016	2537	2997	2938	3858	4854	4728	3436	2938	2105	387
508	657	843	976	1296	1490	1680	1351	1954	2266	389
6466	8455	10577	11305	15427	17568	18266	11465	10874	10096	39
599	772	912	1021	1380	1147	1220	1287	1418	1547	391
488	657	832	885	1156	1285	1245	784	833	630	392
142	142	168	174	217	220	204	190	263	263	393
6	14	32	20	22	32	38	26	15	14	394
364	461	471	515	677	824	691	338	272	222	395
266	398	521	658	1074	1089	1366	1233	1280	1154	396
1145	1450	1669	1790	2379	2662	2636	3594	3856	3704	397
2735	3580	4427	4626	6150	7804	8778	2182	1768	1779	398
721	981	1545	1616	2372	2505	2088	1831	1169	783	399
2098	2555	3134	3340	4003	5039	5317	4270	4703	5397	40
1307	1627	2092	2273	2671	3500	3728	3018	3413	4147	401
286	377	448	470	528	647	642	576	629	649	402
215	234	202	209	300	336	335	135	133	80	403
120	128	180	181	246	270	260	169	208	210	404
40	54	48	46	64	52	81	42	41	32	405
130	135	164	161	194	234	271	330	279	279	409
1445	2007	3274	3999	5724	6183	6478	7143	5565	4473	41
615	855	1110	1259	1863	1736	1630	1378	1875	1855	411
1	2						1		1	412
829	1150	2164	2740	3861	4447	4848	5764	3690	2617	419
640	648	860	1059	1291	2367	3110	3567	3727	4343	42
298	288	350	427	548	1136	1388	1617	1941	2450	421
342	360	510	632	743	1231	1722	1950	1786	1893	422

2-6 续表 19

行业中类	代码	2006年	2007年	2008年	2009年	2010年	2011年
金属制品、机械和设备修理业	43	741	723	858	1023	1380	1515
金属制品修理	431	21	17	16	19	17	17
通用设备修理	432	118	110	129	175	211	279
专用设备修理	433	106	118	124	178	233	250
铁路、船舶、航空航天等运输设备修理	434	180	174	192	210	267	254
电气设备修理	435	74	63	77	90	138	133
仪器仪表修理	436	18	12	22	23	27	39
其他机械和设备修理业	439	224	229	298	328	487	543
电力、热力、燃气及水生产和供应业	D	**3192**	**2803**	**2848**	**3228**	**3364**	**3248**
电力、热力生产和供应业	44	2324	1905	1732	1873	1979	1920
电力生产	441	2065	1593	1399	1516	1547	1450
电力供应	442	52	63	61	47	63	64
热力生产和供应	443	207	249	272	310	369	406
燃气生产和供应业	45	230	223	288	361	474	448
燃气生产和供应业	451	224	213	281	344	452	434
生物质燃气生产和供应业	452	6	10	7	17	22	14
水的生产和供应业	46	638	675	828	994	911	880
自来水生产和供应	461	395	346	421	470	481	483
污水处理及其再生利用	462	230	314	390	496	409	375
海水淡化处理	463			1	5	1	1
其他水的处理、利用与分配	469	13	15	16	23	20	21
建筑业	E	**15565**	**15516**	**17679**	**23585**	**30093**	**35244**
房屋建筑业	47	3142	2977	3323	4518	5792	6571
住宅房屋建筑	471	2612	2493	2725	3822	4830	5492
体育场馆建筑	472	12	14	10	16	16	17
其他房屋建筑业	479	518	470	588	680	946	1062
土木工程建筑业	48	3315	3263	3685	5456	6681	7676
铁路、道路、隧道和桥梁工程建筑	481	1208	1188	1323	1933	2349	2620
水利和水运工程建筑	482	210	229	250	366	411	549
海洋工程建筑	483	9	6	7	10	10	12
工矿工程建筑	484	111	130	140	153	151	197
架线和管道工程建筑	485	396	391	412	579	754	775
节能环保工程施工	486	118	111	132	186	192	227
电力工程施工	487	88	110	147	192	218	285
其他土木工程建筑	489	1175	1098	1274	2037	2596	3011
建筑安装业	49	3163	3140	3652	4443	5610	6403
电气安装	491	1045	1011	1237	1459	1709	2045
管道和设备安装	492	861	827	934	1095	1427	1580
其他建筑安装业	499	1257	1302	1481	1889	2474	2778
建筑装饰、装修和其他建筑业	50	5945	6136	7019	9168	12010	14594
建筑装饰和装修业	501	4137	4341	5040	6727	8947	11366
建筑物拆除和场地准备活动	502	504	526	610	785	985	931
提供施工设备服务	503	180	165	186	261	242	281
其他未列明建筑业	509	1124	1104	1183	1395	1836	2016

单位：个

2012年	2013年	2014年	2015年	2016年	2017年	2018年	2019年	2020年	2021年	代码
1625	1894	2973	3225	4083	4735	5178	3759	4944	4846	43
27	37	76	76	122	91	101	90	117	169	431
274	292	518	512	609	802	822	654	987	976	432
258	368	537	564	758	881	878	594	690	646	433
285	297	358	448	501	538	650	681	992	905	434
163	189	330	316	411	491	524	361	618	717	435
40	45	76	77	98	90	93	43	94	77	436
578	666	1078	1232	1584	1842	2110	1336	1446	1356	439
3533	**3929**	**5386**	**6854**	**11170**	**13544**	**9989**	**8298**	**8827**	**12219**	D
1958	2252	3385	4534	8634	10693	7028	5598	5768	9056	44
1486	1715	2643	3544	6926	8620	5367	4126	3760	6007	441
67	68	144	310	855	1082	712	702	1083	2164	442
405	469	598	680	853	991	949	770	925	885	443
522	577	621	611	676	830	905	750	852	787	45
502	545	578	567	615	751	814	648	734	610	451
20	32	43	44	61	79	91	102	118	177	452
1053	1100	1380	1709	1860	2021	2056	1950	2207	2376	46
587	615	739	917	946	950	990	957	1111	1197	461
440	443	595	733	862	1011	1006	913	1019	1097	462
3	5	3	4	10	9	5	6	6	9	463
23	37	43	55	42	51	55	74	71	73	469
37555	**49768**	**86922**	**96833**	**167402**	**241541**	**287406**	**359847**	**401871**	**396475**	E
7483	9697	15818	16527	33506	53922	68039	76321	96091	91424	47
6231	8070	13275	13687	27784	46129	57245	58119	76759	73566	471
20	25	43	43	77	85	84	203	259	244	472
1232	1602	2500	2797	5645	7708	10710	17999	19073	17614	479
8281	10695	17706	19129	35171	50877	58268	81185	93259	82561	48
2886	3744	6245	6452	13334	19880	21248	31958	30438	18681	481
582	723	983	1138	1903	2455	2498	2570	2432	1353	482
12	29	37	32	60	56	58	102	89	75	483
204	198	264	327	433	704	877	1230	1243	1278	484
831	855	1488	1630	2757	3242	3350	4072	3350	2138	485
239	310	513	576	838	1303	1780	1497	1072	815	486
277	342	540	674	1160	1414	1586	1473	1390	1189	487
3250	4494	7636	8300	14686	21823	26871	38283	53245	57032	489
6564	8116	13424	14510	23405	30319	32977	38892	33883	31537	49
2004	2298	3665	3977	6182	7732	8245	8806	8534	10570	491
1636	2084	3457	3746	5993	7683	8269	10567	8258	6665	492
2924	3734	6302	6787	11230	14904	16463	19519	17091	14302	499
15227	21260	39974	46667	75320	106423	128122	163449	178638	190953	50
11837	16555	31997	37808	59411	82452	93257	101100	102019	112066	501
932	1398	2115	2011	3506	5000	5086	5084	7466	9127	502
279	350	590	561	1013	1493	1747	3052	8860	8859	503
2179	2957	5272	6287	11390	17478	28032	54213	60293	60901	509

2-6 续表 20

行业中类	代码	2006年	2007年	2008年	2009年	2010年	2011年
批发和零售业	F	**89804**	**94752**	**111143**	**149305**	**193682**	**236090**
批发业	51	57634	60856	70321	92960	119389	142831
农、林、牧、渔产品批发	511	2087	2033	2691	3528	4232	5199
食品、饮料及烟草制品批发	512	4284	4712	5515	7368	9972	12741
纺织、服装及家庭用品批发	513	7379	7907	9079	12595	16678	21587
文化、体育用品及器材批发	514	2045	2132	2349	3275	4412	5284
医药及医疗器材批发	515	2339	1971	2164	3280	3951	4749
矿产品、建材及化工产品批发	516	17831	18697	21520	28655	36094	41482
机械设备、五金产品及电子产品批发	517	16057	17427	19812	25966	33034	38500
贸易经纪与代理	518	1946	2006	2287	2594	3334	4070
其他批发业	519	3666	3971	4904	5699	7682	9219
零售业	52	32170	33896	40822	56345	74293	93259
综合零售	521	2310	2370	2947	3888	5325	6839
食品、饮料及烟草制品专门零售	522	2745	3006	3816	4642	6693	9471
纺织、服装及日用品专门零售	523	2982	3302	3940	5191	7257	10383
文化、体育用品及器材专门零售	524	2024	2079	2634	3492	4557	6046
医药及医疗器材专门零售	525	2533	2342	2935	4786	6127	7210
汽车、摩托车、零配件和燃料及其他动力销售	526	5288	5199	5930	8546	10960	11076
家用电器及电子产品专门零售	527	6049	6485	7632	10918	12844	15452
五金、家具及室内装饰材料专门零售	528	4973	5524	6635	8773	12144	15702
货摊、无店铺及其他零售业	529	3266	3589	4353	6109	8386	11080
交通运输、仓储和邮政业	G	**10865**	**11106**	**12732**	**16155**	**20518**	**20558**
铁路运输业	53	44	28	54	63	64	44
铁路旅客运输	531	7	9	11	19	21	6
铁路货物运输	532	25	16	28	35	32	24
铁路运输辅助活动	533	12	3	15	9	11	14
道路运输业	54	5901	6196	7336	9513	11190	11755
城市公共交通运输	541	364	381	360	364	380	408
公路旅客运输	542	386	333	319	303	332	298
道路货物运输	543	4753	5036	6173	8316	9895	10413
道路运输辅助活动	544	398	446	484	530	583	636
水上运输业	55	456	417	461	536	589	562
水上旅客运输	551	36	24	38	34	44	32
水上货物运输	552	283	264	289	322	350	321
水上运输辅助活动	553	137	129	134	180	195	209
航空运输业	56	53	45	49	59	75	92
航空客货运输	561	29	20	22	23	34	33
通用航空服务	562	8	8	11	15	20	31
航空运输辅助活动	563	16	17	16	21	21	28
管道运输业	57	19	24	17	20	25	19
海底管道运输	571	1	1		2	2	1
陆地管道运输	572	18	23	17	18	23	18

单位：个

2012年	2013年	2014年	2015年	2016年	2017年	2018年	2019年	2020年	2021年	代码
252163	**332369**	**505084**	**608214**	**818200**	**948578**	**1067858**	**1079568**	**1193957**	**1244922**	**F**
149426	192413	284418	319464	418400	495802	567336	576590	626121	626915	51
6675	9040	12470	15185	18499	19845	21478	15933	22323	23583	511
15874	19840	29501	38347	47197	51172	55455	53877	60383	56511	512
22301	31191	47620	51915	68950	79896	94102	94069	96298	95418	513
5633	7718	11980	13468	17329	18787	20389	18738	18892	18861	514
5207	6473	9549	11804	15078	16229	19573	16421	22699	19697	515
41181	50913	73347	77819	106489	138740	160583	176765	192241	189065	516
38544	48705	70753	75800	97082	113648	117655	112334	110048	116444	517
4511	6078	9231	11186	14919	17875	22801	22228	38264	41370	518
9500	12455	19967	23940	32857	39610	55300	66225	64973	65966	519
102737	139956	220666	288750	399800	452776	500522	502978	567836	618007	52
7936	12311	20790	31091	45590	49141	62810	108516	113330	116231	521
11834	14951	21952	31411	41848	48321	52508	42837	59043	70465	522
11019	16003	25161	32442	47402	51648	60191	54007	60079	69166	523
6336	8880	14657	18081	24230	26119	27713	23236	22921	26092	524
8267	8854	14826	27284	33423	33419	34844	31214	46093	32315	525
11956	16017	24265	29643	38177	48678	51181	40484	43046	46991	526
16105	21208	32696	37777	50217	53305	51797	36923	35125	35060	527
17367	24414	36264	39738	55330	70877	76495	64144	70102	67883	528
11917	17318	30055	41283	63583	71268	82983	101617	118097	153804	529
22401	**30335**	**44242**	**52366**	**66207**	**81078**	**89015**	**90310**	**111119**	**110750**	**G**
43	39	72	76	90	97	139	497	572	540	53
6	8	10	8	13	6	31	60	87	97	531
24	21	34	45	49	62	74	308	333	286	532
13	10	28	23	28	29	34	129	152	157	533
13460	18365	27120	32192	43906	56655	61693	60431	73440	73496	54
503	611	637	676	748	801	841	3398	1603	1370	541
376	370	404	596	647	679	683	800	916	804	542
11918	16556	24885	29377	40245	52719	57663	53253	66595	66817	543
663	828	1194	1543	2266	2456	2506	2980	4326	4505	544
437	499	832	926	1035	1139	1401	1655	1810	2303	55
30	58	75	102	109	125	106	217	119	92	551
239	277	482	526	617	624	834	900	1047	1373	552
168	164	275	298	309	390	461	538	644	838	553
101	123	213	231	301	350	521	495	566	525	56
33	44	72	73	88	109	138	122	150	128	561
40	45	84	92	129	145	253	240	330	316	562
28	34	57	66	84	96	130	133	86	81	563
18	17	24	16	22	25	36	49	79	82	57
1	1	2	2		1	4	16	25	41	571
17	16	22	14	22	24	32	33	54	41	572

2-6 续表 21

行业中类	代码	2006年	2007年	2008年	2009年	2010年	2011年
多式联运和运输代理业	58	2781	2519	2683	2947	3925	4296
多式联运	581	29	22	30	36	41	48
运输代理业	582	2752	2497	2653	2911	3884	4248
装卸搬运和仓储业	59	1374	1559	1647	1990	2375	2604
装卸搬运	591	383	539	609	664	819	884
通用仓储	592	329	290	289	367	451	504
低温仓储	593	82	96	93	91	125	132
危险品仓储	594	38	33	26	34	39	33
谷物、棉花等农产品仓储	595	264	311	330	409	401	428
中药材仓储	596	2		1	1	6	3
其他仓储业	599	276	290	299	424	534	620
邮政业	60	237	318	485	1027	2275	1186
邮政基本服务	601	13	10	24	14	30	20
快递服务	602	214	295	447	999	2229	1152
其他寄递服务	609	10	13	14	14	16	14
住宿和餐饮业	**H**	**5299**	**5832**	**6767**	**7790**	**10413**	**12068**
住宿业	61	2566	2746	3097	3199	4454	4944
旅游饭店	611	840	865	938	1018	1256	1347
一般旅馆	612	1533	1647	1915	1933	2835	3211
民宿服务	613	30	41	42	42	57	68
露营地服务	614	2	1			2	1
其他住宿业	619	161	192	202	206	304	317
餐饮业	62	2733	3086	3670	4591	5959	7124
正餐服务	621	2277	2501	2976	3648	4836	5857
快餐服务	622	144	202	237	326	360	403
饮料及冷饮服务	623	98	120	122	157	189	225
餐饮配送及外卖送餐服务	624	61	62	95	129	154	167
其他餐饮业	629	153	201	240	331	420	472
信息传输、软件和信息技术服务业	**I**	**9116**	**9398**	**10879**	**13785**	**16834**	**20610**
电信、广播电视和卫星传输服务	63	463	421	687	644	663	736
电信	631	361	317	537	491	519	605
广播电视传输服务	632	86	93	136	140	122	114
卫星传输服务	633	16	11	14	13	22	17
互联网和相关服务	64	1055	1061	1063	1460	1838	2133
互联网接入及相关服务	641	156	171	178	252	270	301
互联网信息服务	642	514	515	492	686	889	957
互联网平台	643	70	81	105	138	166	230
互联网安全服务	644	17	17	27	28	30	44
互联网数据服务	645	56	47	44	50	75	96
其他互联网服务	649	242	230	217	306	408	505
软件和信息技术服务业	65	7598	7916	9129	11681	14333	17741
软件开发	651	4615	4871	5534	7163	8780	10804
集成电路设计	652	109	130	147	196	217	281

单位：个

2012年	2013年	2014年	2015年	2016年	2017年	2018年	2019年	2020年	2021年	代码
4620	6086	8757	9874	11078	12454	13904	18129	23405	23279	58
41	68	107	190	216	303	426	2270	2805	2680	581
4579	6018	8650	9684	10862	12151	13478	15859	20600	20599	582
2730	3620	5286	6153	6311	7209	8436	6958	9080	8529	59
1078	1488	2362	3057	3161	3636	4313	2893	3289	3117	591
533	711	871	940	964	1226	1346	982	1492	1586	592
162	265	263	294	310	321	334	178	283	231	593
34	34	32	33	37	50	52	45	47	69	594
381	412	693	634	585	499	457	298	392	415	595
	4	12	19	16	24	13	14	11	10	596
542	706	1053	1176	1238	1453	1921	2548	3566	3101	599
992	1586	1938	2898	3464	3149	2885	2096	2167	1996	60
19	20	25	71	55	62	75	62	106	93	601
957	1546	1877	2771	3343	3019	2704	1950	1968	1809	602
16	20	36	56	66	68	106	84	93	94	609
15109	**20493**	**28167**	**40456**	**53971**	**63409**	**73979**	**62787**	**65098**	**78432**	H
5960	7615	9342	11914	14056	15176	17383	14242	12600	13629	61
1563	1772	2258	2869	3563	4087	4468	3739	3439	3515	611
3909	5180	6078	7616	8583	8824	9382	6347	5319	5843	612
92	127	239	440	678	814	1481	1282	1230	1416	613
2	4	8	12	26	27	25	46	73	114	614
394	532	759	977	1206	1424	2027	2828	2539	2741	619
9149	12878	18825	28542	39915	48233	56596	48545	52498	64803	62
7508	10555	15341	23175	31953	38077	43612	35071	37816	46768	621
507	734	1073	1690	2449	3090	3640	3527	3732	4494	622
334	391	636	781	990	1459	1815	1628	1487	1961	623
210	294	421	624	1076	1326	1534	1781	2400	2534	624
590	904	1354	2272	3447	4281	5995	6538	7063	9046	629
23275	**33028**	**63379**	**91418**	**124701**	**161307**	**205863**	**203849**	**211312**	**241864**	I
768	1004	1968	2429	2807	2901	3066	2255	2852	3597	63
632	880	1796	2226	2593	2667	2806	2066	2544	3289	631
125	104	140	161	164	187	206	143	204	246	632
11	20	32	42	50	47	54	46	104	62	633
2421	3561	7590	12667	17574	21851	27633	27117	34295	42747	64
355	469	970	1384	1803	2079	2370	2586	2527	2364	641
1133	1675	3645	6289	8836	11059	13819	12262	17338	22071	642
240	377	765	1269	1629	2052	2687	4007	4253	4770	643
37	49	86	119	150	228	277	205	348	678	644
114	149	277	480	601	810	1294	2599	2460	2888	645
542	842	1847	3126	4555	5623	7186	5458	7369	9976	649
20086	28463	53821	76322	104320	136555	175164	174477	174165	195520	65
12428	17781	33556	47572	64669	84235	102728	96801	79656	74181	651
307	355	595	720	967	1409	2421	7404	8251	6655	652

2-6 续表 22

行业中类	代码	2006年	2007年	2008年	2009年	2010年	2011年
信息系统集成和物联网技术服务	653	649	610	739	921	1098	1373
运行维护服务	654	109	110	124	148	180	219
信息处理和存储支持服务	655	46	67	55	80	88	119
信息技术咨询服务	656	1427	1460	1696	2191	2695	3358
数字内容服务	657	148	147	250	252	321	451
其他信息技术服务业	659	495	521	584	730	954	1136
金融业	**J**	**2024**	**3164**	**3854**	**3770**	**4709**	**6117**
货币金融服务	66	526	1180	1336	1671	2248	2631
货币银行服务	662	224	639	800	428	702	687
非货币银行服务	663	301	532	533	1241	1545	1942
银行理财服务	664	1	9	3	2	1	2
资本市场服务	67	282	570	580	798	1348	2023
证券市场服务	671	3	14	11	7	18	22
公开募集证券投资基金	672	8	12	6	12	27	30
非公开募集证券投资基金	673	52	151	138	214	426	614
期货市场服务	674	4	4	6	5	10	16
资本投资服务	676	150	289	294	405	598	876
其他资本市场服务	679	65	100	125	155	269	465
保险业	68	1003	1190	1630	785	646	913
人身保险	681	214	350	762	319	284	396
财产保险	682	531	548	602	206	157	278
再保险	683			2			2
商业养老金	684	1	57	33	5	8	7
保险中介服务	685	230	212	216	241	173	175
保险资产管理	686	3	3		1	1	4
其他保险活动	689	24	20	15	13	23	51
其他金融业	69	213	224	308	516	467	550
金融信托与管理服务	691	7	15	19	36	35	27
控股公司服务	692	27	47	38	49	64	75
非金融机构支付服务	693	14	9	24	30	25	45
金融信息服务	694	8	7	14	28	35	53
金融资产管理公司	695	3	4	7	10	9	14
其他未列明金融业	699	154	142	206	363	299	336
房地产业	**K**	**17805**	**20345**	**16944**	**23341**	**32782**	**32364**
房地产业	70	17805	20345	16944	23341	32782	32364
房地产开发经营	701	7532	9269	6694	9796	15723	14317
物业管理	702	5257	5887	6001	7349	9122	9989
房地产中介服务	703	2109	2736	2122	3722	4853	5073
房地产租赁经营	704	2577	2061	1813	2079	2516	2424
其他房地产业	709	330	392	314	395	568	561
租赁和商务服务业	**L**	**27139**	**29865**	**34506**	**43935**	**57216**	**69971**
租赁业	71	1652	1839	2317	3502	4855	6111
机械设备经营租赁	711	1578	1758	2212	3382	4692	5886

单位：个

2012年	2013年	2014年	2015年	2016年	2017年	2018年	2019年	2020年	2021年	代码
1491	1843	3486	4541	5822	7317	8956	11402	16133	21765	653
230	283	554	739	885	1039	1234	1946	2431	3150	654
138	191	403	523	778	928	1232	1461	1329	1350	655
3749	5754	10820	15879	22321	30360	40828	35212	49050	70678	656
441	592	1072	1363	1824	2312	3261	915	1049	1631	657
1302	1664	3335	4985	7054	8955	14504	19336	16266	16110	659
6124	**7428**	**10606**	**16634**	**15728**	**15634**	**13155**	**8300**	**8957**	**8800**	J
2636	2817	2874	2747	2782	2771	3631	1976	1901	1414	66
532	602	573	550	523	387	301	217	300	146	662
2100	2209	2294	2194	2257	2383	3326	1742	1589	1263	663
4	6	7	3	2	1	4	17	12	5	664
2048	3045	5479	10549	9889	9973	6707	4141	4457	5234	67
18	31	64	85	76	75	63	83	108	107	671
38	85	166	295	233	165	67	113	127	279	672
617	888	1846	3663	2048	1309	325	1263	1029	1657	673
13	38	53	70	49	58	44	132	110	173	674
807	1193	1941	3364	3207	3717	3136	1861	2096	2028	676
555	810	1409	3072	4276	4649	3072	689	987	990	679
967	833	663	809	1223	1032	894	896	1135	1075	68
365	285	226	255	317	223	167	124	159	171	681
378	355	237	247	260	262	213	211	270	139	682
		1	1	1	1		5	5	3	683
34	4	13	27	21	15	13	8	13	14	684
120	86	100	141	241	184	192	447	607	676	685
7	6	3	6	9	6	5	20	18	23	686
63	97	83	132	374	341	304	81	63	49	689
473	733	1590	2529	1834	1858	1923	1287	1464	1077	69
42	102	186	308	199	193	178	139	160	95	691
83	108	186	350	445	387	366	140	423	409	692
10	14	9	11	14	8	11	49	26	33	693
93	163	589	1066	402	405	433	473	327	227	694
12	26	61	117	109	110	68	121	139	59	695
233	320	559	677	665	755	867	365	389	254	699
28444	**39314**	**45470**	**44329**	**69177**	**91871**	**116369**	**113100**	**115014**	**104105**	K
28444	39314	45470	44329	69177	91871	116369	113100	115014	104105	70
10858	14862	12731	9158	14429	20069	23545	23395	24451	17756	701
10127	13069	18115	18213	24758	27981	36963	37322	38436	34408	702
4609	7800	10456	12672	23874	36852	47480	47849	47794	48077	703
2296	2861	3399	3476	4667	5265	6406	2770	2754	2513	704
554	722	769	810	1449	1704	1975	1764	1579	1351	709
77981	**104767**	**179896**	**233115**	**298870**	**372811**	**456239**	**473756**	**486249**	**519235**	L
6765	8979	16277	20656	30433	43154	50324	61681	68905	64756	71
6529	8629	15699	19905	29442	42031	49046	60663	67884	63448	711

2-6 续表 23

行业中类	代码	2006年	2007年	2008年	2009年	2010年	2011年
文体设备和用品出租	712	66	70	92	108	146	195
日用品出租	713	8	11	13	12	17	30
商务服务业	72	25487	28026	32189	40433	52361	63860
组织管理服务	721	4031	5052	5245	7274	10398	13186
综合管理服务	722	1172	1014	1294	1494	1666	1754
法律服务	723	344	343	433	572	616	577
咨询与调查	724	7662	8473	9952	11922	15083	18742
广告业	725	5126	5503	6457	8373	10840	13322
人力资源服务	726	1949	2201	2816	3250	4037	4647
安全保护服务	727	435	495	505	572	827	1215
会议、展览及相关服务	728	911	1086	1311	1675	2057	2506
其他商务服务业	729	3857	3859	4176	5301	6837	7911
科学研究和技术服务业	**M**	**14706**	**14780**	**16530**	**22241**	**27771**	**33589**
研究和试验发展	73	1388	1621	1850	2587	3373	4191
自然科学研究和试验发展	731	47	66	67	109	145	176
工程和技术研究和试验发展	732	996	1179	1308	1843	2438	3038
农业科学研究和试验发展	733	99	95	156	214	244	329
医学研究和试验发展	734	236	271	304	408	524	629
社会人文科学研究	735	10	10	15	13	22	19
专业技术服务业	74	9112	8411	9150	11869	14712	17278
气象服务	741	35	17	21	19	28	18
地震服务	742	3	2	2	5	6	4
海洋服务	743	25	28	27	40	39	53
测绘地理信息服务	744	309	253	307	343	391	393
质检技术服务	745	1549	1080	981	1412	1510	1595
环境与生态监测检测服务	746	93	108	137	184	222	251
地质勘查	747	184	236	245	213	267	300
工程技术与设计服务	748	4214	3886	4246	5507	6854	8070
工业与专业设计及其他专业技术服务	749	2700	2801	3184	4146	5395	6594
科技推广和应用服务业	75	4206	4748	5530	7785	9686	12120
技术推广服务	751	3172	3620	4193	5966	7402	9268
知识产权服务	752	291	288	336	476	602	744
科技中介服务	753	109	93	124	145	193	220
创业空间服务	754	40	43	59	68	83	109
其他科技推广服务业	759	594	704	818	1130	1406	1779
水利、环境和公共设施管理业	**N**	**1844**	**1901**	**2256**	**2981**	**3360**	**3868**
水利管理业	76	107	101	112	178	150	208
防洪除涝设施管理	761	13	9	16	12	18	20
水资源管理	762	28	29	32	53	55	54
天然水收集与分配	763	12	13	11	17	12	15
水文服务	764	4	6	5	9	6	16
其他水利管理业	769	50	44	48	87	59	103
生态保护和环境治理业	77	266	243	315	372	384	447

单位：个

2012年	2013年	2014年	2015年	2016年	2017年	2018年	2019年	2020年	2021年	代码
210	313	512	660	864	997	1141	957	974	1249	712
26	37	66	91	127	126	137	61	47	59	713
71216	95788	163619	212459	268437	329657	405915	412075	417344	454479	72
13919	19353	33784	49807	48737	50015	55379	52397	61708	74083	721
1860	2655	4042	4848	6478	7848	10794	13601	15648	19965	722
734	951	1616	2083	2989	4533	7060	22104	23779	23915	723
21059	30044	52682	68281	92175	118751	148147	122281	114290	129414	724
15486	19541	34363	39255	48832	57292	62839	50640	45407	45680	725
5437	6502	10086	13533	22350	36372	48679	60751	74738	80064	726
1166	1743	2709	2685	3392	4064	4448	6015	5691	5906	727
2877	3450	5339	6222	7906	8848	10217	10265	8190	7897	728
8678	11549	18998	25745	35578	41934	58352	74021	67893	67555	729
37159	**50357**	**87057**	**108960**	**151927**	**196478**	**253420**	**248458**	**282644**	**303805**	M
4763	6786	12091	16355	24245	31241	39143	33363	28672	33727	73
172	318	647	944	1485	1369	2372	2108	1342	1345	731
3402	4957	8769	11795	17344	22668	28015	23291	19594	23774	732
400	545	1029	1391	1771	2095	2693	2763	3404	4648	733
759	922	1528	2096	3393	4694	5717	4958	4156	3861	734
30	44	118	129	252	415	346	243	176	99	735
18624	24859	40074	45571	61403	79759	95229	79542	97465	102789	74
30	32	81	84	136	123	105	121	82	83	741
9	6	19	17	30	36	52	131	227	270	742
35	40	52	90	101	92	107	117	167	132	743
425	549	912	1032	1369	1572	1726	1391	1451	1434	744
1747	2225	3518	3869	4715	5621	6311	4420	5773	4990	745
343	411	704	973	1343	1968	2368	2324	2276	2181	746
300	276	455	419	582	841	1098	1299	1280	1416	747
8482	11347	17556	18875	27325	37358	44443	36893	53892	55663	748
7253	9973	16777	20212	25802	32148	39019	32846	32317	36620	749
13772	18712	34892	47034	66279	85478	119048	135553	156507	167289	75
10568	14407	26353	34780	47689	61881	81794	89414	97282	102203	751
865	1148	1704	2179	2680	3512	4053	4049	4385	4908	752
243	361	680	930	1370	1928	2597	2279	2885	3984	753
123	172	326	702	1097	1026	1214	1160	988	1021	754
1973	2624	5829	8443	13443	17131	29390	38651	50967	55173	759
4396	**5468**	**8454**	**10410**	**15189**	**19196**	**21754**	**30151**	**35750**	**38052**	N
209	253	314	451	673	688	643	786	1013	1075	76
21	32	39	48	73	87	66	183	94	47	761
67	75	89	116	174	193	188	173	242	255	762
19	27	20	41	41	45	36	46	44	76	763
13	7	16	18	20	31	41	33	36	36	764
89	112	150	228	365	332	312	351	597	661	769
577	655	1107	1385	2108	2936	3715	4133	4854	4430	77

2-6 续表 24

行业中类	代码	2006年	2007年	2008年	2009年	2010年	2011年
生态保护	771	33	25	24	34	32	38
环境治理业	772	233	218	291	338	352	409
公共设施管理业	78	1351	1434	1695	2279	2651	3034
市政设施管理	781	164	187	206	320	303	271
环境卫生管理	782	174	209	279	323	340	362
城乡市容管理	783	18	16	22	43	49	50
绿化管理	784	672	659	786	1080	1370	1658
城市公园管理	785	24	16	22	29	38	54
游览景区管理	786	299	347	380	484	551	639
土地管理业	79	120	123	134	152	175	179
土地整治服务	791	43	51	51	79	79	95
土地调查评估服务	792	47	33	29	28	29	25
土地登记服务	793	2	5	5		3	5
土地登记代理服务	794	4	6	12	11	6	8
其他土地管理服务	799	24	28	37	34	58	46
居民服务、修理和其他服务业	O	**5892**	**6009**	**7036**	**8808**	**10895**	**13489**
居民服务业	80	1838	1889	2341	2868	3735	4771
家庭服务	801	282	338	476	593	827	1038
托儿所服务	802	5	7	9	20	19	25
洗染服务	803	90	118	138	130	190	241
理发及美容服务	804	437	395	540	609	764	1039
洗浴和保健养生服务	805	374	380	415	552	703	849
摄影扩印服务	806	200	208	240	320	418	552
婚姻服务	807	134	154	163	208	312	410
殡葬服务	808	135	134	126	152	166	158
其他居民服务业	809	181	155	234	284	336	459
机动车、电子产品和日用产品修理业	81	2829	2697	3013	3980	4881	5885
汽车、摩托车等修理与维护	811	1912	1839	2002	2730	3304	4025
计算机和办公设备维修	812	403	418	450	558	729	851
家用电器修理	813	431	361	460	569	674	796
其他日用产品修理业	819	83	79	101	123	174	213
其他服务业	82	1225	1423	1682	1960	2279	2833
清洁服务	821	853	1030	1222	1422	1594	1996
宠物服务	822	34	34	43	61	62	66
其他未列明服务业	829	338	359	417	477	623	771
教育	P	**1626**	**1446**	**1587**	**2163**	**2794**	**3370**
教育	83	1626	1446	1587	2163	2794	3370
学前教育	831	46	45	86	88	155	141
初等教育	832	7	4	6	11	15	21
中等教育	833	6	7	8	8	10	13
高等教育	834	2	2		3	3	2
特殊教育	835	3		1	2		2
技能培训、教育辅助及其他教育	839	1562	1388	1486	2051	2611	3191

单位：个

2012年	2013年	2014年	2015年	2016年	2017年	2018年	2019年	2020年	2021年	代码
68	79	100	156	204	246	324	249	305	309	771
509	576	1007	1229	1904	2690	3391	3884	4549	4121	772
3399	4265	6664	8030	11655	14342	15147	15497	17283	15564	78
335	433	609	753	1232	1367	1353	1816	3024	2705	781
430	594	893	1385	1956	2586	2952	3085	3528	3993	782
47	57	95	118	183	268	287	450	542	566	783
1811	2208	3637	3705	5255	6758	7421	8155	8228	6673	784
50	50	70	86	117	135	118	96	117	163	785
726	923	1360	1983	2912	3228	3016	1895	1844	1464	786
211	295	369	544	753	1230	2249	9735	12600	16983	79
94	143	194	316	398	639	1184	4664	5317	6295	791
32	36	38	31	41	77	99	493	1351	3568	792
12	3	8	17	23	36	65	291	235	304	793
15	29	35	56	89	186	354	2103	2303	3102	794
58	84	94	124	202	292	547	2184	3394	3714	799
15164	**20035**	**32919**	**44326**	**61481**	**73137**	**83310**	**67753**	**72843**	**79883**	**O**
5516	7278	12290	16924	24880	32282	39129	30195	35723	44715	80
1301	1737	3426	4436	6956	8375	9691	7753	8010	10072	801
26	39	106	185	277	485	713	1335	2940	4995	802
291	344	533	708	975	1057	1055	619	552	588	803
1161	1340	2027	3024	4725	7268	9536	5018	4943	7226	804
916	1218	1828	2669	4135	5811	7341	4491	5555	7849	805
617	910	1477	1932	2514	3055	3274	1666	1571	2178	806
579	730	1333	1782	2162	2444	2787	1896	1828	2663	807
170	261	385	465	644	742	976	943	1084	1202	808
455	699	1175	1723	2492	3045	3756	6474	9240	7942	809
6435	8636	13480	18229	24402	28017	28900	22031	22712	22429	81
4482	6137	9459	13536	18098	21107	22111	18331	18942	18398	811
868	1113	1857	2126	2829	3119	2907	1384	1278	1341	812
872	1095	1727	2038	2729	2974	2940	1496	1339	1325	813
213	291	437	529	746	817	942	820	1153	1365	819
3213	4121	7149	9173	12199	12838	15281	15527	14408	12739	82
2374	3000	5142	6291	8300	8839	9862	7934	7391	7516	821
97	119	178	274	565	906	1166	1297	1634	1754	822
742	1002	1829	2608	3334	3093	4253	6296	5383	3469	829
4321	**5649**	**10198**	**16452**	**25537**	**34811**	**51814**	**54351**	**49300**	**46318**	**P**
4321	5649	10198	16452	25537	34811	51814	54351	49300	46318	83
182	214	399	653	1178	1868	3974	3468	3416	2958	831
32	34	78	124	206	294	533	740	831	781	832
17	19	31	44	93	137	291	653	779	770	833
3	3	4	7	6	12	27	123	136	99	834
2	6	11	14	20	42	61	135	171	161	835
4085	5373	9675	15610	24034	32458	46928	49232	43967	41549	839

2-6 续表 25

行业中类	代码	2006年	2007年	2008年	2009年	2010年	2011年
卫生和社会工作	Q	**890**	**802**	**935**	**854**	**1143**	**1355**
卫生	84	843	753	867	780	1020	1217
医院	841	380	316	347	383	438	539
基层医疗卫生服务	842	394	331	441	323	478	582
专业公共卫生服务	843	35	72	31	27	33	24
其他卫生活动	849	34	34	48	47	71	72
社会工作	85	47	49	68	74	123	138
提供住宿社会工作	851	38	39	60	63	108	124
不提供住宿社会工作	852	9	10	8	11	15	14
文化、体育和娱乐业	R	**7407**	**7926**	**6900**	**9858**	**10699**	**11138**
新闻和出版业	86	130	106	185	189	230	202
新闻业	861	4	6	4	9	14	7
出版业	862	126	100	181	180	216	195
广播、电视、电影和录音制作业	87	504	549	689	823	1207	1520
广播	871	21	18	35	34	53	66
电视	872	17	18	24	32	33	36
影视节目制作	873	325	338	391	493	647	831
广播电视集成播控	874	5	4	5	8	10	7
电影和广播电视节目发行	875	28	30	51	46	73	59
电影放映	876	90	127	162	183	352	461
录音制作	877	18	14	21	27	39	60
文化艺术业	88	867	1031	1299	1720	2291	2882
文艺创作与表演	881	244	232	340	438	610	837
艺术表演场馆	882	9	14	13	23	23	29
图书馆与档案馆	883	16	14	21	35	43	38
文物及非物质文化遗产保护	884	22	23	17	25	25	37
博物馆	885	10	10	15	24	13	21
烈士陵园、纪念馆	886	1		1	1	1	4
群众文体活动	887	113	141	171	195	291	326
其他文化艺术业	889	452	597	721	979	1285	1590
体育	89	362	417	401	615	584	689
体育组织	891	65	81	72	101	110	153
体育场地设施管理	892	45	42	35	73	59	71
健身休闲活动	893	238	277	273	405	388	431
其他体育	899	14	17	21	36	27	34
娱乐业	90	5544	5823	4326	6511	6387	5845
室内娱乐活动	901	4558	4783	3038	4647	3944	2815
游乐园	902	29	28	51	61	84	104
休闲观光活动	903	132	157	180	269	348	461
彩票活动	904	5	3	2	3	3	4
文化体育娱乐活动与经纪代理服务	905	788	817	1019	1484	1937	2397
其他娱乐业	909	32	35	36	47	71	64

单位：个

2012年	2013年	2014年	2015年	2016年	2017年	2018年	2019年	2020年	2021年	代码
1867	**2177**	**3262**	**6010**	**9167**	**12293**	**16031**	**15965**	**16258**	**17270**	**Q**
1672	1920	2603	4667	7042	9371	12407	12626	13089	14070	84
642	790	1040	1756	2195	2532	2884	5304	5262	4949	841
883	959	1264	2401	4100	5775	8198	5779	6396	7652	842
50	44	73	110	170	242	333	382	386	351	843
97	127	226	400	577	822	992	1161	1045	1118	849
195	257	659	1343	2125	2922	3624	3339	3169	3200	85
173	230	595	1218	1948	2703	3254	3066	2853	2852	851
22	27	64	125	177	219	370	273	316	348	852
13579	**16827**	**31347**	**51097**	**70672**	**79017**	**93340**	**80075**	**79014**	**92748**	**R**
325	221	236	274	359	404	442	767	1079	1065	86
14	18	33	45	70	92	124	437	539	479	861
311	203	203	229	289	312	318	330	540	586	862
1627	2050	3796	6020	9092	11025	12510	16642	18537	20245	87
95	96	183	298	591	823	1230	4762	5164	6680	871
40	43	84	99	107	184	207	322	372	371	872
873	1146	2329	3797	6208	7826	8429	6591	7304	7083	873
12	11	17	27	19	32	71	165	341	416	874
67	71	121	246	353	336	386	510	784	863	875
479	580	892	1291	1443	1178	1141	813	585	632	876
61	103	170	262	371	646	1046	3479	3987	4200	877
3855	4607	8866	12545	19106	23760	31975	34384	31447	34684	88
1182	1277	2358	3617	5076	6503	8392	8487	9441	12231	881
37	37	67	81	118	120	173	351	409	466	882
55	74	137	189	310	420	482	426	546	636	883
67	88	140	137	198	238	249	178	271	398	884
29	19	30	34	35	52	70	55	52	65	885
5	5	5	8	7	7	12	6	10	15	886
373	500	844	1267	1839	2216	2688	2207	2387	2915	887
2107	2607	5285	7212	11523	14204	19909	22674	18331	17958	889
809	1167	2425	4020	6522	8819	11059	10197	9414	13463	89
181	200	455	999	1647	2074	2822	3847	3854	6002	891
75	126	214	288	461	568	578	448	421	592	892
510	788	1640	2503	4008	5623	6811	4370	3697	5087	893
43	53	116	230	406	554	848	1532	1442	1782	899
6963	8782	16024	28238	35593	35009	37354	18085	18537	23291	90
3230	3555	6429	14867	16220	10097	8993	4081	3623	4787	901
121	187	351	508	692	704	632	525	507	827	902
603	958	1483	2004	2697	3275	3365	1361	1604	1486	903
3	5	13	11	15	21	67	97	100	198	904
2931	3991	7575	10586	15444	20247	23850	11352	12096	15302	905
75	86	173	262	525	665	447	669	607	691	909

2-7 按地区、成立时间

地 区	企 业 单位数	1949年 及以前	1950- 1977年	1978- 1991年	1992- 1995年	1996年	1997年
全 国	**28665212**	**1024**	**13986**	**107971**	**144090**	**46913**	**55252**
北 京	1252742	52	790	5521	10719	3197	3728
天 津	376523	32	136	1842	2943	857	940
河 北	1376514	23	247	3838	3943	1515	1856
山 西	729478	39	574	3429	2189	780	977
内蒙古	381862	6	118	660	648	313	513
辽 宁	670131	88	705	5904	6577	1773	2136
吉 林	229570	29	197	1334	1019	392	502
黑龙江	256859	89	549	2138	1979	605	626
上 海	505468	42	238	4493	12989	3317	3693
江 苏	2892203	67	569	10177	12871	5141	5503
浙 江	2310258	9	358	7820	15900	5774	6215
安 徽	1150433	29	360	2259	2477	980	1384
福 建	1265024	13	337	5178	6422	2224	2344
江 西	741284	30	644	2900	1712	518	584
山 东	2928918	96	582	6041	8941	2798	3366
河 南	1631330	65	788	3704	3221	1452	2186
湖 北	1139615	21	417	2924	3196	1384	1521
湖 南	738648	41	598	2215	2229	674	819
广 东	3319738	45	1584	17471	25117	6419	7687
广 西	684474	5	493	3191	2714	742	913
海 南	166723	1	204	916	1191	212	254
重 庆	652158	12	196	1935	2741	947	1456
四 川	762856	31	701	3147	4084	1603	1831
贵 州	519698	7	309	1038	1019	372	643
云 南	646660	19	600	2095	2208	948	1106
西 藏	32161	1	70	103	71	36	42
陕 西	593201	52	828	3034	2549	969	1234
甘 肃	217733	39	352	1274	1096	381	505
青 海	86872	32	62	218	184	98	133
宁 夏	129018	2	81	257	331	173	195
新 疆	277060	7	299	915	810	319	360

分组的企业法人单位数

单位：个

1998年	1999年	2000年	2001年	2002年	2003年	2004年	2005年	2006年
80046	**96074**	**126905**	**155878**	**190604**	**239292**	**257587**	**271808**	**311942**
5679	6937	10572	13420	15260	18703	21806	23565	24100
1328	1323	1649	2209	2725	3537	3704	3999	4706
2890	3296	4307	6150	8213	9081	11176	11577	13802
1887	1753	2246	2600	3186	4256	4791	5390	6296
916	1011	1395	1574	1934	2388	2775	3224	3896
3518	4012	4713	5812	6670	8398	9091	9275	10082
774	996	1256	1614	1711	2107	2323	2898	3527
1132	1216	1530	1892	2163	2762	2897	3214	3649
4901	5092	7149	9237	11975	14878	15697	16260	14572
8708	16320	15816	20250	25899	31480	30405	30939	37741
8635	10468	14290	17084	21832	24967	22291	22150	27521
1701	1764	3074	3564	4639	6017	6591	7322	9529
2993	3590	6738	5340	6618	8606	9251	9547	10669
884	997	2003	2306	3047	3796	3865	4357	4928
5877	6584	9027	11102	13793	18222	18626	20046	22998
2866	3191	3574	4606	5626	7624	9033	10816	11665
2159	2353	3291	4595	6070	7474	8810	8496	9085
1169	1341	2106	2856	3137	4272	4885	5252	5951
9113	11289	14688	18866	22129	29627	34998	36998	44156
1164	1118	1462	1858	2526	3140	3655	3892	4376
355	360	476	619	722	940	1110	1244	1495
1862	1448	2004	2464	3095	3866	4085	4144	4780
2921	2898	4239	5056	5490	7519	8160	8482	9938
767	980	1087	1193	1302	1749	1985	2054	2520
1723	1479	2022	2268	2535	3749	4324	4503	5644
59	77	112	105	126	170	206	223	309
1940	1924	2855	3187	3577	4364	5002	5612	6278
765	725	1024	1348	1503	1731	1887	1991	2306
256	234	424	528	504	567	548	570	683
354	389	505	553	596	914	907	871	998
750	909	1271	1622	2001	2388	2703	2897	3742

2-7 续表

地 区	2007年	2008年	2009年	2010年	2011年	2012年
全 国	**321635**	**349109**	**449806**	**577370**	**670619**	**724996**
北 京	27487	31800	38988	44528	47898	48101
天 津	4673	5332	6495	7708	9470	9181
河 北	13484	14977	20083	23520	28765	30297
山 西	6407	7214	8686	10419	12408	14118
内蒙古	4527	5193	6458	9037	9675	9205
辽 宁	10256	11523	14676	19970	20319	19146
吉 林	3494	3852	5085	6112	7133	7044
黑龙江	3761	4558	5606	6467	6956	7426
上 海	13456	14497	18419	22315	23502	24086
江 苏	36825	37261	46153	61989	65561	66682
浙 江	27725	26116	35553	46353	49403	47603
安 徽	9863	11415	13921	18970	21695	24141
福 建	10465	11551	14001	20376	23598	24284
江 西	4707	5422	8169	10301	11166	14022
山 东	22155	24167	31530	40996	45020	48310
河 南	12344	14889	18292	23324	28122	30988
湖 北	10055	11684	15552	19605	23259	25483
湖 南	6154	6960	9086	12275	13796	15976
广 东	46941	46877	64185	84982	108910	117514
广 西	5687	5867	8949	10935	15455	19896
海 南	1632	1895	2285	3321	3435	3294
重 庆	5524	7124	8274	14795	25157	26909
四 川	9809	11333	13938	16893	18997	21590
贵 州	3013	3156	4181	5151	7214	20165
云 南	5490	6770	8815	9826	11591	13357
西 藏	345	328	385	532	712	1087
陕 西	7189	8115	10884	13068	14966	15415
甘 肃	2433	2813	3435	4436	5061	6413
青 海	795	828	972	1223	1562	1947
宁 夏	1121	1322	1766	2286	2527	2972
新 疆	3818	4270	4984	5657	7286	8344

单位：个

2013年	2014年	2015年	2016年	2017年	2018年	2019年	2020年	2021年
953401	**1438647**	**1756775**	**2370482**	**2897200**	**3309860**	**3335518**	**3639028**	**3771394**
56296	91126	106243	115460	107536	109871	97860	95024	70475
11256	17950	23051	31441	37871	42412	59725	45865	32163
43393	73964	93911	141711	171622	194471	152306	163429	128667
16100	26262	32974	44785	57625	72521	105556	130064	143946
10949	20158	26594	33154	41275	42417	52813	57003	32033
21787	34962	40003	51987	63443	85656	78237	82359	37053
8820	13003	15050	20415	23917	23880	23811	22754	24521
8496	13548	16675	23205	28806	35845	23097	25146	20826
25963	36317	40476	46153	51485	46688	11691	3504	2383
80507	122116	147581	216677	261215	285451	343415	394457	474427
84567	100439	101433	141467	185705	220134	297435	346180	394831
32088	50969	63394	91983	115043	140788	156752	166417	181304
29980	51917	64865	79598	96647	111224	187218	206570	252860
17499	28379	36143	51959	71075	87663	100494	118120	143594
66658	108169	141473	188297	230949	256922	455559	538868	581746
42886	77304	100340	140613	177864	215352	218662	235635	224298
36817	50568	58469	79815	97398	127982	142700	156609	221823
21433	34111	45204	64386	80694	83520	103188	99493	104827
173537	236611	287088	399414	487695	568164	185272	153494	78867
22300	30164	38504	43936	54141	78474	87418	109647	121852
4324	6546	8073	10926	13826	16404	17614	26265	36784
31290	39765	48606	57408	58272	63605	58678	66139	105577
26898	40754	49644	69851	88433	92174	79573	103874	52995
19403	28958	34181	47042	66164	65539	65166	65090	68250
16044	29906	43660	51733	61913	64057	73428	93794	121053
1517	2191	3621	6109	5463	5507	1091	1151	412
17983	32884	39555	50520	74766	92644	84659	46418	40730
8454	14985	20394	27065	30545	31197	15341	19800	8434
2270	4645	5638	7654	9354	9713	11378	15449	8403
3813	5593	7583	10003	12503	8735	11799	22138	27731
10073	14383	16349	25715	33955	30850	33582	28272	28529

2-8 按行业(大类)、运营状态分组的企业法人单位数

(2021年)　　单位：个

行业大类	代码	企　业 单位数	正常运营	停业(歇业)	筹建
总　计	——	**28665212**	**25540762**	**1758069**	**1194935**
农、林、牧、渔业	A	**946218**	**823344**	**75920**	**42407**
农业	01	429078	374182	33442	19329
林业	02	74784	66871	5047	2504
畜牧业	03	278343	241988	24913	10395
渔业	04	69572	59649	5024	4618
农、林、牧、渔专业及辅助性活动	05	94441	80654	7494	5561
采矿业	B	**82718**	**62127**	**17469**	**2489**
煤炭开采和洗选业	06	14291	10932	2860	309
石油和天然气开采业	07	658	578	47	29
黑色金属矿采选业	08	11058	6699	4062	259
有色金属矿采选业	09	7585	4932	2392	202
非金属矿采选业	10	40342	31732	6988	1372
开采专业及辅助性活动	11	5812	5042	526	181
其他采矿业	12	2972	2212	594	137
制造业	C	**4145287**	**3692065**	**273237**	**161814**
农副食品加工业	13	153109	131827	13996	6633
食品制造业	14	92881	80763	6778	4887
酒、饮料和精制茶制造业	15	69615	60515	5691	3158
烟草制品业	16	261	240	17	3
纺织业	17	174881	154587	13174	6517
纺织服装、服饰业	18	216870	192370	15349	8362
皮革、毛皮、羽毛及其制品和制鞋业	19	97932	86176	6851	4615
木材加工和木、竹、藤、棕、草制品业	20	176387	156599	11012	7526
家具制造业	21	110882	98972	6734	4730
造纸和纸制品业	22	91070	82339	5280	3155
印刷和记录媒介复制业	23	94985	88339	4283	2020
文教、工美、体育和娱乐用品制造业	24	147515	131428	9160	6352
石油、煤炭及其他燃料加工业	25	14230	11673	1730	740
化学原料和化学制品制造业	26	133595	115046	11908	5970
医药制造业	27	37337	32165	2450	2543
化学纤维制造业	28	8713	7605	587	490
橡胶和塑料制品业	29	239006	214782	14101	9246
非金属矿物制品业	30	333957	289818	29374	13403
黑色金属冶炼和压延加工业	31	25123	21995	2434	606
有色金属冶炼和压延加工业	32	34105	29908	2920	1147

2-8 续表 1

(2021年)

单位：个

行业大类	代码	企业单位数	正常运营	停业(歇业)	筹建
金属制品业	33	424448	383905	24777	13884
通用设备制造业	34	424920	382363	26541	14522
专用设备制造业	35	310665	279828	16617	12615
汽车制造业	36	98170	87441	5866	4545
铁路、船舶、航空航天和其他运输设备制造业	37	37553	32886	3002	1487
电气机械和器材制造业	38	242458	218498	13871	9054
计算机、通信和其他电子设备制造业	39	165925	151564	7976	5179
仪器仪表制造业	40	58753	53550	2540	2336
其他制造业	41	56558	50582	3389	2335
废弃资源综合利用业	42	25604	21262	2046	2154
金属制品、机械和设备修理业	43	47779	43039	2783	1600
电力、热力、燃气及水生产和供应业	D	**129282**	**116316**	**6379**	**6006**
电力、热力生产和供应业	44	89814	80275	4626	4482
燃气生产和供应业	45	10733	9568	568	542
水的生产和供应业	46	28735	26473	1185	982
建筑业	E	**2366841**	**2120039**	**116714**	**114200**
房屋建筑业	47	525168	467545	25735	28598
土木工程建筑业	48	510143	457492	24649	24773
建筑安装业	49	279758	253651	14535	9678
建筑装饰、装修和其他建筑业	50	1051772	941351	51795	51151
批发和零售业	F	**9405079**	**8378798**	**597401**	**374987**
批发业	51	5098368	4538277	332301	199585
零售业	52	4306711	3840521	265100	175402
交通运输、仓储和邮政业	G	**849361**	**762956**	**47122**	**34844**
铁路运输业	53	2738	2427	98	176
道路运输业	54	544582	489352	30574	21991
水上运输业	55	18446	16112	1200	949
航空运输业	56	4221	3659	262	278
管道运输业	57	571	504	31	33
多式联运和运输代理业	58	161777	145896	7533	7312
装卸搬运和仓储业	59	86796	76661	6212	3523
邮政业	60	30230	28345	1212	582
住宿和餐饮业	H	**580835**	**519914**	**36395**	**21787**
住宿业	61	158313	143691	8072	5944
餐饮业	62	422522	376223	28323	15843
信息传输、软件和信息技术服务业	I	**1480593**	**1312726**	**81807**	**72267**
电信、广播电视和卫星传输服务	63	31300	28983	1359	745
互联网和相关服务	64	210174	185019	11632	11736
软件和信息技术服务业	65	1239119	1098724	68816	59786

2-8 续表 2 (2021年) 单位：个

行业大类	代码	企业单位数	正常运营	停业(歇业)	筹建
金融业	J	**147588**	**133612**	**9434**	**3579**
货币金融服务	66	40700	37340	2435	761
资本市场服务	67	68782	61591	4620	1985
保险业	68	20100	19394	401	260
其他金融业	69	18006	15287	1978	573
房地产业	K	**1033634**	**925816**	**65816**	**33998**
房地产业	70	1033634	925816	65816	33998
租赁和商务服务业	L	**3596440**	**3191175**	**224417**	**156499**
租赁业	71	399700	359296	20034	18178
商务服务业	72	3196740	2831879	204383	138321
科学研究和技术服务业	M	**1925328**	**1724616**	**97723**	**90248**
研究和试验发展	73	252124	220682	16108	12654
专业技术服务业	74	764442	693720	36508	29512
科技推广和应用服务业	75	908762	810214	45107	48082
水利、环境和公共设施管理业	N	**216253**	**189352**	**12686**	**12681**
水利管理业	76	7937	7075	458	349
生态保护和环境治理业	77	29255	25503	1660	1912
公共设施管理业	78	132388	115691	8888	7066
土地管理业	79	46673	41083	1680	3354
居民服务、修理和其他服务业	O	**636568**	**579251**	**33268**	**21015**
居民服务业	80	277598	249730	15977	10640
机动车、电子产品和日用产品修理业	81	235546	217738	10619	6194
其他服务业	82	123424	111783	6672	4181
教育	P	**318397**	**286984**	**16443**	**13382**
教育	83	318397	286984	16443	13382
卫生和社会工作	Q	**110312**	**98530**	**4871**	**6394**
卫生	84	88629	80425	3188	4614
社会工作	85	21683	18105	1683	1780
文化、体育和娱乐业	R	**694478**	**623141**	**40967**	**26338**
新闻和出版业	86	7950	7398	243	248
广播、电视、电影和录音制作业	87	109908	98392	5071	5582
文化艺术业	88	219012	199457	9997	8420
体育	89	72701	64938	3913	3483
娱乐业	90	284907	252956	21743	8605

2-9 按地区、运营状态分组的企业法人单位数

(2021年) 单位：个

地 区	企 业 单位数	正常运营	停业(歇业)	筹建
全 国	**28665212**	**25540762**	**1758069**	**1194935**
北 京	1252742	1179597	70295	848
天 津	376523	309294	24623	42585
河 北	1376514	1186671	132246	57207
山 西	729478	697707	27001	4714
内蒙古	381862	342847	33020	5978
辽 宁	670131	544444	96863	20001
吉 林	229570	200123	20656	5601
黑龙江	256859	224721	22886	5047
上 海	505468	485002	14367	2961
江 苏	2892203	2532216	224297	117658
浙 江	2310258	1969449	140174	197643
安 徽	1150433	913364	61350	174835
福 建	1265024	1097585	25879	141441
江 西	741284	697321	35109	6539
山 东	2928918	2576058	182333	137572
河 南	1631330	1543587	62719	20588
湖 北	1139615	1056797	42003	30219
湖 南	738648	698959	24960	5199
广 东	3319738	3015674	195745	65064
广 西	684474	622835	51682	9797
海 南	166723	132779	8506	22511
重 庆	652158	594572	32129	25361
四 川	762856	711800	35121	13955
贵 州	519698	457451	49090	12359
云 南	646660	558965	49987	34108
西 藏	32161	28836	2587	342
陕 西	593201	540923	33708	11155
甘 肃	217733	200816	14108	1859
青 海	86872	74260	8595	3975
宁 夏	129018	120639	3853	3888
新 疆	277060	225470	32177	13925

2-10 按行业(大类)、控股情况分组的企业法人单位数

(2021年) 单位：个

行业大类	代码	企业单位数	国有控股	集体控股	私人控股	港澳台商控股	外商控股	其他
总　计	--	**28665212**	**323277**	**187668**	**27545002**	**135201**	**109043**	**365021**
农、林、牧、渔业	A	**946218**	**8089**	**9321**	**909364**	**1392**	**605**	**17447**
农业	01	429078	3124	4191	412212	789	273	8489
林业	02	74784	1773	937	70286	136	74	1578
畜牧业	03	278343	1177	1577	270918	183	143	4345
渔业	04	69572	458	528	67033	137	47	1369
农、林、牧、渔专业及辅助性活动	05	94441	1557	2088	88915	147	68	1666
采矿业	B	**82718**	**3730**	**1775**	**75932**	**205**	**127**	**949**
煤炭开采和洗选业	06	14291	1664	474	12005	28	27	93
石油和天然气开采业	07	658	158	6	461	9	9	15
黑色金属矿采选业	08	11058	297	316	10324	30	8	83
有色金属矿采选业	09	7585	477	236	6736	40	29	67
非金属矿采选业	10	40342	923	662	38154	80	40	483
开采专业及辅助性活动	11	5812	127	56	5470	11	12	136
其他采矿业	12	2972	84	25	2782	7	2	72
制造业	C	**4145287**	**29030**	**32162**	**3957011**	**42254**	**37622**	**47208**
农副食品加工业	13	153109	2556	1394	145632	905	1176	1446
食品制造业	14	92881	898	570	88327	929	1001	1156
酒、饮料和精制茶制造业	15	69615	875	798	66324	469	544	605
烟草制品业	16	261	107	10	141	1		2
纺织业	17	174881	557	935	168958	2068	1099	1264
纺织服装、服饰业	18	216870	633	1043	208218	3288	1596	2092
皮革、毛皮、羽毛及其制品和制鞋业	19	97932	159	533	93729	1752	777	982
木材加工和木、竹、藤、棕、草制品业	20	176387	540	627	172976	433	305	1506
家具制造业	21	110882	172	302	107739	860	544	1265
造纸和纸制品业	22	91070	286	913	87143	1087	439	1202
印刷和记录媒介复制业	23	94985	1048	2255	89373	703	318	1288
文教、工美、体育和娱乐用品制造业	24	147515	351	781	140829	2599	1432	1523
石油、煤炭及其他燃料加工业	25	14230	406	175	13286	93	95	175
化学原料和化学制品制造业	26	133595	2163	1820	123772	1934	2278	1628
医药制造业	27	37337	816	329	34447	573	633	539
化学纤维制造业	28	8713	110	46	8200	153	116	88
橡胶和塑料制品业	29	239006	673	1936	227565	3391	2256	3185
非金属矿物制品业	30	333957	3718	3143	320975	1563	1220	3338
黑色金属冶炼和压延加工业	31	25123	440	314	23797	194	191	187
有色金属冶炼和压延加工业	32	34105	806	368	31918	348	341	324

2-10 续表 1 (2021年) 单位：个

行业大类	代码	企 业单位数	国有控股	集体控股	私人控股	港澳台商控股	外商控股	其他
金属制品业	33	424448	1491	2995	409066	3061	2208	5627
通用设备制造业	34	424920	1885	3671	409601	2491	3862	3410
专用设备制造业	35	310665	1925	1867	297149	2770	3202	3752
汽车制造业	36	98170	1264	774	91287	1023	3168	654
铁路、船舶、航空航天和其他运输设备制造业	37	37553	764	449	35158	383	516	283
电气机械和器材制造业	38	242458	1420	1867	229648	3205	2786	3532
计算机、通信和其他电子设备制造业	39	165925	1503	682	151939	4395	3982	3424
仪器仪表制造业	40	58753	499	522	55336	784	883	729
其他制造业	41	56558	213	269	54051	552	372	1101
废弃资源综合利用业	42	25604	326	175	24618	112	97	276
金属制品、机械和设备修理业	43	47779	426	599	45809	135	185	625
电力、热力、燃气及水生产和供应业	**D**	**129282**	**19224**	**9004**	**95695**	**1620**	**983**	**2756**
电力、热力生产和供应业	44	89814	11461	6673	68363	912	429	1976
燃气生产和供应业	45	10733	1319	155	8387	379	306	187
水的生产和供应业	46	28735	6444	2176	18945	329	248	593
建筑业	**E**	**2366841**	**20294**	**9765**	**2307911**	**1886**	**758**	**26227**
房屋建筑业	47	525168	5382	4074	510150	309	104	5149
土木工程建筑业	48	510143	9759	2524	491701	374	160	5625
建筑安装业	49	279758	1848	1351	272750	311	230	3268
建筑装饰、装修和其他建筑业	50	1051772	3305	1816	1033310	892	264	12185
批发和零售业	**F**	**9405079**	**52570**	**45619**	**9149572**	**30580**	**30786**	**95952**
批发业	51	5098368	32363	21571	4944215	22582	25209	52428
零售业	52	4306711	20207	24048	4205357	7998	5577	43524
交通运输、仓储和邮政业	**G**	**849361**	**19389**	**6251**	**807172**	**3345**	**2194**	**11010**
铁路运输业	53	2738	524	58	2101	5	4	46
道路运输业	54	544582	8141	3359	525728	852	472	6030
水上运输业	55	18446	1118	489	16323	107	88	321
航空运输业	56	4221	551	26	3479	22	42	101
管道运输业	57	571	101	4	433	5	15	13
多式联运和运输代理业	58	161777	1788	514	154536	1336	861	2742
装卸搬运和仓储业	59	86796	6135	1686	76132	988	692	1163
邮政业	60	30230	1031	115	28440	30	20	594
住宿和餐饮业	**H**	**580835**	**8022**	**4433**	**555640**	**2740**	**2599**	**7401**
住宿业	61	158313	5385	2407	147040	775	523	2183
餐饮业	62	422522	2637	2026	408600	1965	2076	5218
信息传输、软件和信息技术服务业	**I**	**1480593**	**9418**	**2884**	**1432484**	**9852**	**6064**	**19891**
电信、广播电视和卫星传输服务	63	31300	2808	260	26870	366	389	607
互联网和相关服务	64	210174	1222	413	204322	784	381	3052
软件和信息技术服务业	65	1239119	5388	2211	1201292	8702	5294	16232

2-10 续表 2 (2021年) 单位：个

行业大类	代码	企业单位数	国有控股	集体控股	私人控股	港澳台商控股	外商控股	其他
金融业	J	**147588**	**19124**	**2946**	**114583**	**2734**	**2218**	**5983**
货币金融服务	66	40700	8087	1937	26091	2040	879	1666
资本市场服务	67	68782	2750	294	62750	437	304	2247
保险业	68	20100	6900	609	9962	119	943	1567
其他金融业	69	18006	1387	106	15780	138	92	503
房地产业	K	**1033634**	**33021**	**17333**	**951175**	**8532**	**3960**	**19613**
房地产业	70	1033634	33021	17333	951175	8532	3960	19613
租赁和商务服务业	L	**3596440**	**50295**	**25820**	**3437845**	**17124**	**10848**	**54508**
租赁业	71	399700	2159	823	391035	745	358	4580
商务服务业	72	3196740	48136	24997	3046810	16379	10490	49928
科学研究和技术服务业	M	**1925328**	**23827**	**8599**	**1846993**	**9163**	**7586**	**29160**
研究和试验发展	73	252124	1882	1088	241233	1886	1727	4308
专业技术服务业	74	764442	15089	4004	728552	3339	2591	10867
科技推广和应用服务业	75	908762	6856	3507	877208	3938	3268	13985
水利、环境和公共设施管理业	N	**216253**	**11715**	**2558**	**197649**	**508**	**282**	**3541**
水利管理业	76	7937	1574	251	5894	18	10	190
生态保护和环境治理业	77	29255	1296	211	26975	161	126	486
公共设施管理业	78	132388	7693	1911	120299	313	125	2047
土地管理业	79	46673	1152	185	44481	16	21	818
居民服务、修理和其他服务业	O	**636568**	**3267**	**4442**	**619388**	**928**	**704**	**7839**
居民服务业	80	277598	1508	1933	270133	470	354	3200
机动车、电子产品和日用产品修理业	81	235546	986	1688	229518	267	196	2891
其他服务业	82	123424	773	821	119737	191	154	1748
教育	P	**318397**	**1888**	**1343**	**310134**	**417**	**401**	**4214**
教育	83	318397	1888	1343	310134	417	401	4214
卫生和社会工作	Q	**110312**	**1186**	**887**	**105846**	**231**	**236**	**1926**
卫生	84	88629	792	671	85272	148	172	1574
社会工作	85	21683	394	216	20574	83	64	352
文化、体育和娱乐业	R	**694478**	**9188**	**2526**	**670608**	**1690**	**1070**	**9396**
新闻和出版业	86	7950	2048	170	5559	8	11	154
广播、电视、电影和录音制作业	87	109908	2681	412	104751	233	105	1726
文化艺术业	88	219012	2553	721	211613	467	345	3313
体育	89	72701	596	245	70257	280	256	1067
娱乐业	90	284907	1310	978	278428	702	353	3136

2-11　按地区、控股情况分组的企业法人单位数

(2021年)　　单位：个

地　区	企　业 单位数	国有 控股	集体 控股	私人 控股	港澳台 商控股	外商 控股	其他
全　国	**28665212**	**323277**	**187668**	**27545002**	**135201**	**109043**	**365021**
北　京	1252742	17405	15628	1190962	6809	9381	12557
天　津	376523	7533	2502	360751	2240	3350	147
河　北	1376514	15597	7866	1343041	950	1454	7606
山　西	729478	11088	6089	711583	284	316	118
内蒙古	381862	6152	1800	373283	233	394	
辽　宁	670131	11648	8707	629271	1586	3468	15451
吉　林	229570	4922	1771	216494	212	478	5693
黑龙江	256859	6710	2877	238692	296	375	7909
上　海	505468	12505	7048	444508	12707	18376	10324
江　苏	2892203	19404	11457	2812822	13350	15991	19179
浙　江	2310258	15231	14153	2253983	7784	13803	5304
安　徽	1150433	12109	6580	1117760	1158	1064	11762
福　建	1265024	10051	4649	1235172	9868	4493	791
江　西	741284	10329	3713	719199	1673	745	5625
山　东	2928918	18800	10019	2864408	4311	8258	23122
河　南	1631330	13812	8743	1603484	968	986	3337
湖　北	1139615	10813	6331	1113800	1527	1857	5287
湖　南	738648	8695	3834	709041	929	648	15501
广　东	3319738	25800	21599	3053218	61818	16867	140436
广　西	684474	8203	5540	667485	1450	1308	488
海　南	166723	2839	1538	140157	654	333	21202
重　庆	652158	6801	2223	640860	1099	1173	2
四　川	762856	15312	8383	729812	1258	1428	6663
贵　州	519698	11269	4611	503077	352	261	128
云　南	646660	9468	9474	625245	680	915	878
西　藏	32161	1434	793	27215	27	20	2672
陕　西	593201	10814	4888	561534	546	868	14551
甘　肃	217733	5553	2069	198431	117	79	11484
青　海	86872	2046	653	84036	57	63	17
宁　夏	129018	1550	413	126149	77	78	751
新　疆	277060	9384	1717	249529	181	213	16036

2-12 按行业(大类)、地区分组的

(2021年)

行业大类	代码	企业单位数	北京	天津	河北	山西
总　　计	——	**323277**	**17405**	**7533**	**15597**	**11088**
农、林、牧、渔业	A	**8089**	**94**	**41**	**326**	**172**
农业	01	3124	46	12	145	56
林业	02	1773	18	3	70	27
畜牧业	03	1177	16	12	37	37
渔业	04	458	6	5	8	2
农、林、牧、渔专业及辅助性活动	05	1557	8	9	66	50
采矿业	B	**3730**	**11**	**9**	**160**	**752**
煤炭开采和洗选业	06	1664			53	668
石油和天然气开采业	07	158	2	1	2	34
黑色金属矿采选业	08	297	4		52	17
有色金属矿采选业	09	477			10	16
非金属矿采选业	10	923		4	35	9
开采专业及辅助性活动	11	127	4	4	7	5
其他采矿业	12	84	1		1	3
制造业	C	**29030**	**797**	**667**	**1551**	**1071**
农副食品加工业	13	2556	28	27	56	80
食品制造业	14	898	18	24	37	40
酒、饮料和精制茶制造业	15	875	18	8	31	31
烟草制品业	16	107	1	1	3	1
纺织业	17	557	4	13	38	16
纺织服装、服饰业	18	633	17	8	30	26
皮革、毛皮、羽毛及其制品和制鞋业	19	159	1	5	18	1
木材加工和木、竹、藤、棕、草制品业	20	540	1	3	26	3
家具制造业	21	172	2	3	26	1
造纸和纸制品业	22	286	11	7	16	2
印刷和记录媒介复制业	23	1048	56	18	49	48
文教、工美、体育和娱乐用品制造业	24	351	9	5	32	6
石油、煤炭及其他燃料加工业	25	406	9	8	30	41
化学原料和化学制品制造业	26	2163	34	62	111	100
医药制造业	27	816	43	30	39	23
化学纤维制造业	28	110	2	3	6	5
橡胶和塑料制品业	29	673	12	26	48	25
非金属矿物制品业	30	3718	75	43	206	131
黑色金属冶炼和压延加工业	31	440	5	24	38	17
有色金属冶炼和压延加工业	32	806	8	8	17	28
金属制品业	33	1491	33	38	149	39

国有控股企业法人单位数

单位：个

内蒙古	辽宁	吉林	黑龙江	上海	江苏	浙江	安徽	福建	江西	山东	河南	代码
6152	**11648**	**4922**	**6710**	**12505**	**19404**	**15231**	**12109**	**10051**	**10329**	**18800**	**13812**	——
236	**316**	**319**	**455**	**53**	**239**	**144**	**316**	**352**	**597**	**236**	**397**	A
107	118	62	176	27	85	50	134	98	195	88	186	01
44	53	173	142	3	26	22	40	193	205	20	52	02
39	69	41	48	8	32	14	43	12	42	32	58	03
5	25	9	19	8	34	14	19	20	41	41	11	04
41	51	34	70	7	62	44	80	29	114	55	90	05
178	**61**	**54**	**88**	**2**	**35**	**53**	**108**	**86**	**133**	**222**	**252**	B
106	11	17	34		9	2	28	17	23	85	150	06
6	1	8	8	2	2	1	1			13	3	07
13	17	5	1		2	3	16	11	7	18	7	08
34	5	8	10		4	3	10	17	36	36	38	09
16	17	8	25		18	42	49	39	58	57	49	10
1	8	7	7				3		1	9	5	11
2	2	1	3			2	1	2	8	4		12
448	**1376**	**375**	**623**	**964**	**1809**	**817**	**1196**	**682**	**1029**	**1929**	**1144**	C
35	64	33	94	19	71	53	100	76	75	96	135	13
19	44	5	25	34	43	22	32	24	25	65	36	14
23	20	16	19	7	34	25	19	32	38	68	23	15
2	3	4	4	2	4	1	3	8	3	8	6	16
6	25	2	14	14	67	11	31	3	20	32	28	17
11	39	6	11	22	51	29	35	11	26	36	35	18
1	7		2	12	6	7	4	11	12	4	7	19
8	22	23	45	4	16	3	28	19	45	37	14	20
	16	3	5	6	8	2	7	2	25	4	4	21
3	12		9	10	11	7	9	7	15	21	7	22
15	61	14	24	48	54	28	30	38	40	56	42	23
3	16	2	4	19	22	11	16	5	11	17	18	24
18	42	4	12	4	13	9	8	7	13	40	14	25
46	100	18	44	69	101	75	82	58	46	168	94	26
13	20	24	18	49	39	30	33	18	16	54	24	27
	2	6	1	2	19	5	1	4		9	6	28
3	27	9	9	25	27	17	35	7	15	51	19	29
58	107	55	66	64	169	156	185	105	202	293	176	30
11	45	8	3	12	18	13	12	13	12	30	10	31
46	23	4	5	8	31	4	15	24	56	45	56	32
15	104	10	20	63	98	33	56	13	44	96	52	33

2-12 续表 1

(2021年)

行业大类	代码	企业单位数	北京	天津	河北	山西
通用设备制造业	34	1885	58	37	121	80
专用设备制造业	35	1925	63	71	131	134
汽车制造业	36	1264	48	24	67	16
铁路、船舶、航空航天和其他运输设备制造业	37	764	35	30	35	30
电气机械和器材制造业	38	1420	37	60	71	46
计算机、通信和其他电子设备制造业	39	1503	102	43	41	30
仪器仪表制造业	40	499	46	22	16	20
其他制造业	41	213		5	15	6
废弃资源综合利用业	42	326	5	4	26	10
金属制品、机械和设备修理业	43	426	16	7	22	35
电力、热力、燃气及水生产和供应业	D	**19224**	**173**	**237**	**1061**	**1074**
电力、热力生产和供应业	44	11461	110	142	561	719
燃气生产和供应业	45	1319	20	24	102	111
水的生产和供应业	46	6444	43	71	398	244
建筑业	E	**20294**	**809**	**396**	**1342**	**604**
房屋建筑业	47	5382	274	80	290	149
土木工程建筑业	48	9759	265	205	618	336
建筑安装业	49	1848	81	60	124	59
建筑装饰、装修和其他建筑业	50	3305	189	51	310	60
批发和零售业	F	**52570**	**2788**	**1188**	**2790**	**1932**
批发业	51	32363	1702	855	1659	1282
零售业	52	20207	1086	333	1131	650
交通运输、仓储和邮政业	G	**19389**	**469**	**477**	**869**	**654**
铁路运输业	53	524	18	12	21	42
道路运输业	54	8141	210	139	422	323
水上运输业	55	1118	6	43	41	2
航空运输业	56	551	33	28	20	17
管道运输业	57	101	6	9	3	2
多式联运和运输代理业	58	1788	97	91	81	21
装卸搬运和仓储业	59	6135	88	123	261	229
邮政业	60	1031	11	32	20	18
住宿和餐饮业	H	**8022**	**706**	**133**	**371**	**245**
住宿业	61	5385	476	94	232	149
餐饮业	62	2637	230	39	139	96
信息传输、软件和信息技术服务业	I	**9418**	**853**	**148**	**472**	**242**
电信、广播电视和卫星传输服务	63	2808	71	38	103	108
互联网和相关服务	64	1222	118	19	49	37
软件和信息技术服务业	65	5388	664	91	320	97

单位：个

内蒙古	辽宁	吉林	黑龙江	上海	江苏	浙江	安徽	福建	江西	山东	河南	代码
21	182	19	57	89	161	52	88	30	40	144	77	34
21	101	17	41	65	168	44	93	28	49	150	92	35
12	65	46	16	73	103	25	74	21	48	72	34	36
6	58	7	19	34	79	17	24	12	14	54	20	37
17	66	7	21	49	139	59	45	30	39	106	48	38
5	36	13	7	67	151	48	66	45	49	94	23	39
2	21	9	12	32	58	11	8	5	7	35	14	40
2	6	3	3	8	13	3	16	1	12	10	6	41
9	17	1	6	7	19	9	27	12	21	18	12	42
17	25	7	7	47	16	8	14	13	11	16	12	43
830	**587**	**446**	**589**	**116**	**721**	**799**	**626**	**622**	**537**	**1166**	**709**	D
606	376	305	430	61	350	386	329	355	285	638	378	44
23	31	18	9	14	62	74	39	17	45	106	53	45
201	180	123	150	41	309	339	258	250	207	422	278	46
329	**939**	**349**	**388**	**387**	**1260**	**653**	**1023**	**492**	**825**	**1430**	**892**	E
60	179	77	127	81	317	101	256	149	267	263	212	47
172	439	212	171	170	600	413	400	265	345	870	463	48
37	142	32	55	53	97	53	91	26	59	135	79	49
60	179	28	35	83	246	86	276	52	154	162	138	50
833	**2010**	**642**	**1240**	**2503**	**3176**	**2064**	**1912**	**1733**	**1726**	**2626**	**3035**	F
434	1214	369	762	1655	2097	1212	1108	1237	1101	1768	1713	51
399	796	273	478	848	1079	852	804	496	625	858	1322	52
422	**779**	**455**	**732**	**676**	**1184**	**1023**	**809**	**739**	**694**	**1062**	**1001**	G
47	16	8	18	5	21	16	16	18	9	44	22	53
131	312	125	198	216	448	513	307	307	259	415	369	54
	38	1	9	77	121	131	39	96	18	96	8	55
36	19	6	15	15	25	28	11	30	13	28	11	56
1	4	2	2	5	6	3	1		1	17	4	57
20	88	11	20	182	152	121	49	80	18	148	44	58
165	275	278	435	164	360	187	336	177	333	281	503	59
22	27	24	35	12	51	24	50	31	43	33	40	60
125	**251**	**135**	**186**	**383**	**563**	**325**	**185**	**239**	**279**	**487**	**327**	H
75	166	103	132	254	322	247	87	198	191	274	216	61
50	85	32	54	129	241	78	98	41	88	213	111	62
179	**371**	**123**	**188**	**445**	**692**	**409**	**381**	**177**	**217**	**567**	**336**	I
86	122	65	110	53	134	131	96	44	78	102	126	63
18	47	14	15	85	74	70	45	32	23	75	37	64
75	202	44	63	307	484	208	240	101	116	390	173	65

2-12 续表 2

(2021年)

行业大类	代码	企业单位数	北京	天津	河北	山西
金融业	J	**19124**	**801**	**1062**	**651**	**537**
货币金融服务	66	8087	217	889	213	160
资本市场服务	67	2750	354	92	83	61
保险业	68	6900	120	50	320	266
其他金融业	69	1387	110	31	35	50
房地产业	K	**33021**	**2098**	**1139**	**1009**	**953**
房地产业	70	33021	2098	1139	1009	953
租赁和商务服务业	L	**50295**	**2531**	**979**	**2396**	**1314**
租赁业	71	2159	110	197	191	55
商务服务业	72	48136	2421	782	2205	1259
科学研究和技术服务业	M	**23827**	**3093**	**665**	**1178**	**640**
研究和试验发展	73	1882	159	47	75	45
专业技术服务业	74	15089	887	376	628	455
科技推广和应用服务业	75	6856	2047	242	475	140
水利、环境和公共设施管理业	N	**11715**	**264**	**148**	**679**	**416**
水利管理业	76	1574	14	9	66	78
生态保护和环境治理业	77	1296	54	11	61	60
公共设施管理业	78	7693	178	106	487	264
土地管理业	79	1152	18	22	65	14
居民服务、修理和其他服务业	O	**3267**	**245**	**67**	**189**	**76**
居民服务业	80	1508	96	33	70	39
机动车、电子产品和日用产品修理业	81	986	89	17	79	18
其他服务业	82	773	60	17	40	19
教育	P	**1888**	**63**	**28**	**102**	**45**
教育	83	1888	63	28	102	45
卫生和社会工作	Q	**1186**	**52**	**22**	**47**	**56**
卫生	84	792	36	12	33	25
社会工作	85	394	16	10	14	31
文化、体育和娱乐业	R	**9188**	**1558**	**127**	**404**	**305**
新闻和出版业	86	2048	642	30	49	59
广播、电视、电影和录音制作业	87	2681	196	36	157	93
文化艺术业	88	2553	531	36	118	114
体育	89	596	73	10	43	12
娱乐业	90	1310	116	15	37	27

单位：个

内蒙古	辽宁	吉林	黑龙江	上海	江苏	浙江	安徽	福建	江西	山东	河南	代码
370	**713**	**344**	**414**	**852**	**1012**	**658**	**815**	**506**	**504**	**1298**	**768**	J
133	291	162	180	259	449	249	284	221	244	489	280	66
21	34	37	18	404	121	110	74	50	39	171	56	67
185	352	125	192	123	386	239	382	189	190	550	395	68
31	36	20	24	66	56	60	75	46	31	88	37	69
283	**915**	**363**	**441**	**2518**	**2231**	**1745**	**983**	**1230**	**850**	**1928**	**1081**	K
283	915	363	441	2518	2231	1745	983	1230	850	1928	1081	70
965	**1520**	**578**	**621**	**1951**	**3406**	**3825**	**1965**	**1793**	**1426**	**2730**	**1780**	L
56	69	21	21	90	98	66	106	45	62	88	69	71
909	1451	557	600	1861	3308	3759	1859	1748	1364	2642	1711	72
483	**909**	**323**	**400**	**803**	**1412**	**1083**	**919**	**512**	**663**	**1546**	**961**	M
17	119	33	36	96	215	69	65	24	28	168	53	73
339	610	240	258	490	843	794	649	411	512	1035	603	74
127	180	50	106	217	354	220	205	77	123	343	305	75
232	**319**	**185**	**126**	**297**	**724**	**927**	**363**	**504**	**379**	**701**	**556**	N
23	57	32	16	18	65	143	35	85	39	93	79	76
35	27	13	20	33	97	83	43	36	32	73	52	77
159	219	134	83	228	491	639	239	352	276	435	359	78
15	16	6	7	18	71	62	46	31	32	100	66	79
52	**180**	**54**	**52**	**136**	**185**	**145**	**153**	**85**	**105**	**158**	**123**	O
29	115	34	29	51	77	81	58	46	42	67	61	80
10	41	10	14	57	46	30	47	22	36	50	34	81
13	24	10	9	28	62	34	48	17	27	41	28	82
48	**65**	**18**	**47**	**52**	**116**	**96**	**78**	**42**	**47**	**174**	**75**	P
48	65	18	47	52	116	96	78	42	47	174	75	83
12	**56**	**9**	**21**	**44**	**55**	**46**	**31**	**29**	**40**	**86**	**51**	Q
8	46	6	15	31	37	12	21	11	32	58	33	84
4	10	3	6	13	18	34	10	18	8	28	18	85
127	**281**	**150**	**99**	**323**	**584**	**419**	**246**	**228**	**278**	**454**	**324**	R
10	85	47	27	111	101	76	44	38	54	66	59	86
43	70	48	29	94	146	133	80	83	98	166	123	87
43	71	37	23	54	166	94	83	44	82	100	93	88
14	21	9	5	25	49	48	9	24	8	34	14	89
17	34	9	15	39	122	68	30	39	36	88	35	90

2-12 续表 3 (2021年)

行业大类	代码	湖北	湖南	广东	广西	海南
总　　计	——	**10813**	**8695**	**25800**	**8203**	**2839**
农、林、牧、渔业	A	**298**	**184**	**295**	**233**	**150**
农业	01	65	45	126	83	57
林业	02	56	48	49	74	41
畜牧业	03	15	20	46	29	22
渔业	04	75	13	32	9	8
农、林、牧、渔专业及辅助性活动	05	87	58	42	38	22
采矿业	B	**91**	**79**	**71**	**91**	**15**
煤炭开采和洗选业	06	5	30		9	1
石油和天然气开采业	07	2			1	3
黑色金属矿采选业	08	7	3	7	17	
有色金属矿采选业	09	4	29	17	23	1
非金属矿采选业	10	68	14	38	38	7
开采专业及辅助性活动	11	3		5		1
其他采矿业	12	2	3	4	3	2
制造业	C	**1137**	**794**	**2823**	**911**	**154**
农副食品加工业	13	116	77	378	195	49
食品制造业	14	30	23	74	27	8
酒、饮料和精制茶制造业	15	32	28	50	31	7
烟草制品业	16	7	9	7	2	1
纺织业	17	39	8	60	12	2
纺织服装、服饰业	18	27	10	73	14	3
皮革、毛皮、羽毛及其制品和制鞋业	19		3	37	2	
木材加工和木、竹、藤、棕、草制品业	20	16	13	34	58	5
家具制造业	21	2	1	37	3	
造纸和纸制品业	22	5	13	53	15	2
印刷和记录媒介复制业	23	42	20	88	41	6
文教、工美、体育和娱乐用品制造业	24	12	9	68	4	1
石油、煤炭及其他燃料加工业	25	11	7	16	11	3
化学原料和化学制品制造业	26	79	47	130	62	12
医药制造业	27	31	25	60	16	5
化学纤维制造业	28	1	2	5		1
橡胶和塑料制品业	29	22	11	121	10	5
非金属矿物制品业	30	123	116	169	149	20
黑色金属冶炼和压延加工业	31	22	15	23	18	2
有色金属冶炼和压延加工业	32	9	43	36	36	2
金属制品业	33	48	26	248	23	4

单位：个

重庆	四川	贵州	云南	西藏	陕西	甘肃	青海	宁夏	新疆	代码
6801	**15312**	**11269**	**9468**	**1434**	**10814**	**5553**	**2046**	**1550**	**9384**	——
123	**459**	**763**	**247**	**29**	**230**	**220**	**76**	**62**	**427**	A
56	179	431	105	8	80	108	29	28	139	01
10	100	115	65	3	47	24	6	8	36	02
21	64	124	31	12	33	62	31	18	109	03
10	9	18	5		3	1		1	7	04
26	107	75	41	6	67	25	10	7	136	05
42	**216**	**173**	**150**	**24**	**197**	**88**	**34**	**14**	**241**	B
14	27	82	47		103	30	9	8	96	06
7	19	3	1		12	5	1	2	18	07
3	19	17	10	4	7	3	2	1	24	08
1	26	17	44	6	21	17	9		35	09
16	115	42	41	10	33	19	10		46	10
1	2	3	2		16	13	2	2	16	11
	8	9	5	4	5	1	1	1	6	12
711	**1343**	**944**	**728**	**106**	**1173**	**539**	**152**	**125**	**912**	C
42	94	225	60	25	56	39	12	11	135	13
21	32	30	17	5	30	10	5	3	90	14
10	70	92	45	3	31	19	4	5	36	15
3	3	3	11		3	2		1	1	16
7	27	7	4	3	24	5			35	17
4	20	18	13	3	14	7	6	3	25	18
3	1	4	3	2	2	3			1	19
6	17	31	28	1	14	6	1		13	20
	3	3	3	2	3				1	21
6	13	12	10		6	1		2	1	22
21	43	30	28	5	32	27	5	8	31	23
	13	10	8	3	10	1	5	1	10	24
3	8	6	7		19	12	1	2	28	25
54	99	75	81	8	101	51	33	18	105	26
26	54	11	25	5	32	25	9	3	16	27
1	10		1		3	3		4	8	28
23	23	20	13		27	11	1	2	29	29
73	239	146	126	32	123	102	14	20	175	30
9	12	13	16		13	10	3		13	31
32	32	42	58		61	31	22	7	17	32
39	45	23	30	1	57	35	5	3	41	33

2-12 续表 4 (2021年)

行业大类	代码	湖北	湖南	广东	广西	海南
通用设备制造业	34	62	61	140	31	
专用设备制造业	35	61	54	160	39	5
汽车制造业	36	125	49	48	38	
铁路、船舶、航空航天和其他运输设备制造业	37	39	28	53	11	
电气机械和器材制造业	38	61	30	194	14	3
计算机、通信和其他电子设备制造业	39	53	42	280	27	2
仪器仪表制造业	40	21	9	49	2	
其他制造业	41	11	4	51	1	2
废弃资源综合利用业	42	15	8	27	10	1
金属制品、机械和设备修理业	43	15	3	54	9	3
电力、热力、燃气及水生产和供应业	D	**641**	**711**	**1160**	**646**	**158**
电力、热力生产和供应业	44	326	431	666	405	100
燃气生产和供应业	45	30	22	89	19	10
水的生产和供应业	46	285	258	405	222	48
建筑业	E	**722**	**616**	**1346**	**326**	**122**
房屋建筑业	47	176	160	369	108	40
土木工程建筑业	48	426	362	485	161	39
建筑安装业	49	57	39	161	25	12
建筑装饰、装修和其他建筑业	50	63	55	331	32	31
批发和零售业	F	**1584**	**917**	**5233**	**1303**	**436**
批发业	51	894	547	3294	798	272
零售业	52	690	370	1939	505	164
交通运输、仓储和邮政业	G	**698**	**443**	**1535**	**561**	**169**
铁路运输业	53	11	10	35	13	1
道路运输业	54	336	204	623	170	61
水上运输业	55	66	20	171	30	24
航空运输业	56	16	10	32	16	6
管道运输业	57	6	3	5	1	
多式联运和运输代理业	58	39	20	223	28	23
装卸搬运和仓储业	59	202	124	373	280	44
邮政业	60	22	52	73	23	10
住宿和餐饮业	H	**215**	**163**	**549**	**197**	**111**
住宿业	61	132	126	369	143	101
餐饮业	62	83	37	180	54	10
信息传输、软件和信息技术服务业	I	**267**	**287**	**741**	**165**	**85**
电信、广播电视和卫星传输服务	63	101	190	166	72	26
互联网和相关服务	64	34	18	90	24	18
软件和信息技术服务业	65	132	79	485	69	41

单位：个

重庆	四川	贵州	云南	西藏	陕西	甘肃	青海	宁夏	新疆	代码
58	79	23	24		92	30	9	10	10	34
38	77	26	22	2	97	38	2	6	30	35
99	57	15	16	1	56	4			12	36
37	42	18	6		46	2	1		7	37
23	68	18	23	2	79	37	5	6	17	38
31	117	18	23	1	68	6	3	3	9	39
30	18	5	7		32	6			2	40
2	8	4	10	1	4	2	1	1	2	41
6	10	6	4		21	8		3	4	42
4	9	10	6	1	17	6	5	3	8	43
357	**1053**	**668**	**722**	**144**	**700**	**555**	**294**	**261**	**861**	D
182	498	356	391	115	430	426	241	210	653	44
45	145	38	56	2	40	18	7	8	42	45
130	410	274	275	27	230	111	46	43	166	46
388	**1143**	**698**	**624**	**128**	**894**	**390**	**106**	**102**	**571**	E
114	464	256	165	53	261	92	23	32	187	47
200	480	277	320	55	421	198	63	62	266	48
23	82	41	36	4	80	43	9	4	49	49
51	117	124	103	16	132	57	11	4	69	50
1157	**2046**	**1719**	**1294**	**218**	**1622**	**751**	**288**	**175**	**1629**	F
692	1230	983	746	77	859	399	148	100	1156	51
465	816	736	548	141	763	352	140	75	473	52
433	**889**	**548**	**415**	**116**	**497**	**328**	**134**	**80**	**498**	G
9	28	8	14	1	20	10	5	3	23	53
209	461	347	248	57	227	137	67	37	263	54
39	23	7	4		3			3	2	55
16	27	20	17	8	19	9	2	5	13	56
3	4	1	1		5	2			4	57
42	43	19	24	5	25	18	8	4	44	58
58	234	121	76	19	158	110	34	17	90	59
57	69	25	31	26	40	42	18	11	59	60
124	**361**	**311**	**247**	**61**	**273**	**156**	**52**	**23**	**239**	H
89	247	202	184	54	179	112	39	13	179	61
35	114	109	63	7	94	44	13	10	60	62
239	**480**	**224**	**281**	**92**	**242**	**153**	**64**	**50**	**248**	I
108	120	52	98	69	76	85	37	26	115	63
24	66	49	35	6	43	18	7	6	26	64
107	294	123	148	17	123	50	20	18	107	65

2-12 续表 5 (2021年)

行业大类	代码	湖北	湖南	广东	广西	海南
金融业	J	**557**	**649**	**1607**	**429**	**145**
货币金融服务	66	247	275	516	175	74
资本市场服务	67	31	68	458	33	13
保险业	68	234	275	530	188	50
其他金融业	69	45	31	103	33	8
房地产业	K	**1217**	**882**	**3324**	**934**	**491**
房地产业	70	1217	882	3324	934	491
租赁和商务服务业	L	**1413**	**1408**	**4113**	**1416**	**378**
租赁业	71	30	28	170	65	28
商务服务业	72	1383	1380	3943	1351	350
科学研究和技术服务业	M	**946**	**660**	**1522**	**458**	**153**
研究和试验发展	73	51	48	177	19	13
专业技术服务业	74	667	497	1041	360	115
科技推广和应用服务业	75	228	115	304	79	25
水利、环境和公共设施管理业	N	**456**	**431**	**555**	**261**	**82**
水利管理业	76	93	58	60	31	9
生态保护和环境治理业	77	50	53	89	28	11
公共设施管理业	78	265	217	375	171	56
土地管理业	79	48	103	31	31	6
居民服务、修理和其他服务业	O	**109**	**66**	**241**	**68**	**23**
居民服务业	80	48	42	77	21	9
机动车、电子产品和日用产品修理业	81	29	12	98	25	7
其他服务业	82	32	12	66	22	7
教育	P	**66**	**38**	**120**	**23**	**15**
教育	83	66	38	120	23	15
卫生和社会工作	Q	**55**	**27**	**48**	**18**	**63**
卫生	84	47	17	37	12	60
社会工作	85	8	10	11	6	3
文化、体育和娱乐业	R	**341**	**340**	**517**	**163**	**89**
新闻和出版业	86	75	52	123	28	19
广播、电视、电影和录音制作业	87	95	148	176	74	31
文化艺术业	88	78	79	110	36	14
体育	89	15	16	29	4	10
娱乐业	90	78	45	79	21	15

单位：个

重庆	四川	贵州	云南	西藏	陕西	甘肃	青海	宁夏	新疆	代码
710	**850**	**452**	**562**	**90**	**523**	**426**	**140**	**149**	**530**	J
482	339	186	224	62	208	191	69	73	246	66
56	79	67	74	2	51	31	6	20	36	67
120	352	138	239	24	225	180	47	44	190	68
52	80	61	25	2	39	24	18	12	58	69
702	**1366**	**1009**	**769**	**73**	**1162**	**480**	**121**	**94**	**630**	K
702	1366	1009	769	73	1162	480	121	94	630	70
784	**2678**	**2144**	**1899**	**210**	**1418**	**683**	**282**	**191**	**1498**	L
43	116	73	51	9	71	49	16	5	61	71
741	2562	2071	1848	201	1347	634	266	186	1437	72
422	**1010**	**492**	**593**	**59**	**766**	**355**	**167**	**101**	**533**	M
31	105	27	28	5	64	22	10	5	28	73
306	672	361	458	42	577	269	129	76	389	74
85	233	104	107	12	125	64	28	20	116	75
359	**634**	**563**	**437**	**27**	**486**	**182**	**64**	**56**	**302**	N
46	68	110	96	1	50	29	8	7	56	76
56	79	35	51	3	51	15	6	11	28	77
177	396	360	257	23	357	127	42	35	186	78
80	91	58	33		28	11	8	3	32	79
47	**144**	**165**	**129**	**17**	**107**	**46**	**18**	**4**	**78**	O
26	73	85	80	7	52	19	3	2	36	80
15	44	39	30	7	32	18	6		24	81
6	27	41	19	3	23	9	9	2	18	82
28	**143**	**63**	**128**	**10**	**68**	**22**	**12**	**12**	**44**	P
28	143	63	128	10	68	22	12	12	44	83
24	**94**	**70**	**39**	**4**	**38**	**17**	**4**	**3**	**25**	Q
14	65	38	29	3	24	14	2	2	12	84
10	29	32	10	1	14	3	2	1	13	85
151	**403**	**263**	**204**	**26**	**418**	**162**	**38**	**48**	**118**	R
22	79	27	21	2	55	24	4	8	11	86
46	113	57	53	11	150	41	13	21	57	87
42	103	80	72	6	130	70	12	8	24	88
7	31	32	15	1	12	11	2	3	10	89
34	77	67	43	6	71	16	7	8	16	90

2-13 按行业(大类)、运营状态分组的国有控股企业法人单位数

(2021年)　　单位：个

行业大类	代码	企业单位数	正常运营	停业(歇业)	筹建
总　计	——	**323277**	**300907**	**15101**	**5792**
农、林、牧、渔业	A	**8089**	**7292**	**503**	**250**
农业	01	3124	2818	180	110
林业	02	1773	1660	76	27
畜牧业	03	1177	1010	99	62
渔业	04	458	410	38	9
农、林、牧、渔专业及辅助性活动	05	1557	1394	110	42
采矿业	B	**3730**	**3190**	**392**	**125**
煤炭开采和洗选业	06	1664	1415	190	49
石油和天然气开采业	07	158	149	2	6
黑色金属矿采选业	08	297	246	45	5
有色金属矿采选业	09	477	401	64	7
非金属矿采选业	10	923	807	65	48
开采专业及辅助性活动	11	127	109	11	5
其他采矿业	12	84	63	15	5
制造业	C	**29030**	**25909**	**2238**	**725**
农副食品加工业	13	2556	2219	263	60
食品制造业	14	898	771	88	35
酒、饮料和精制茶制造业	15	875	772	72	28
烟草制品业	16	107	102	4	
纺织业	17	557	437	98	9
纺织服装、服饰业	18	633	574	49	3
皮革、毛皮、羽毛及其制品和制鞋业	19	159	115	35	8
木材加工和木、竹、藤、棕、草制品业	20	540	435	79	22
家具制造业	21	172	150	16	5
造纸和纸制品业	22	286	236	42	7
印刷和记录媒介复制业	23	1048	960	81	5
文教、工美、体育和娱乐用品制造业	24	351	299	43	8
石油、煤炭及其他燃料加工业	25	406	355	27	18
化学原料和化学制品制造业	26	2163	1906	167	82
医药制造业	27	816	754	34	27
化学纤维制造业	28	110	94	5	10
橡胶和塑料制品业	29	673	604	53	8
非金属矿物制品业	30	3718	3337	253	109
黑色金属冶炼和压延加工业	31	440	390	38	8
有色金属冶炼和压延加工业	32	806	736	52	15

2-13 续表 1 (2021年) 单位：个

行业大类	代码	企业单位数	正常运营	停业(歇业)	筹建
金属制品业	33	1491	1341	112	29
通用设备制造业	34	1885	1684	162	26
专用设备制造业	35	1925	1738	136	43
汽车制造业	36	1264	1184	54	23
铁路、船舶、航空航天和其他运输设备制造业	37	764	703	40	20
电气机械和器材制造业	38	1420	1271	104	39
计算机、通信和其他电子设备制造业	39	1503	1410	47	36
仪器仪表制造业	40	499	457	33	8
其他制造业	41	213	193	8	12
废弃资源综合利用业	42	326	299	6	20
金属制品、机械和设备修理业	43	426	383	37	2
电力、热力、燃气及水生产和供应业	D	**19224**	**17973**	**425**	**758**
电力、热力生产和供应业	44	11461	10609	253	548
燃气生产和供应业	45	1319	1245	25	44
水的生产和供应业	46	6444	6119	147	166
建筑业	E	**20294**	**19123**	**750**	**336**
房屋建筑业	47	5382	5043	218	97
土木工程建筑业	48	9759	9264	325	139
建筑安装业	49	1848	1740	77	22
建筑装饰、装修和其他建筑业	50	3305	3076	130	78
批发和零售业	F	**52570**	**48171**	**3602**	**548**
批发业	51	32363	29700	2237	286
零售业	52	20207	18471	1365	262
交通运输、仓储和邮政业	G	**19389**	**18348**	**666**	**306**
铁路运输业	53	524	486	4	29
道路运输业	54	8141	7754	257	111
水上运输业	55	1118	1055	33	23
航空运输业	56	551	509	11	31
管道运输业	57	101	93	1	6
多式联运和运输代理业	58	1788	1686	65	27
装卸搬运和仓储业	59	6135	5762	278	71
邮政业	60	1031	1003	17	8
住宿和餐饮业	H	**8022**	**7389**	**520**	**83**
住宿业	61	5385	4946	367	51
餐饮业	62	2637	2443	153	32
信息传输、软件和信息技术服务业	I	**9418**	**9002**	**202**	**153**
电信、广播电视和卫星传输服务	63	2808	2738	45	6
互联网和相关服务	64	1222	1140	28	41
软件和信息技术服务业	65	5388	5124	129	106

2-13 续表 2 (2021年) 单位：个

行业大类	代码	企业单位数	正常运营	停业(歇业)	筹建
金融业	J	**19124**	**18821**	**191**	**89**
货币金融服务	66	8087	8002	59	19
资本市场服务	67	2750	2648	46	48
保险业	68	6900	6845	44	8
其他金融业	69	1387	1326	42	14
房地产业	K	**33021**	**31223**	**1277**	**301**
房地产业	70	33021	31223	1277	301
租赁和商务服务业	L	**50295**	**46500**	**2457**	**1097**
租赁业	71	2159	2039	76	38
商务服务业	72	48136	44461	2381	1059
科学研究和技术服务业	M	**23827**	**22565**	**755**	**410**
研究和试验发展	73	1882	1714	88	55
专业技术服务业	74	15089	14433	416	202
科技推广和应用服务业	75	6856	6418	251	153
水利、环境和公共设施管理业	N	**11715**	**10818**	**479**	**360**
水利管理业	76	1574	1459	67	39
生态保护和环境治理业	77	1296	1165	48	78
公共设施管理业	78	7693	7105	330	221
土地管理业	79	1152	1089	34	22
居民服务、修理和其他服务业	O	**3267**	**3028**	**173**	**57**
居民服务业	80	1508	1398	76	30
机动车、电子产品和日用产品修理业	81	986	908	62	13
其他服务业	82	773	722	35	14
教育	P	**1888**	**1776**	**82**	**26**
教育	83	1888	1776	82	26
卫生和社会工作	Q	**1186**	**1096**	**31**	**55**
卫生	84	792	745	14	31
社会工作	85	394	351	17	24
文化、体育和娱乐业	R	**9188**	**8683**	**358**	**113**
新闻和出版业	86	2048	2009	33	2
广播、电视、电影和录音制作业	87	2681	2501	144	20
文化艺术业	88	2553	2418	91	37
体育	89	596	562	18	15
娱乐业	90	1310	1193	72	39

2-14 按地区、运营状态分组的国有控股企业法人单位数

(2021年) 单位：个

地区	企业单位数	正常运营	停业(歇业)	筹建
全国	**323277**	**300907**	**15101**	**5792**
北京	17405	16890	485	8
天津	7533	7130	305	96
河北	15597	13738	1439	409
山西	11088	10231	624	224
内蒙古	6152	5815	254	80
辽宁	11648	10406	975	148
吉林	4922	4505	270	80
黑龙江	6710	6182	366	78
上海	12505	12060	359	14
江苏	19404	18342	787	223
浙江	15231	13977	605	608
安徽	12109	10908	490	694
福建	10051	9580	231	234
江西	10329	9838	412	46
山东	18800	17551	692	452
河南	13812	13156	489	144
湖北	10813	10267	373	108
湖南	8695	8298	271	56
广东	25800	23554	1673	236
广西	8203	7539	593	59
海南	2839	2586	135	86
重庆	6801	6490	209	94
四川	15312	14539	405	328
贵州	11269	10372	658	225
云南	9468	8738	433	239
西藏	1434	1382	26	17
陕西	10814	9984	537	234
甘肃	5553	5282	159	96
青海	2046	1885	89	71
宁夏	1550	1468	39	33
新疆	9384	8214	718	372